詹红星◎著

XINGFA DE XIANFA ZHIYUE YANJIU

刑法的宪法制约研究

中国政法大学出版社

2017·北京

图书在版编目（CIP）数据

刑法的宪法制约研究/詹红星著. —北京:中国政法大学出版社,2017.7
ISBN 978-7-5620-7614-8

Ⅰ.①刑…　Ⅱ.①詹…　Ⅲ.①刑法－研究②宪法－研究　Ⅳ.①D914.04
②D911.04

中国版本图书馆CIP数据核字(2017)第169947号

出 版 者	中国政法大学出版社
地　　址	北京市海淀区西土城路 25 号
邮寄地址	北京 100088 信箱 8034 分箱　邮编 100088
网　　址	http://www.cuplpress.com (网络实名：中国政法大学出版社)
电　　话	010-58908586(编辑部) 58908334(邮购部)
编辑邮箱	zhengfadch@126.com
承　　印	北京中科印刷有限公司
开　　本	880mm×1230mm　1/32
印　　张	9.5
字　　数	230 千字
版　　次	2017 年 7 月第 1 版
印　　次	2017 年 7 月第 1 次印刷
定　　价	39.00 元

目录 CONTENTS

导 论

刑法关涉国民的生命、自由、财产等重大权利，从而刑法的正当性是所有刑法理论首先需要回答的问题。从刑法的历史演进形态来看，刑法大体可以分为专制刑法、自由刑法、风险刑法等三种类型。前资本主义时期的专制刑法无法从自身论证其正当性，只能求助于“君权神授”“主权者的命令”这些难以确证的口号。由于专制刑法以肆虐人性尊严、残酷的刑罚手段来实现秩序的稳定，完全不顾及普通民众的福祉，因而被认为是不正当的。创立于资本主义时期的自由刑法以人的理性为起点，以法益保护为中心，以限制刑罚权为目标，彰显了法律的自由价值。然而，随着风险社会的到来，自由刑法受到了前所未有的挑战，以防范风险为目标的安全刑法大有取代自由刑法的势头。安全固然有利于实现自由，但安全并非法律的目的。因此，如何在破解自由刑法危机的同时回应风险社会中民众安全感的需要，是当前刑法理论的当务之急。

一、法益概念的式微与自由刑法的危机

法益是自由刑法的核心范畴，可以说，自由刑法是以法益保护为中心展开的。法益，顾名思义就是指法律所保护的利益。

在道德、宗教、行政、法律等各种调控社会的规范中，刑罚方法属于最后的制裁方法。因此，刑法保护的法益必然是对社会生活特别重要的利益。日本学者关哲夫深入地论述了法益的概念。他指出："法益就是社会现实生活中存在的各种利益之中必须由刑罚保护的（即得到所谓法的要保护性认可的）存在。这个法益概念，正如是由'法'和'利益'这两个词汇的记述所表明的那样，是一个由利益的要素和法的要保护性要素相结合的复合概念。利益的要素是与法益存在本身相关的中心要素，是原本存在于社会现实生活中的社会生活上的利益。在这个意义上，这个利益的要素是社会现实生活中具有实在性的实在概念。与之相对，法的要保护性的要素是与法益的性质相关的属性要素，是指其得到了值得刑罚保护的评价。而且，这个法的要保护性的要素，是刑事立法者基于立法政策的衡量而进行的法的价值判断的产物，在这个意义上，它是赋予利益以价值的、评价的概念。"[1]但是由于利益概念的模糊性，法益的具体含义如何界定，刑法理论界并没有一致的结论。

刑法理论界一般认为，德日刑法理论中的法益概念是毕尔巴模根据费尔巴哈的"权利侵害说"为基础而最早提出的。后经宾丁和李斯特等学者的发展，成了德国刑法中非常有影响的理论。为了清晰划分法律与道德的界限，防止刑罚权的扩张，费尔巴哈认为犯罪是对权利的侵害，不仅侵害了个人的权利，国家作为一个客观存在的实体也有权利，因此有些犯罪也是对国家权利的侵害。因此，只有法律规定的行为才是犯罪，也只有法定的权利才规定为犯罪所侵犯而加以刑罚处罚的，这样就使他所提出的罪刑法定主义得以贯彻，防止了国家刑罚权的恣

〔1〕［日］关哲夫："法益概念与多元的保护法益论"，王充译，载《吉林大学社会科学学报》2003年第5期。

意发动。但是，由于权利这一概念无法涵摄所有犯罪侵犯的利益，经过宾丁等学者的发展而演变为法益这一范畴。

现在法益的内容越来越宽泛，日趋抽象化和精神化。德国刑法学者克劳斯·罗克辛指出："法益是在以个人及其自由发展目标进行建设的社会整体制度范围之内，有益于个人及其自由发展的，或者是有益于这个制度本身功能的一种现实或者目标设定。……虽然法益的构想是规范性的，但这个构想并不是静态的，而是在符合宪法的目的设定范围内，向历史的变化和经验性知识的进一步开放。"〔1〕同时，法益也不能在法律领域和道德领域之间划出一条清晰的界限。正如另一位德国刑法学者雅各布斯指出的那样："——法益和道德违反性之间的确定界限并不存在。——在刑事责任前置的界限上，把刑法作为法益保护的理论也不能提供什么帮助；在环境犯罪方面，这个理论得出了令人惊异的命题。——这个理论的真正自由的内容，是纯粹的政治性选择。"〔2〕虽然雅各布斯批判法益保护理论的目的是为了论证其所主张的规范违反说的合理性，但是应当说他对法益侵害说的缺陷认识是深刻的，对其批判也是适当的。随着风险社会的到来，为了应对各种不确定的风险，自由刑法的法益也不断被空心化以扩张刑法的处罚范围。法益的内涵由物质向精神扩张，法益的内容由实体转为抽象，这些都直接削弱了它限制刑罚发动的功能，并逐渐使其成为刑事政策的工具。由于不预设法益的内容，因而风险行为造成的是不确定范围的法益损害，无论在客观上还是在主观上，对于法益侵害的内容和范围

〔1〕［德］克劳斯·罗克辛：《德国刑法学总论》（第1卷），王世洲译，法律出版社2005年版，第15~16页。

〔2〕［德］G. 雅各布斯："刑法保护什么：法益还是规范适用？"，王世洲译，载《比较法研究》2004年第1期。

都难以控制和认定，致使法益的内涵漫无边际，具有高度的不确定性。所以，在风险社会里，法益的地位正在下降，甚至有着被终结的危险。[1]法益概念的膨胀带来的直接后果就是刑法干预的早期化，即出现了所谓的“预防性刑法”。在素有崇尚哲学理性和恪守法治原则的德国，面临有组织犯罪和恐怖主义活动的威胁时，刑法的功能正在明显地转向预防与安全，即国家在犯罪发生之前，在针对某个行为人特定犯罪的嫌疑具体化之前就已经开始介入。在意大利，晚近刑法的发展也呈现同样的趋势，刑法调整的重心由侧重于对已然造成的侵害科加“处罚”的传统逐渐转变为“预防”对整体的人民或社会造成进一步的损害，随之相伴的是大量的预备行为犯罪化。在以自由主义为传统的英美国家，晚近刑法处罚范围由核心犯罪转向外围犯罪的趋势也十分突出，以预防风险为目标的犯罪类型随即在刑法上大量出现。[2]我国近期的刑法立法也反映了这一变化趋势。周光权教授指出，我国晚近刑法立法调整了法益观，主要表现：其一，刑法从消极的法益保护逐步转变为积极的法益保护，即从法益侵害的事后保护到积极评估未来可能出现的法益危险或实害并及时跟进；其二，针对某种可能造成危险的行为设置较低的入罪门槛，从注重保护传统意义上的个人法益转向重视公共法益和社会秩序。[3]笔者认为周光权教授的判断是符合我国立法现实情况的，我国刑法最近出现的预备行为实行化、帮助行为

---

〔1〕 参见舒洪水：“法益在现代刑法中的困境与发展——以德日刑法的立法动态为视角”，载《政治与法律》2009年第7期；王振：“坚守与超越：风险社会中的刑法理论之流变”，载《法学论坛》2010年第4期。

〔2〕 参见何荣功：“‘预防性’反恐刑事立法思考”，载《中国法学》2016年第3期。

〔3〕 周光权：“积极刑法立法观在中国的确立”，载《法学研究》2016年第4期。

正犯化等立法现象都可以说是这一立法观念转变的例证。

法益这一范畴产生的初衷是为了限制刑罚的恣意发动，实际结果却与其初衷不说背道而驰，也是相去甚远。那么我们不禁要深思，为什么会出现这一尴尬的局面呢？劳东燕教授认为，这一现象的出现并不意外，它是法益概念应风险社会的需要而主动调适的结果。她写到，“应当承认，法益概念内涵上的模糊化与外延上的不断扩张有其必然的一面，它是刑法为应对风险社会所作出的调适之举。人为风险的日常化，公共安全问题的日益关注，使得刑法将控制与预防风险当作自身的首要使命。这在导致刑事可罚扩张的同时，也迫使法益论进行自我调整，使得一种精神化的、价值化的、功能化的法益成为发展的主流”。〔1〕但是，不管社会如何发展变化，社会形态如何更替，保障自由永远是刑法不能放弃的价值追求，因此，即使要发挥防范风险的任务，刑法也应当以不偏离保障自由为中心。“风险”或许能够消解“法益”这一范畴，但不能也不应当消解刑法的自由保障机能。

二、人权观念的坚守与宪法对刑法限制的理论

人权观念的勃兴带来了近代刑法的变革，近代刑法以保护公民的自由和人权为其首要的价值取向。随着风险社会的到来，自由刑法遭遇了严重的挑战。刑法是继续捍卫人权保障优先的立场，还是让位于秩序维护优先的立场呢？按照贝克的理解，现代社会中的风险具有现实性，即便我们无视它的存在，它也会时刻对我们的生活发生着影响。因此，应对自由刑法的危机，明智的选择应当是，刑法在保障自由的前提下实现预防风险的

〔1〕 劳东燕：《风险社会中的刑法》，北京大学出版社2015年版，第44页。

机能。为了达到这一目标，这就需要我们从现有的制度体系中努力发展出合适的方式防控侵蚀自由的危险问题。一方面，要从刑法内部挖潜，强化刑法内部的保障机制。我们要强化自由刑法既有的基本原则，坚定罪刑法定原则、罪责原则、罪刑均衡原则对刑法立法和刑事司法的指导作用，反对单纯以防范风险为目标而动用刑罚。另一方面，要从外部纠偏，强化宪法对刑法的合宪性控制。必须要结合宪法所设定的目标与预防本身的逻辑，强调宪法中基本权利对刑法乃至整个国家行为预防走向的制约作用。〔1〕因此，保障人权仍然是刑法义不容辞的责任。

人权保障是这个时代永恒的主题，当今世界除了已经出现了人权国际化的趋势外，还形成了人权主流化的趋势。“人权主流化发展至今，已经成为一个醒目的全球社会的发展趋势，它不仅预示着大部分国际问题与人权有关，存在多维的面向，不只是简单的经济或社会问题，而且它的实现需要借助于全国际社会的力量，动用社会各个阶层尊重、保护和提升人权。”〔2〕人权现在是评判一项制度正当性的重要标尺，刑法要取得正当性唯有以保障人权为己任。宪法是人权保障宣言书，而刑法是规定犯罪和刑罚的法律规范，关涉到公民重大的权利和自由。因此，人权保障必然成为宪法与刑事法治内在关系的最重要的契合点。因此，刑法需要受到宪法的约束，只有宪法走进刑法的视野，才会出现真正的刑事法治。宪法关于人权保障的内容在刑法领域得以全面落实和体现，具有如下重要的意义：一是有利于宪法在刑事法领域的实施。宪法的生命在于实施，落实宪法对刑法的制约，其实质是宪法在刑事法领域的实施问题。加

〔1〕 参见［德］迪特儿·卡琳：“宪法视野下的预防问题”，刘刚译，载刘刚编译：《风险规制：德国的理论与实践》，法律出版社 2012 年版，第 122~129 页。

〔2〕 张万洪：“论人权主流化”，载《法学评论》2016 年第 6 期。

强对刑法和宪法关系的研究，在刑法立法、刑法解释和刑事司法等领域贯彻宪法的精神有利于夯实刑法的宪法基础，也有利于宪法在刑事法领域的实施。二是有利于制定优良的刑法。“刑罚犹如双刃之剑。”刑罚在成为打击犯罪、保护社会的最有力工具的同时往往也成为侵害公民的财产、自由乃至生命等权利的最强有力的手段。因此，加强对刑罚权滥用的限制、为刑罚权的行使确定合理的边界是十分必要的。而对刑罚权的滥用进行有效的限制则应当以宪法的精神和价值作为其指导原则，落实宪法中保障人权的内容，制定优良的刑法，使刑法朝着民主、人道、理性的方向发展。以优良的刑法为前提的刑事法治才是“良法之治”，也才是能够获得国民认同的刑事法治。三是有利于树立正确的刑事司法理念。宪法作为根本大法，具有原则性、纲领性的特点。在我国，宪法并不具有司法法的性质，宪法规范本身不作为法律裁判的直接依据，所以宪法对公民基本权利和自由的尊重和保障主要是体现于部门法的实际运作之中。我国的刑事司法制度一直偏重于打击犯罪的需要，刑法的工具性价值受到过多地推崇，刑法是镇压犯罪工具的观念仍然大有市场，而对犯罪嫌疑人和被告人权利的保护重视不够。司法实践中过度扩张刑法规范、侵犯国民自由的事例并未被杜绝。因此，在刑事司法方面，增强宪法意识，有利于确立保障人权的刑事司法理念，实现“工具刑法”到“保护刑法”理念的转变，从而有力地确保公民基本权利和自由的实现。

当下中国正处于社会转型时期，在社会形态上而言就是从农业社会过渡到工业社会；从社会治理方式而言就是从人治治理方式过渡到法治治理方式。这是当下中国的现实国情，也是我们考察中国问题的立足点。传统中国社会奉行“大一统”思想，掌权者设计一套精密的高度集中的国家权力结构体系，但受制于宗法关系和地域等因素，国家权力对基层社会的控制力并不强大。“正因为国家的实际控制能力很弱，所以现代化过程中出现了很强的国家主义倾向，目的是加强政府的权力。但过于集中、过于率性而为的权力存在方式，决定了如何限制政府的权力始终成为中国现代化过程中的重要议题。”〔1〕刑法在维护社会秩序中所起的作用极其重要，是镇压人民群众反抗的利器。或许是历史惯性的缘故，在当下中国社会，刑法在介入社会生活时依然表现出非正常的膨胀现象，这很可能会不断地吞噬国民的权利和自由。

近年来，随着人权保障观念逐步的深入，学者们也越来越多地运用宪法理念来审视刑法的基本原则和相关制度，这对于推进我国的刑事法治建设、实现保障人权的刑法目的无疑具有重大裨益。然而，随着风险社会的来临，人类社会面临高科技带来的法益侵害的危险正在日益快速增长，不安全的隐患随处可见。风险社会的到来对现代法治国家的制度设计提出了咄咄逼人的挑战，对刑法的机能产生了前所未有的冲击。社会变迁必然会给刑事政策和刑法带来新的挑战，为了积极应对风险，回应社会的需求，风险刑法理论应运而生。“刑法具有的秩序维持机能和自由保障机能，处于密切的互为表里的关系，又难免相互矛盾、相互克制。关于重视其中的哪个，各个时代、各个社会以及各个学者都表现出细微的不同。但是，本来是不允许偏向于哪一方，具体如何适正地使两者相调和，应该说正是刑法理论和实践的核心。”〔2〕诚如日本刑法学者大塚仁所言，秩序

〔1〕 季卫东：“中国的传统法律思维模式”，载《中国法律评论》2014 年第 1 期。

〔2〕［日］大塚仁：《刑法概说（总论）》（第 3 版），冯军译，中国人民大学出版社 2003 年版，第 23 页。

价值优先还是自由价值优先永远是刑法需要面对的选择题，而不同的立场将给出不同的答案。风险刑法强调刑法的一般预防机能，主张刑法对现代社会蕴含的风险的干预早期化，以回应民众安全的需要。风险刑法是否会压缩国民的自由空间，有违刑法人权保障的目的，是否会导致刑法挣脱宪法的羁绊？在这一时代背景下反思刑法的立场更加具有重大的现实意义。宪法采取制度化的方式适当调节主权和人权的关系，既维持客观的国家秩序，也保护主观的个人权利，即宪法是通过对国家权力的限制来保障公民的人权。宪法是刑法合法性重要尺度，受到宪法的制约，实现宪法的价值是刑法（包括其他部门法）挣脱不了的宿命，保障人权仍将是刑法的主旋律，这也是刑法合法性的根据。

许章润教授指出，我国的改革开放政策在释放社会生产力的同时，逐渐形成了多元社会利益的并存格局。多元利益主体的存在和多元利益意识的发育，形成了各种利益之间分庭抗礼的格局。因此，承认多元社会利益的正当性，并为其实现提供法权保障，特别是进行公开博弈的社会、政治与法律程序，是市场经济发育和良性政治生态的应有之义，也是民主政治与和谐社会的杠杆。[1]的确，当前我国正处于社会转型时期，各种群体的利益日趋分化并表现为冲突尖锐的存在形态，这就要求我们在运用刑法调整各种利益的时候必须找到平衡点，而宪法就是各种利益诉求平衡的结果，宪法所确立的利益就是各种利益最大的公约数。正如有学者指出的那样，在转型时刻，过去作为稳定社会基础的社会共识，逐渐丧失其影响力，寻求足以凝聚共识的新的规范基础，也就成为民主转型的重要任务，此

---

〔1〕 参见许章润：“多元社会利益的正当性与表达的合法化——关于‘群体性事件’的一种宪政主义法权解决思路”，载《清华法学》2008 年第 4 期。

时，宪法即可能作为转型过程中，转化政治分歧、凝聚社会共识的基础，这也是宪法在社会转型时期具有的重要功能。[1]因此，刑法要获得社会公众最大程度的认同就必须紧随宪法的脚步。当下和未来的刑法都不能偏离人权保障的价值取向，那么剩下来我们需要做的工作就是深入阐明和全面理顺宪法和刑法的关系，在宪法的指引下推进刑事立法和刑事司法工作，探寻宪法对刑法的制约路径，落实宪法在刑法领域的实施。

宪法是公民权利的宣言书，从诞生之日起，宪法就是以限制国家权力和保障公民的权利及自由为依归的，没有以宪法为基础的国家理性，每个人都将难以逃脱被权力奴役的悲惨命运。在建设法治中国的语境下，依宪治国是检验法治情况的标尺，是我国迈向法治国家的关键。法治是"良法之治"，即治理国家所依据的法律，必须是"良法"。所谓"良法"，是指法律应当能够反映社会发展规律，能够体现大多数人的意志，能够得到广大民众的认同，更重要的一点就是能够体现宪法人权保障价值。在这一点上，自然法理论关于"恶法非法"的论断可以为我们提供有意义的启示，"自然法理论的经典文本以及当代占据主导地位的自然法理论的文本都把法律视为是在道德意义上需要被证成的事物，即把法律理解为一种在通常意义上不可或缺的致善的工具。"[2]的确，诚如自然法理论所主张的那样，实在法并不具有自证其正当性的能力，而必须借助一定的批判力量来保证其"至善性"。因此，要实现法治的制度性前提，就是我们首先要建立内容和谐一致的具有中国特色的社会主义法律体

---

〔1〕 参见叶俊荣：《民主转型与宪法变迁》，元照出版有限公司2003年版，第54页。

〔2〕［英］约翰·菲尼斯：《自然法理论》，吴彦编译，商务印书馆2016年版，第93页。

系，而其中各个部门法都必须要符合宪法的正当性，其中，刑法由于和国民重大权利的密切关系更是应当首当其冲。如果刑法不受到宪法的制约，便有可能受到其他规范性文件的制约。真正出现这种局面的话，刑法的性质就可能发生变异，进而产生刑法合法性的危机。

“法律的生命在于实施”，宪法的力量不仅在于其崇高的地位，更在于其有效实施。我们要把纸面宪法变成“行动中的宪法”，宪法的实施则是唯一的载体。宪法如果得不到全面有效实施，建设法治国家的目标就不可能真正实现。宪法实施的重要途径在于宪法司法化，即宪法作为法院裁判案件直接的法律依据能够在法院的判决书中得到直接援引。但是宪法司法化是一件极为复杂的系统工程，按照我国“先试点，待经验成熟后再全面推广”的一般改革模式，宪法司法化在我国的推进不可能一蹴而就。在我看来，在各个部门法中落实宪法的精神，实现“一切法律、行政法规和地方性法规都不得同宪法相抵触”，恰恰是宪法实施的重要内容，也是宪法实施的起点。刑法是关系国民的生命、自由、财产等重大利益的部门法，宪法价值如果能够在刑法立法和刑事司法领域落地生根则意味着一个国家刑事法律制度真正贯彻并实现了人权保障的目标。

三、本书的基本立场和具体内容

法律的根本目的是保障国民的自由，离开了这一立场，法律就会失去存在的正当性基础，法律也就会难以得到国民的认同。每个公民之所以甘愿受到法律的限制，目的在于排除国家和他人对于自己自由的侵越，是以牺牲较小的自由为代价换取更为广泛的自由。法律的自由价值已经是不言而喻的常识，中西方的学者对这一问题都进行了深刻的阐述。例如美国法理学家博登海默就明确指出："在一个正义的法律制度所必须予以充分考虑人的需要中，自由占有一个显要的位置。"〔1〕我国著名的近代思想家梁启超先生也阐述了法的自由价值，他语重心长地告诫道："文明自由者，自由于法律之下。其一举一动，如机器之节奏；其一进一退，如军队之步武。自野蛮人视之，则以为天下之不自由，莫此甚也。夫其所以必若是者何也？天下未有内不自整，而能与外为竞者。外界之竞争无已时，则内界之所以团其竞争之具者亦无已时。使滥用其自由，而侵他人之自由焉，而侵团体之自由焉，则其群固已不克自立，而将为他群之奴隶，夫复何自由之能几也？故真自由者必能服从。服从者何？服法律也。法律者，我所制定之，以保护我自由。"〔2〕因此，任凭科学技术如何发展，任凭社会形态如何更替，任凭时代如何进步，保障国民自由是法律永恒不变的追求，也是法律得以正当化的依据。"在法治国家，刑罚必须要依据能够将国家的刑罚权正当化和加以限制的基准得到立证。法治国家的刑罚只有在忠实于确立市民的自由这一任务范围内，才能够被正当化。"〔3〕笔者完全赞同该学者的论断，单纯惩治犯罪并不需要刑法，没有刑法，专制统治者可以肆意扩张犯罪的范围，任意发挥的空间更大，刑法存在的目的就在于限制刑罚权，保护国民的自由。只有刑法成为能够维护国民自由的利器时，刑法对国民而言才具有意义，也才能得到国民的认同与支持，这是现代刑法正当性存在的根基。

遍观刑法的进化历史，在整个前资本主义社会，刑法备受

---

〔1〕［美］E. 博登海默：《法理学——法哲学及其方法》，邓正来译，中国政法大学出版社 1999 年版，第 278 页。

〔2〕梁启超：《新民说》，商务印书馆 2016 年版，第 109 页。

〔3〕［韩］金日秀："风险刑法、敌人刑法与爱的刑法"，郑军男译，载《吉林大学社会科学学报》2015 年第 1 期。

统治者的推崇，只是因为刑法是国家压迫普通民众自由的工具，刑法完全站在普通民众的对立面。及至近代，随着人权观念的勃兴和宪法的产生，刑法的机能才发生根本性的转变，刑法成了限制刑罚权和保障自由的利器。到了现代社会，随着社会中不确定性因素的增加，国民的安全感空前缺失，国家为了回应国民的这种情绪需要而不断扩大犯罪圈，积极推行刑法干预的早期化，极大弱化了刑法保障自由的机能。一端是维护国民安全的需要，另一端是对自由价值的坚守，处于两难境地的刑法应该如何应对才能顺利突围，这是摆在现代刑法面前最为紧迫的问题，关系到刑法基本立场的抉择。本书的立场是刑法仍然应当坚守保障自由的价值立场，刑法在积极介入社会生活时不能逾越宪法的界限。换句话说，即使面对现代社会风险的增加和国民安全的需要，刑法不管是扩张处罚范围还是提前干预社会生活，都应当受到宪法的制约。本书以人权保障的价值为主线，论述了宪法对刑法的原理及相关实践问题，倡导用宪法价值指引刑法的各项制度，试图构建用宪法制约刑法的理论体系，以实现对刑法自由价值的坚守。全书共分为六章。

第一章论述了刑法宪法制约的理论发展和基本原理。刑法宪法制约是近代资产阶级反对封建专制刑法而提出的思想成果，集中反映了资产阶级限制国家刑罚权、保障自由的政治诉求。刑法宪法制约思想存在着深厚的理论基础，具体包括权力制约理论、民主主义理论、人权保障理论和自由主义理论。在西方国家，刑法宪法制约的观念不仅深入学者和民众的思想骨髓，更在立法实践中得到切实的贯彻，成为限制刑罚权、保障国民自由的重要途径。西方国家的立法实践，可以对我国宪法制约刑法提供有益的借鉴。我国刑法平等原则方面的不足、重刑主义观念等问题的解决都需要宪法价值理念的引导，我们需要加强对不同主体的平等保护，严格限制刑罚权的发动。

第二章论述了刑法目的和刑法原则的宪法指引问题。法律规范不仅是规范体系，更是价值体系，法的目的和法律原则集中反映了一部法律的价值追求。近代宪法的诞生使刑法的目的发生了根本性的转变。在宪法的指引下，刑法的工具性价值被彻底祛魅，刑法的目的逐渐被认可并得以确立，现代刑法的目的是保障人权。罪刑法定主义是人们追求自由、反对罪刑擅断的思想结晶。现在，罪刑法定原则是法治原则在刑法领域的集中体现，彰显了刑法保障人权的目的，成了保障国民自由的钢铁长城。我国刑法已经明确规定了罪刑法定原则，为了深入贯彻刑法保障人权的目的，我们有必要将罪刑法定原则宪法化。

第三章分析了刑法立法的宪法制约问题。刑法立法是刑事法治的前提，刑法立法只有在宪法的制约下才能制定出良法，才能达致刑法的公众认同。作为一种国家权力，刑法立法权的运行应当受到宪法严格地制约。空白罪状的行为规范与惩罚规范在法条上的分离状态使其不断受到合宪性的质疑。为了限制空白罪状的无限扩张，我们需要加强对空白罪状解释的合宪性控制。在风险社会中，各种不确定性的风险逐步显现，国民的安全需要空前高涨。但是，刑法仍然应当坚持对自由价值的追求，在不损及国民自由的前提下，充分回应国民的安全需要，这就是风险社会中刑法机能的合理定位。

第四章分析了刑法解释的宪法制约问题。刑法适用就是法官依赖自己的“前见”解释刑法的过程，关系到个别正义现实化的问题，从而刑法解释就与单个国民的人权休戚相关。法律解释本义是对法律概念特别是法律规范的阐明，然而我国的刑法解释完全脱离了这一意义，仅仅具有刑法解释之名，而无刑法解释之实。我国目前的刑法有权解释包括立法解释和司法解释，这两种刑法解释主要是采取抽象立法式的解释方式，即由有刑法解释权的主体制定规范性文件，这无疑模糊了刑法立法和刑法解释之间的界限。我们应当改变刑法有权解释的运行方式，将刑法解释还原为一种司法技术，由法官在适用刑法的过程中实现对刑法的合理解释。

第五章分析了刑罚方法的宪法制约问题。刑罚方法直接关系到公民的基本权利剥夺方式。因此，死刑、终身监禁、剥夺政治权利、没收财产等刑罚方法的合宪性问题应当得到充分重视。保护生命权、保障人性尊严的宪法要求并不能推导出废除死刑的结论。基于当下社会的国情和民意基础，我国立即废止死刑的条件并不具备，限制死刑并分阶段地废除死刑才是我国死刑改革的现实选择。根据宪法的要求，我们需要统一死刑适用标准和执行方式；应该更为人道地对待死刑犯；应当赋予死刑犯有申请赦免死刑的权利。终身监禁断绝了罪犯的希望，不具有宪法上的正当性。剥夺政治权利和没收财产等刑罚方法都需要根据宪法的要求进行相应的改良。

第六章论述了刑法适用的宪法制约问题。我国刑法立法的趋势是不断扩大犯罪圈。与此同时，刑法司法为了实现秩序价值也积极扩张刑法的适用范围，这都压缩了国民的自由空间。刑法适用过程中涉及的合宪性问题往往更加能够引起民众的关注，涉及问题也非常广。口袋罪、言论自由的刑法边界、“违反国家规定”的界定等问题都是刑事司法过程中刑法过度扩张而引发关注的现象，是刑法适用中违宪性比较突出的三个问题，本章希望能够以点带面阐述刑法适用中宪法的制约问题。

第一章 刑法宪法制约的理论发展和中国应对

第一节 刑法宪法制约的理论基础及立法实践

法治是国人对国家治理方式不懈的追求目标，而在法治的生成过程中，刑事法治是法治的真正重点与难点，因为它涉及国家刑罚权的运用和限制。宪法是对政治权力的行使施加限制和保障公民权利的根本法，是现代法治国家建立的根基，因此，刑事法治的真正实现需要以宪法作为其基础。

一、刑法宪法制约的理论缘起

刑法在人类社会中存在着悠久的历史，历来是维护社会秩序的重要规范。不过，令人遗憾的是，当人们谈及刑法，首先联想到的就是血腥的行刑场景，从而刑法就给人一种残酷的印象。在普通民众的心目中，刑法也就成了统治者镇压反叛者的“刀把子”。应当说，这种对刑法的认识基本是符合专制刑法的本来面貌的。但是，随着近代宪法的产生，刑法已经完成了华丽转身，刑法的机能发生根本性的转变。有学者指出：“从西方刑法史的宏观视野来看，西方的刑法观念和刑法制度大体可以分为两个发展阶段：近代以前，无论是古代还是中世纪，无论是世俗奴隶制、封建制等级社会，还是基督教会的宗教世界，其刑法都被视为镇压敌对阶级的反抗、维护统治阶级的秩序的工具；步入近代后，在启蒙主义思想的指导下，通过观念的更新和周密的制度设计，刑法成了市民社会公民自由和权利的保障，这是人类社会一个巨大的历史性变革。”〔1〕笔者认为这一论断基本上是符合刑法进化史的，反映了刑法浴火重生的蜕变历程。需要指出的是，刑法性质的转变是与宪法的产生及宪法确立的人权保障价值密不可分的。在宪法价值的指导下，罪刑法定、罪刑相称、刑罚人道等近代刑法的基本原则得以确立，成为自由刑法的基石。因此，刑法机能的转变应当归功于宪法对刑法形成的制约。

所有的专制刑法，无论是含有刑法规范的《十二铜表法》《摩奴法典》、西欧中世纪刑法，还是中国古代刑法都表现出了专制性这一共同的特点：第一，刑法对社会生活干预广泛。在前资本主义专制时代，国权主义刑法盛行，刑法呈现出极大的恣意性、残酷性、镇压性和破坏性。“在专制国家里，法律不过是君主的意志，它没有意识地和无规律地给人以打击，这是猛烈发作的暴风雨，它破坏和毁灭它所遇到的一切。”〔2〕第二，刑法的工具性特征明显。在社会分工程度不高、组织和制度资源不足的古代社会，法律形态主要表现为“压制型法”。“压制型法”最独特、最系统的形式表现出是：法律机构容易直接受到政治权力的影响；法律被认同于国家，服从于以国家利益为名

〔1〕何勤华、夏菲主编：《西方刑法史》，北京大学出版社 2006 年版，第 12 页。

〔2〕［法］罗伯斯庇尔：《革命法制和审判》，赵涵舆译，商务印书馆 1965 年版，第 45 页。

的理由。”〔1〕这一时期的刑法自然以保护国家利益、社会整体利益为中心，犯罪被认为不是私人之间的冲突与纠纷，犯罪的被害人一般被认为是国家。刑法自然而然地成为镇压犯罪、维护统治的有效手段。在这种观念下，刑法最大限度地追求对犯罪的打击和控制，以保证对社会秩序的维护，刑法成了单纯执行国家意志的工具。第三，刑法规制的对象主要是普通民众。在我国，奴隶制时代崇尚“刑不可知，则威不可测”的原则，所以采取法律不予公布的法律神秘主义，以便统治者“临事议制”，随心所欲地断罪施刑。我国的《法经》《秦律》《唐律》《宋刑统》《大元通典》等封建时代的成文法典对当权者可以法外开恩，国家的统治者通常游离于法律之外。第四，司法运作表现为罪刑擅断、裁判者自由裁量权大、类推倍受推崇。中世纪的法国是罪刑擅断主义极为典型的例证。当时犯罪没有确切的定义；个人没有丝毫的安全保障足以避免国家在镇压犯罪时的过火行动；愚昧、偏见和感情上的狂暴制造着臆想中的犯罪；刑法的适用范围扩展到所有类型的社会关系。在古代中国，由于刑罚权完全受君主的支配，犯罪也就必然没有稳定的法律解释，而是以君主个人的意志为标准，这种意志有时由君主自己表达，有时则由其代理人官吏表达。中国历史上绝大多数朝代在论罪科刑上，都坚持了“比附援引”的“类推”原则，大量适用比附、类推自然构成其罪刑擅断的重要组成部分。〔2〕形成专制刑法上述特点的最根本原因在于国家权力的集中性、庞大性与绝对性，国家权力的运行缺乏必要的制约。相对于庞大的

〔1〕［美］P. 诺内特、P. 塞尔兹尼克：《转变中的法律与社会——迈向回应型法》，张志铭译，中国政法大学出版社 2004 年版，第 35 页。

〔2〕参见王瑞君：“从压制型刑法到自治型刑法——兼论我国刑罚制度的完善及合理适用”，载《山东大学学报（哲学社会科学版）》2008 年第 1 期。

国家权力而言，个人极为渺小，个人的价值并没有得到重视，个人的权利微不足道，轻易就可能被任意剥夺。

17世纪以后，资本主义已经在全世界进一步发展，力量壮大的资产阶级为了正式登上政治舞台，首先在思想领域开展了启蒙运动。启蒙思想家以自然法作为思想武器对封建专制刑法的恣意性、不平等性、残酷性进行了猛烈的抨击，主张应当严格限制国家刑罚权的任性，创立了近代刑法的基本原则来确立刑法的边界。格劳秀斯倡导以自然法作为判断一切行为的善恶标准，即使上帝也得受自然法的支配，彻底地摆脱了封建专制刑法的随意性和罪刑擅断主义。〔1〕深受启蒙思想影响的葛德文认为刑罚是与人的天性相违背的，所以应当尽量减少刑罚的适用并且不断减少刑罚适用的机会。他指出："惩罚的正义性是建立在这样一个简单的原则上的：一切人都有责任采取能够想到的各种手段来防止有害于社会安宁的罪恶，但必须首先根据经验或推理，肯定一切比较温和的办法都不足以应付这种紧急状态。从这个原则所得出的结论是：在某种紧急情况下，我们是有责任剥夺犯罪人已经滥用了的自由的。此外，大概没有任何情况能多少授予我们这种权力。"〔2〕启蒙思想家高举自然法的旗帜，对中世纪专制刑法进行了猛烈的批判，主张"由人民制定的宪法是最能反映自然正义的法律，因为它是人类理性的直接体现，其效力自然高于其他法律，只有宪法才是检验其他制定法的标准。因而实现刑事法治，最根本的是要对刑法的宪法基础具有明晰认识。宪法是人民权利的记述，刑法是人民制定和

〔1〕参见马克昌主编：《近代西方刑法学说史》，中国人民公安大学出版社2008年版，第11页。

〔2〕［英］威廉·葛德文：《政治正义论》（第2、3卷），何慕李译，商务印书馆1997年版，第563页。

认可的国家行使刑罚权的基本规范，其依据是人民权利的固有性，其归宿是人民权利的实现”。[1]在“天赋人权”“自由平等独立”“生命自由财产神圣不可侵犯”等思想的指导下，刑事古典学派应运而生。刑事古典学派以批判封建刑法的罪刑擅断为己任，创立了现代刑法的基本原则，这些原则成了现代刑法保障人权的基础。

出于对专制的恐惧和对自由的向往，美国人民在制定宪法之初就注重用民主制度限制国家权力。在革命战争结束至联邦宪法起草这段时间内，美国民众相信整个国家必须建构在民主的基础之上。正如美国联邦大法官布雷耶所言：“在现代历史学家看来，革命之后（制宪之前）的美国的政治思想在很大程度上可以归纳为怀疑政府、敌视执法分支，相信民主是政府之暴政倾向的最好制约。这些此前的殖民者——眼下的美国人——将‘威权权力’的‘彻底毁灭’视为制约权力，并防止滥权的方法——很可能是唯一的方法。他们怀抱着‘公共自由’的理念，相信‘国家内的自由在于自治’。他们认为，自由之民族就是政府所不可能压制的民族，原因在于人民具有‘防止压迫权的宪法制约’。”[2]现在，运用宪法限制刑法已经成为一项公认的原则，被怀疑侵犯公民基本权利的刑罚处罚都需要受到司法审查，以防止刑罚权侵犯公民的自由。

当下社会，建设法治国家已经成为所有民主国家的目标，而宪法在法治国家的法律体系中具有最高的地位，是判断其他法律合法性的标准。“由于现代社会结构复杂，法律变动甚速，法律数量亦多，所以，由宪法理念及其他正义观等浓缩而成的

---

〔1〕许道敏：《民权刑法论》，中国法制出版社2003年版，第3页。

〔2〕［美］斯蒂芬·布雷耶：《积极自由——美国宪法的民主解释论》，田雷译，中国政法大学出版社2011年版，第18页。

较少量但高层次（位阶）的‘法价值’，就变成追求法治国理念所不可或缺的判断标准了。”[1]西方很多国家都建立了违宪审查制度，授权特定的机关依据一定的程序和方式，对法律、法规和行政命令等规范性文件和特定主体行为是否符合宪法进行审查并做出处理，以达到维护宪法权威和保障公民权利与自由的目的。通过违宪审查制度，对于违反宪法要求的刑法规定就可以被废止，以防止刑法蜕变为压制国民自由的工具。

二、刑法宪法制约的理论基础

对权力进行制约是公民实现幸福的必要手段，也是西方先哲不懈的追求。为了驯服权力这个“利维坦”，西方先哲提出了诸多理论，为后世防止权力专断提供了有益的启发。刑罚权作为国家权力的一部分，关涉到公民重大自由，刑罚权的限制也就成为政治哲学不可回避的话题。现代社会中，对刑罚权的限制存在着多种方式，但是，用宪法对刑法进行限制无疑是最为重要的一种方法，而用宪法对刑法进行限制也存在着深厚的理论基础。

（一）权力制约理论

为了防止国家权力的恣意性，应当对国家权力进行不同的角色区分，并使其按照确定的规则发挥相应的功能，建立起一种权力分立的权力控制系统，这就是分权理论的精髓之所在。分权思想最早可以追溯至古希腊著名学者亚里士多德。亚里士多德认为政体主要有平民政体、寡头政体和贵族政体，一切政体都有三个要素：议事职能、行政职能和审判职能。他指出：“一个好的立法者必须考虑什么样的组合才对个别的政体有利。

〔1〕 陈新民：《德国公法学基础理论》（增订新版·上卷），法律出版社2010年版，第3页。

合理组合这些要素，就必定能得到一个优良的政体。”〔1〕亚里士多德虽然没有明确提出权力制约的理论，但是权力分化的思想无疑是权力制约的前提。古罗马思想家波利比阿继承了上述思想，并结合罗马混合政体的政治实践，初步提出了分权制衡的主张。他把政府分为人民大会、元老院和执政官三部分，认为执政官是君主政体的因素，元老院具有贵族政治的因素，人民大会是民主政体的因素。这国家权力的三个方面要相互配合、彼此合作，才能保证一个均衡、正常、稳定的国家结构。当权力系统某一部分暴露出过分揽权的倾向时，就应受到其他部门的抗拒和抵制。

近代分权学说是由洛克所倡导，由孟德斯鸠加以发展和完成的。洛克在《政府论》中将国家权力分为立法权、执行权和对外权三种。其中立法权是国家的最高权力，是用来指导国家力量的运用以保障该社会及其成员的权力，立法权应当属于议会；执行权是负责执行所制定出来的法律和继承有效法律的权力，在君主制国家中执行权应属于国王；对外权是关于决定战争与和平、联合与联盟以及同国外开展一切事务的权力，对外权也应属于国王所有。洛克认为上述三种权力不能集中在一个人和一个团体手中，并且特别强调立法权与行政权的分立，如果由同一批人同时拥有制定和执行法律的权力，就会给人们的弱点以极大的诱惑，使他们动辄便要攫取权力。洛克的分权其实是两权分立，并且他还对司法权的独立趋势和制约作用缺乏敏锐的感觉。孟德斯鸠在总结洛克分权理论的基础上，将国家权力划分为立法权、关于国际法事项行政权力和关于司法权民政法规事项的行政权力三种具体的权力。他认为第三种权力可

〔1〕［古希腊］亚里士多德：《政治学》，颜一、秦典华译，中国人民大学出版社2003年版，第145页。

称为司法权，而第二种权力可简称为国家的行政权力。国家权力是不能在一个人或一个机关手中的，否则公民的权利将没有保障。他说："当立法权和行政权集中在同一个人或同一个机关之手，自由便不复存在了；因为人们要害怕这个国王或议会制定暴虐的法律，并暴虐地执行这些法律。""如果司法权不同立法权和行政权分立，自由也就不存在了。如果司法权同立法权合而为一，则将对公民的生命和自由施行专断的权力，因为法官就是立法者。如果司法权同行政权合而为一，法官便将握有压迫者的力量。"〔1〕同时，孟德斯鸠还主张权力的相互制约。在他看来，一个自由的健全的国家必然是一个权力受到合理、合法限制的国家，因为从事物的性质来说，要防止滥用权力就必须以权力限制权力。美国的汉密尔顿、杰弗逊等人一方面将"分权理论"具体运用到了国家机构的创建和宪法的制定实践中，从而使"三权分立"由理论变成了现实。同时，他们又发展了分权理论，如将联邦与各州的纵向分权与制衡也纳入分权体系之中，主张设立两院制的国会以使其相互制约并与行政权、司法权分立制衡等。

法治的精髓在于用法律来限制国家权力。在法治的社会里面，国民从法治中获得的是权利的保障，在法治的状态下，国民牺牲一部分自由，是为了更好地享受法治状态下的自由。宪法是对国家权力行使的限制，因此在这些限度内行使权力是合法的，而超出这些限度来行使权力则是非法的。从历史上看，宪法的产生是以确定国家权力的边界并限制国家的管理者为使命。今天，西方学者仍然深信："真正的立宪主义的本质中最固定和最持久的东西仍然与其肇端时几乎一模一样，即通过法律

〔1〕［法］孟德斯鸠：《论法的精神》（上册），张雁深译，商务印书馆 1961 年版，第 156 页。

控制政府。"[1]刑罚权作为一种破坏力最强的国家权力，理所当然要受到宪法的制约，否则，刑罚权就会像脱缰的凶兽肆虐善良人和犯罪人的自由，所有人都难以逃脱被奴役的悲惨命运。

（二）民主主义理论

民主主义，也即人民主权。人民主权是指国家或政府的最高权力来源于和最终属于人民，并且这种来源是政府或国家权力的合法化依据或前提。人民主权是西方启蒙思想家的一项重要理论主张。洛克是人民主权论的集大成者，其学说被现代宪法所践行。洛克用自然状态说、天赋人权论和社会契约论来论证政府的权力来自人民并最终为人民所有。洛克天才地假设到：在人类进入公民社会或政治社会以前，人们处于一种平等的、自由的自然状态之中。人们靠自然法，即理性，来保护自己的利益和维持社会秩序，每个人自己来执行自然法，即是自己案件的法官。由于自然状态也存在个人利益的冲突，每个人便与其他人签订社会契约交出自己的一部分自然权利建立政府，进入公民社会或政治社会。人们联合成为国家和置身于政府之下的主要目的是为了免受自然状态下的混乱。他指出："任何人放弃其自然自由并受制于公民社会的种种限制的唯一方法，是同其他人协议联合组成一个共同体，以谋求他们彼此间的舒适、安全和和平的生活，以便安稳地享受他们的财产并且有更大的保障来防止共同体以外任何人的侵犯。"[2]达到这个目标的手段是那个社会所制定的法律，因而立法权是每个国家中的最高权力。但立法权只是社会的各个成员的授权，而由于个人并不享

---

〔1〕［美］斯科特·戈登：《控制国家——西方宪法的历史》，应奇等译，江苏人民出版社 2001 年版，第 5 页。

〔2〕［英］洛克：《政府论》（下篇），叶启芳、瞿菊农译，商务印书馆 2005 年版，第 59 页。

有支配另一个人生命、自由或财产的专断权力，立法权也不可能是绝对性的专断权力，立法机关权力的行使不能超出谋取公众福利的界限。深受启蒙思想影响的英国政治学家葛德文也认为，人是理性的动物，理性应当主宰一切。个人的权利是神圣不可侵犯的，社会除了个人授予它的权力外，对个人没有任何支配的权力。他写道："立法，不像通常理解的那样，是人力所能做到的事情。不变的理性才是真正的立法者，理性的指示才是我们应该研究的。社会的职能不能扩展到制定法律而只能解释法律；它不能判定，它只能宣布事物的本质所已经判定了的事情，而这种事情的正确是从当时的情况中自然产生的。"〔1〕

主权的观念也会随着社会的发展不断更新。狄骥宣称现在主权概念已经被公共服务的观念所取代了。他写道："权利不是一种权利，而纯粹是一种行为能力。当我们相信权利来自于某种神圣的授权，或者来自于一个集合性人格的代表，并且同样具有某种高于个人意志的意志时，那么权利是能够被假定存在的。但是在今天，这些带有宗教性质的、形而上学的信条已经衰落了。政府控制的权力如今不再是一项权利，而纯粹是一项采取行动的权力。如果政府的权力已经走向衰落的话，它的义务仍旧保留了下来。每一个时代的群众都认识到，掌权者不能合法地要求服从，除非他们以履行某些职责作为回报，并且只能在他们履行这些职责的范围内要求服从。"〔2〕在狄骥看来，公共服务是划定国家权力的边界，国家权力只有在为个人提供公共服务时才具有合法性，宪法和法律就是向国家提供满足社会

〔1〕［英］威廉·葛德文：《政治正义论》（第2、3卷），何慕李译，商务印书馆1997年版，第150页。

〔2〕［法］狄骥：《公法的变迁》，郑戈译，中国法制出版社2010年版，第39~40页。

需求的最好手段。

宪法是民主政治的产物，宪法政治从本质上看也是一种民主政治，专制和宪法是格格不入的。只有在民主的制度下，才可能有宪法存在，因为民主政治是代表大多数人利益的。国家是为了维护个人的自由和安全，促进社会合作、增进公共利益并降低交往成本而出现的共同体，民主国家的权力来自于每个国民的部分授权。为了防止政府滥用公权力侵害国民的利益，国民或自己直接或选举出自己的代表制定宪法来为政府权力确定恰当的范围，以防止政府权力的滥用危及公民的自由。因此，刑罚权的设立只能通过法律的形式，法律以外其他效力等级的规范性文件由于不能直接反映国民的意志，所以不能设立涉及犯罪和刑罚的内容，否则，就是违反宪法的要求，违背了民主主义的主旨。

（三）人权保障理论

尊重和保障人权是民主政治的基本价值观及其制度安排。人权，是指在一定的社会历史条件下，每个人按其本质和尊严享有或应该享有的基本权利，实质内容和目标是人的生存和发展，本质特征是自由和平等。人权制度的产生是随着资产阶级革命的胜利而逐步得以确立的，最终通过立法确立人权的规则。英美国家的法律受其封建传统的影响，在不同关系的人之间呈现出了多角度多层次的关系，这种关系的进一步发展就是《大宪章》的出现。英国 1679 年的《人身保护法》和 1689 年的《权利法案》、1776 年美国的《独立宣言》和 1789 年法国的《人权与公民权宣言》都是著名的人权文件。它们明确提出“人的权利”的口号，以政治纲领的形式确立了人权原则，从而使自然权利由理论上升为法律。西方各国资产阶级夺取政权后，人权被明确载入各国宪法，成为资产阶级民主制度的重要内容，比如，《美国1787年宪法》的修正案中规定了保护人权的内容。[1]

在近代，人权大体经历了三个主要发展阶段。第一阶段是资产阶级革命时期以及这一革命在全球范围内取得胜利以后的很长一段时期。这一阶段人们所争取和实际已经逐渐争得的人权，主要是人身人格权利、政治权利与自由，如言论、信仰、结社、通信、宗教、普选等自由与权利，免受非法逮捕、无罪推定、公正审判等方面的权利，以美国的《独立宣言》和法国的《人权宣言》为主要标志。第二阶段是伴随19世纪初开始的反对剥削与压迫的社会主义思潮、运动与革命而出现的人权，其基本内容是经济、社会和文化方面的权利，它在宪法上的反映，在东方是以苏联的《被剥削劳动人民权利宣言》为代表，在西方则以德国的《魏玛宪法》为标志。第三阶段是第二次世界大战以后，反对殖民主义压迫的民族解放运动中产生并发展起来的人权，其特点是人权由国内保护进入国际保护，其内容包括民族自决权、发展权、和平权、环境权、自然资源权、人道主义援助权等国际集体人权。这类人权内容已为一系列国际人权文书所确认。到1994年底，联合国已制定国际人权宣言与公约71个，其中《世界人权宣言》《公民权利和政治权利国际公约》和《经济、社会、文化权利国际公约》是三个基本的国际人权文件。人权具有丰富的内涵，但“人权主要是公共权力下的话语，绝非仅仅是物质条件下的话语。人权实现很大程度上是指如何对公共权力进行规范，使其运行有序，避免对人权造成侵犯。人权要旨不在于物质条件，而在于公共权力的运行

---

〔1〕 参见何志鹏：“人权的来源与基础探究”，载《法制与社会发展》2006年第3期。

模式及相关制度”。[1]因此，限制国家权力，包括刑罚权，也就是人权保障的题中之意。

宪法以保障人权为使命，以人的自由为基本价值，它通过限制国家权力，确保公民的自由与权利的实现。宪法之下的政府是一个权力受到严格限制的政府，即权力有限的政府。限制国家权力本身并不是目的，它的目的是保证国民个人的自由权利，也就是要保证人权。宪法主要是通过限制国家机关、政府部门的权力，从而使得国民能够更大限度的享有法律所赋予的各种权利和自由。因此，宪法如果离开了人权的目标，就脱离其本来的意义，就失去了灵魂。刑罚权涉及国民的生命、自由和财产等重要人权，因此，刑罚的发动更加应当受到宪法的制约。

（四）自由主义理论

自由主义的思想源远流长，但自由主义学说则起源于17世纪。自由主义的核心是强调以理性为基础的个人自由，主张维护个性发展。自由主义者主张，国家的政治生活、经济生活和社会生活都要以维护个人自由为目的，反对任何形式的专制；生命、自由和财产是公民不可剥夺的基本权利，公民在法律许可的范围内享有充分的自由权；国家应实行代议制民主，国家权力应受到限制，应实行法治和分权以保护公民权等。[2]在霍布斯的悲观人性论中产生出“战争状态”，每个人都以邻为壑。为了结束弱肉强食的“战争状态”，每个人让渡一部分权利组成国家以维护社会的秩序。而在洛克乐观的人性论中看来，人的

〔1〕陈佑武：“人权保障的几个原理问题”，载《江西社会科学》2006年第3期。

〔2〕参见梅荣政、杨军：“西方自由主义的流变、危害及实质”，载《红旗文稿》2014年第3期。

理性可以支配其行为，明晓善和美好，原始状态下的人不会发生一切人反对一切人的战争，而是相互订立契约，交出自己的一部分权利来成立一个政府。政府的权力既然由人民权力让渡产生，便应该对人民负责，受其监督，如果发现政府不符合人民要求，人民有权更换政府。密尔明确提出为了保障公民的自由必须运用宪法对国家的权力进行限制。他写道："对于统治者所施用于群体的权力要划定一些他所应当受到的限制；而这个限制就是他们所谓自由。谋取这种限制之道有二。第一条途径是要取得对于某些特权即某些政治自由或政治权利的承认，这些自由或权利，统治者方面若加侵犯，便算背弃义务，而当他果真有所侵犯时，那么个别的抗拒或者一般的造反就可以称为正当。第二条途径，一般说来系一个比较晚出的方策，是要在宪法上建立一些制约，届时管制权力方面某些比较重要的措施须以下列一点为必要条件：即必须得到群体或某种团体的信赖及代表其利益的同意。"〔1〕

自由主义从霍布斯奠基起，产生了许多自由主义的流派，但不论是古典自由主义，还是其演变的不同流派，共同的鲜明特征就是主张以宪法政治来保障个人自由。依据这种理论，个人享有超乎集体、社会、国家的优先权，个人是本源性的，社会、国家是派生性的。为了保障个人自由，人们通过契约结成社会或组成国家，社会和国家被赋予的存在理由只有一个，那就是要保障个人自由；如果社会和国家不能发挥这个功能，也就失去了存在的价值。自由是人与生俱来的权利，但在自然状态下，每个人的权利都会因他人"自由地"侵犯而失去保障，为此人们选择了政府这种组织形式，希望由它作为一种外在于

---

〔1〕［英］约翰·密尔：《论自由》，许宝骙译，商务印书馆1959年版，第2页。

个体之上的强制力来保障每个人的生命、自由、财产等基本权利。不过，政府虽是社会成员授权的产物，但作为一个权力怪兽，它的扩张本性却使其随时随地都可能发生异化，即由人们期望中的对个人权利的保障者演变为其最大的侵略者。于是，如何限制政府权力的问题，几乎在政府出现的同时就摆在了人们的面前。宪法政治与自由就这样必然地联系在了一起，宪法规定政治社会的运行框架，其目的是为了制约绝对权力。凡是关怀个体自由价值的，通常都会予宪法政治以特别的期待，自由主义是宪法政治的天然捍卫者。从自由主义在近代中国的历史进程看，自由与宪法政治也几乎是同步进入人们视野的。[1]

在自由主义论者看来，国家权力具有扩张的本性，是对个人自由最大的威胁。基于国家权力对个人自由侵犯的深度担忧，他们主张对国家权力进行严格限制，以保障公民个人的自由。在笔者看来，自由是以现有的社会条件和法律规定为存在前提的，因此，自由主义论者主张的那种绝对的自由是不可能存在的，但是自由主义主张严格限制权力的思想我们还是可以汲取的，这也是我们建立法治国家的重要内容。自由是个体实现自我价值的必要条件，这里的自由应当是法律上的自由，它所指的"不仅是免于政府强制的自由，也包括参与政府过程的自由"[2]。

三、刑法宪法制约的立法实践

在西方国家，刑法宪法制约的观念不仅深入学者和民众的思想骨髓，更在立法实践中得到切实的贯彻，成为限制刑罚权、

---

〔1〕 参见闫润鱼："以立宪政治保障个人自由——中国近代自由主义本质特征探析"，载《中国人民大学学报》2008年第2期。

〔2〕［美］斯蒂芬·布雷耶：《积极自由——美国宪法的民主解释论》，田雷译，中国政法大学出版社2011年版，第1页。

保障国民自由的重要途径，奠定了西方国家坚实的刑事法治基础。

（一）英美法系国家

从历史的角度考察，刑法宪法制约的立法实践发端于英国。被视为罪刑法定主义起源的英国《大宪章》第39条规定："对于任何自由人，不依同等身份的人的适当的裁判或国家的法律，不得逮捕、监禁、剥夺领地、剥夺法律的保护或放逐出境，不得采取任何方法使之破产，不得施加暴力，不得使其入狱。"第40条规定："国王不得向任何人出售、拒绝或延搁其应享有之权利与公正裁判。"这些规定使英国的人权在法律形式上得到了保护，其中所包含的正当程序思想被视为罪刑法定主义的起源。虽然《大宪章》在当今英国法令汇编中所保留的条款已经很少，但却一直被誉为接近于英格兰历史上不可替代的"根本性制定法"。同时，《大宪章》也被视为近代宪法的第一部文献，其限权的思想也被视为宪法的源头，并为后来的许多国家的宪法文献所吸纳。随后，英国1628年的《权利请愿书》、1689年的《权利宪章》等宪法性文献，均确立了对刑罚进行限制的思想，即任何人不依据法律规定的程序，不得被剥夺生命、自由或财产。这说明，宪法从其萌芽时起，就特别注重对犯罪与刑罚的内容规定，以规制刑罚权、保护公民自由。可以说，"宪法的产生就是从确立刑事法治原则开始的；反言之，体现刑事法治的基本原则首先就是在宪法层次上被确立的"。〔1〕

英国立宪主义实践所体现的保障基本人权、限制国家权力的精神产生了世界性的影响。虽然美国宪法规定了某些犯罪并授予了国会制定刑事法律的权力，但是刑事法律的制定权主要

〔1〕 卢建平："刑法宪法化简论"，载《云南大学学报（法学版）》2005年第4期。

集中在各个州。为了避免过度化刑法妨碍公民自由的行使，美国宪法对联邦政体和各州的刑法立法设置了一些限制。这些限制可以归纳为四类：(1) 宪法文本中对刑事立法提出了禁止性条款，第1条之九和十禁止国会和各州通过追溯既往的法律和剥夺公权的刑事法律。(2)《宪法修正案》第1条、第2条、第5条、第8条和第13条中宣布宪法权利不受侵犯。(3) 正当程序条款对制定刑事法律的内容、形式和语言的限制。即立法机关不能任意制定刑事法律，法律不得含糊其辞等。〔1〕(4) 确立罪刑均衡原则。由于“犯罪对公共利益的危害越大，促使人们犯罪的力量越强，制止人们犯罪的手段就应该越强有力”，〔2〕这就需要在犯罪与刑罚之间实现均衡。不少英美法系国家在宪法中规定了罪刑均衡原则。英国1689年《权利法案》规定：“不应要求过多的保释金，亦不应强科过分之罚款，更不应滥施残酷非常之刑罚。”1791年美国《宪法修正案》第8条规定：“在一切案件中，不得课以过多的保释金、过重的罚金，或加残酷与非常之刑。”可以说，英美国家的立宪实践将17世纪以来以理性主义为基础，以限制权力、保障自由为主要内容的政治追求变为现实。从此，刑罚权等一切国家权力的运行都必须纳入宪法的架构之内，刑罚权必须时刻受到宪法的规训。

（二）大陆法系国家

与英美法系国家一样，大陆法系国家的宪法也是以限制国家权力、保障国民权利为使命的。法国大革命中产生的第一个纲领性文件《人权宣言》典型地体现了人民主权原则，其第3

〔1〕参见储槐植、江溯：《美国刑法》（第4版），北京大学出版社2012年版，第15页。

〔2〕［意］贝卡里亚：《犯罪与刑罚》，黄风译，中国大百科全书出版社1993年版，第65页。

条规定："整个主权的本源主要是寄托于国民。任何团体、任何个人都不得行使主权所未明白授予的权力。"1791 年《宪法》虽然规定法国实行君主立宪，将公民按财产多少划分为积极公民和消极公民，但依然坚持了人民主权的原则。其第 3 篇第 1 条规定：主权是统一的、不可分的、不可剥夺和不可动移的，主权属于国民，任何一部分人民或任何个人不得擅自行使之。1793 年的《雅各宾宪法》进一步宣称主权属于人民，人民有起义的权力。与"三权分立"学说相比，"人民主权"理论更多地体现了民主的政治理念。权力分立理论后来成为西方国家宪法政治的基本构架，人民主权则是国家权力的一项基本原则。事实上，两者并不冲突。它们的差别在于解决的问题不同：三权分立解决的是权力的分配问题，人民主权解决的是国家权力的最终归属问题，即合法性问题。1789 年，法国《人权宣言》首次明确提出罪刑法定原则：法律必须严格而明确地规定必要的刑罚，任何人不依据犯罪前公布的法律，不受处罚。《意大利 1930 年刑法》是一部法西斯时代的刑法，但其在二战后并未被废除。通过刑法的宪法制约实现刑法变革的典型是意大利。1948 年，意大利制定新宪法，在新宪法自由民主价值的笼罩下，意大利的刑法体系进行了从立法到司法的多层次调整，包括对刑法的个别修补、宪法法院的运作，在刑法的司法适用中以宪法精神消除专制色彩，变革刑法学的理论学说。最终，《意大利 1930 年刑法》中的法西斯因素被彻底清除，刑法脱胎换骨，变得合乎自由民主的宪法秩序。[1]

由于大陆法系是成文法系，因此，在宪法中明确规定刑法的一些基本原则即刑法宪法化就成了宪法对刑法的重要方式。

---

〔1〕 张翔："刑法体系的合宪性控制——以'李斯特鸿沟'为视角"，载《法学研究》2016 年第 4 期。

主要表现为：一是罪刑法定原则的宪法化。罪刑法定是各国通行的刑法基本原则，很多国家在宪法中直接规定了这一原则。如1949年《联邦德国基本法》第103条第2款规定："如法律业已明文规定但仍发生违法行为，应受处罚。"1946年《日本宪法》第31条规定："任何人非依法律所定手续，不得剥夺其生命或自由，或科以其他刑罚。"二是责任主义原则。"没有责任就没有刑罚"，是近代刑法的基本原理。行为人存在主观的并且个人的责任，是作为科刑前提的犯罪成立的基本要件。不少国家，尤其是二战后逐渐走向法治的国家，对个人责任问题做了明确规定。1947年《意大利宪法》第27条规定："刑事责任由个人承担。"1948年《韩国宪法》第13条规定："任何国民不得因亲属的行为而受到不公正的待遇。"三是禁止残酷及不人道的刑罚。基于人道主义的立场，不少国家宪法对刑罚的种类作了限制，或者废止死刑或者禁止各种不人道的刑罚。1993年《巴西宪法》第141条规定："死刑、流刑、没收刑，或终身刑，均不得科之。"1974年《葡萄牙宪法》第25条规定："不得对任何人施行拷打或残忍的、污辱性的或非人道的待遇或刑罚。"〔1〕通过宪法对刑法一些重要原则的确立，引导刑法立法、刑法司法等刑罚权运行活动的正当性反思，进而对违反宪法的刑事活动进行适当的校正，使刑罚权的运行不至于偏离正义的轨道。

四、西方国家刑法宪法限制的启示

在西方国家，用宪法控制政府和权力运行的理念有着源远流长的思想传统和丰富的立法实践。通过前面的论述，我们可以发现，通过对专制刑法罪刑擅断进行深刻而又彻底的反思，

〔1〕参见邓楚开、于世忠："宪法制约刑法的据理分析与价值建构"，载《求索》2012年第9期。

用宪法制约刑法是西方国家通行的做法，这一做法能够有效地防止刑罚权的过度扩张而压制公民的自由。当然，由于法律传统的差异，英美法系国家的宪法包含了许多程序性的规定，但是主要是一些零散的规定，缺乏体系性。相反地，大陆法系国家的宪法则主要是对刑法的基本原则做了明确的规定，呈现出体系性的特征。由是观之，西方国家一般是采取刑法宪法化的方法实现宪法对刑法的限制。刑法宪法化就其本身而言是一个动态过程的描述，意味着刑法一些重要的基本原则发展成为宪法的内容，或者说刑法具备了宪法的某些要素或特性。因此，刑法宪法化的祈求，就是将宪法的人权保障价值赋予刑法，使刑法和宪法共同成为保障人权的利器。

刑罚权固然可以用政治、道德、文化等非规范性手段进行限制，但只有宪法对刑法的限制是一种规范性的限制方法，也是一种最具有可操作性的方法。其中主要有两个方面的原因：首先，从宪法的性质来看，宪法是人权的保障书，宪法的内容就是限制国家权力和保障公民自由，这与法律本身的价值追求是一致的；其次，从宪法的位阶来看，宪法在整个法律体系中处于最高地位，是其他法律制定的根据。这种做法既可以保证一个国家整个法律体系的自洽，又可以保证刑法的性质不发生变异。

全球化是当今世界的时代特征。“我们生存的这个世界正在发生着历史性变迁，全球化正在有力地改变着人类的生产方式、生活样式和生存状态，也在深刻地影响着人类社会的经济、政治、法律制度及其变迁。在这样一个全球化时代，无论是观察和处理经济问题、文化教育科技问题，还是观察和处理政治问题、军事问题、外交问题，我们都必须有全球意识、全球视野、全球眼光、全球思维，要有全球化的问题意识，应对全球化的战略意识。”[1]法治全球化是全球化的重要内容之一，从逻辑上讲，法律全球化并非是被动地继受外国的法律制度或国际性的法律规范。法律全球化只是世界范围内法律规范的趋同化和一体化，它并不改变法律（无论是国内法还是国际法）的性质。法律依旧是要由国家来单独或集体制定。就一个国家而言，法律全球化或者意味着本国法律与外国法和国际法的接轨，或者意味着以自己的法律理念来影响甚至塑造外国法和国际法。[2]中国是一个法治后发国家，中国加入法律全球化这一进程既有主动选择的意愿，也存在被动纳入的压力。法治全球化并不否定一个国家的主权，也不会给我们强加一定的价值理念和法律制度，但是主动参与全球化显然比被国际社会边缘化更符合我们的国家利益。西方国家不可能为我们提供一整套适合我国国情的有效治理国家的方法，但是，这并不妨碍我们考察西方国家法治实践的得失，积极学习西方的有益经验，避免西方法治道路上的陷阱，加快推进我国法治建设的进程。

第二节　刑法宪法制约的意蕴和中国应对

一般认为，宪法与刑法的关系主要有两点：一是宪法是刑法制定的根据；二是宪法与刑法的关系是母法与子法的关系。这种看法固然不错，但无疑将宪法和刑法的关系简单化了。刑法与宪法的关系主要有两层意思：一是刑法对宪法的保障，即刑法作为其他法律部门的保障法对宪法关系的第二次调整。正

---

〔1〕张文显：“全球化时代的中国法治”，载《吉林大学社会科学学报》2005年第2期。

〔2〕车丕照：“法律全球化与国际法治”，载高鸿钧等编：《法律全球化：中国与世界》，清华大学出版社2014年版，第76页。

如我国台地区湾学者韩忠谟所言：刑法对于法益，常作第二次的保护，故为制裁法规，有其保护法益，往往以禁止规范为基础。[1]二是宪法对刑法的决定作用，或者可以称之为宪法对刑法的限制，这一点在现代法治国家尤为重要。现代刑事法治必须以宪法作为其根基，否则就可能偏离人权保障的方向。基于宪法是人权的宣言书及保障书和宪法的法治价值，进一步强化刑法对人权全面而有效的保障，无疑应该以宪法为纲领。那么宪法对刑法限制就是题中之意。

一、刑法宪法制约的意义

法治顾名思义就是“法律的统治”，即法律在社会治理中具有至高无上的地位，从而法律至上性原则是一项重要的法治原则。“法律至上性原则的核心原则在于宪法至上和司法至上。宪法具有最高权威，这已成为公认的法治和法律至上性原则的根本标志。”[2]在当今世界一百多部宪法中，几乎没有一部不涉及法治的。尽管有宪法并不等于有法治，但有法治必然要有宪法。因为，宪法是法治的前提、基础和依据；没有宪法，法治便不可能被确认；没有宪法，法治的实施就没有法律依据。我国正在推进依法治国，建设社会主义法治国家的进程，并已将此庄严地载入宪法，使之成为一条神圣的宪法规范。毫无疑问，这是对宪法法治价值的高度重视。而宪法在现代法治国家得以如此重视的原因就是宪法将有关基本人权的根本价值加以规范化，宪法因保障人权才备受现代法治国家和推行法治的国家推崇。刑事法治以限制刑罚权、保障人权为重要的价值取向，这与宪法追求限制权力和保障人权的价值目标是完全契合的。

---

〔1〕 参见韩忠谟：《刑法原理》，中国政法大学出版社 2002 年版，第 9 页。

〔2〕 王人博、程燎原：《法治论》，广西师范大学出版社 2014 年版，第 183 页。

（一）刑法宪法制约是完善我国法律体系的需要

宪法所规定的内容是国家最根本、最重要的原则和制度，法律、行政法规和地方性法规都不得同宪法相抵触，因此，宪法就成了立法机关进行日常立法活动的依据。“在一个有组织的（国家的或者超国家的）法律共同体中，作为具有法律约束力的行为规整之基础的各种授权共同构成了一个有层次的权属体系。这一权属体系不仅对于分权有重要意义，它同样是建构一个合理的法秩序的支柱。”〔1〕宪法是我国所有实在法的渊源，位居母法的地位，我们要建立和完善中国特色的社会主义法律体系，必须以宪法为基础，保持法律的相互协调性和衔接性，防止下位法超越和违反上位法。宪法从其产生开始就是和法治联系在一起的，法治实际上是宪法的题中之意。依法治国首先就是要依宪治国，树立宪法的最高权威，宪法至上是法治的灵魂和精髓。

宪法性法律中所含有的那些分配并限制政府权力的规则，都属于我们习惯所称的法律。但实际上，这些规则是组织规则而非正当行为规则的那些规则。一部宪法，从根本上来说，乃是建立在一个先行存在的法律系统之上的一种上层架构，其目的在于用组织的手段实施那个法律系统。〔2〕毫无疑问，宪法正是建立和完善中国特色社会主义法律体系的组织规则。中国特色社会主义法律体系不断健全和完善的过程，同时也是人权保障的法律体系逐步建立和完善的过程。2004 年 3 月，十届全国人大第二次会议审议通过了宪法修正案，增加了促进物质文明、

〔1〕［德］齐佩利乌斯：《法学方法论》，金振豹译，法律出版社 2009 年版，第 5 页。

〔2〕参见［英］哈耶克：《法律、立法与自由》（第 1 卷），邓正来译，中国大百科全书出版社 2000 年版，第 211～212 页。

政治文明和精神文明协调发展，建立健全社会保障制度，尊重和保障人权，保护公民合法的私有财产等规定，充分体现了保障人权的原则。刑法作为中国特色社会主义法律体系的一个部门法，关乎公民的财产、自由乃至生命，理所当然要受到宪法的统帅，自觉地与宪法保持协调统一。而要保持与宪法的协调统一，就必须在宪法的制约下运行，通过适当的制度构建排除刑法中出现的“恶法”。

（二）刑法宪法制约有助于刑法目的的生成

刑法的目的，是指国家制定和适用刑法所期望达到的结果，刑法目的的证成可以成为刑法正当性的重要依据。法律工具主义是一个备受诟病的理念，在西方和我国学界都招致了学者们的严厉抨击。西方学者塔玛纳哈认为，法律工具主义命题立足于实用主义的哲学立场，将法律视为实现所欲求的社会目标的工具，法律可以按达成这一目的所需要的任何方式加以形塑，这种法治观是对法治的威胁和侵蚀。[1]我国也有不少学者对法律工具主义提出了质疑并指出，法律工具主义会导致统治者任意利用和操纵法律以实现非正义的目的，破坏了社会成员对于法律的价值认同和信仰诉求。[2]在笔者看来，法律工具主义是对法律自身价值的否认，不利于培养社会公众的法律认同和法律信仰，其结果必然是对法治的否定。但是，对法律工具主义的否定并不必然否定法律的工具性价值，任何法律都具有一定的工具性价值，刑法的工具性价值就是惩治犯罪。但是，我们千万不能混同刑法的工具性价值和刑法的目的，惩罚犯罪并非

〔1〕 参见［美］塔玛纳哈：《论法治——历史、政治和理论》，李桂林译，武汉大学出版社2010年版，第101页。

〔2〕 参见郑成良：“法律工具主义很危险”，载《共产党员》2010年第14期；刘小平、杨金丹：“中国法律信仰论的悖论及其超越”，载《法商研究》2014年第2期。

刑法的目的，刑法的目的是保障人权。

然而，刑法目的的生成不是无缘无故的，而是具有其特定的生成基础和土壤。现代刑法目的的生成在很大程度上受制于宪法，也就是说，刑法目的在生成过程中是根植于宪法的，包括宪法目的、价值、宪法条文、宪法修正案和宪法性规范文件。建立在宪法基础上的刑法不仅是“善良人的大宪章”，也是“犯罪人的大宪章”。我国已经将“保障人权”明文写进现行宪法，所以，强调人权保护也是贯彻现行宪法的必然要求。我们不仅要依法打击犯罪、预防犯罪，而且也要保障人权。特别需要指出的是，现代刑法目的应当侧重于对人的利益的保护。它可以保护人的生命不受侵害，人的自由不被非法限制和剥夺，人的安宁不被侵扰，人的名誉不被诋毁，即保障人权。刑法目的的生成若无宪法基础就会迷失方向，沦为专制的工具。因此，宪法必然要对刑法目的的生成起到指导和制约作用，使其沿着宪法的方向前进，为实现人的自由这一目标而奋进。

（三）刑法宪法制约有助于规制刑罚权

刑罚对社会的秩序价值毋庸置疑，它能够有效地维护社会及公民合法权益，给人民以安全感。但它发动成本昂贵、惩罚严厉，用之不慎，会导致司法资源的巨大浪费和对公民自由权利的侵犯。孟德斯鸠对权力的特性做过精辟分析：“一切有权力的人都容易滥用权力，这是万古不易的一条经验。有权力的人民使用权力一直遇到有界限为止。”〔1〕这一箴言告诉我们任何权力如果不受到制约，都有可能被滥用。所以，权力必须受到制约，这一点对剥夺或限制权益的刑罚权更为重要，因为刑罚关乎国民的重大利益，是对国民生命和财产的生杀予夺。从而，

〔1〕［法］孟德斯鸠：《论法的精神》（上册），张雁深译，商务印书馆 2004 年版，第 184 页。

刑罚权需要受到更为严格的制约。

宪法意味着必须通过限制权力来保障人权，因为保障人权是宪法最高的、核心的价值目标。而这一价值目标必须落实和体现于部门法的制度构建与实际运行之中，其中最为重要的是刑法。真正意义上的刑事法治亦是通过防止刑罚权的滥用来实现人权保障的，这无疑是和宪法的旨趣殊途同归的。由于刑法具有保护利益的广泛性及制裁方法的严厉性，因而对人权的全面保障具有特别重要的意义。可以说，人权保障是当代刑法的鲜明主题之一。作为国家法治的重要组成部分，刑法直接关涉公民的基本人权，人权保障是刑事法治理念的基础性要求，是当代刑法机能所蕴含的重要内容。刑法不仅可以通过依法惩罚犯罪来维护正常社会秩序，为广大人民群众提供良好的生产、生活环境，而且也保障无罪的人不受刑罚处罚，防止惩罚权的滥用，甚至在惩罚犯罪人时也维护其应有的合法权利。因此，刑法对人权的保障，既包括对犯罪人人权的依法保障，同时也包括对被害人及广大守法公民人权的依法保障。但是在专制国家，刑法是难以发挥人权保障功能的，刑法对人权保护的依据无疑是来源于法治国家的宪法，只有在宪法秩序下，刑罚权才能被理性地动用。

（四）刑法宪法制约有助于国民对刑法的认同

刑法要得到国民的认同，必须反应国民的呼声和利益诉求。日本刑法学者西原春夫教授明确地将国民的欲求“置于促使刑法制定的各种要素的基础之上”，强调“处在离制定刑法比较近的地位和原动力的，是国民的欲求”，认为“在制定刑法时必须考虑的是国民的欲求。当看到要求制定刑法的国民的欲求已产生时，立法者就必须制定刑法。反之，不顾国民并没有要求制定刑法而制定刑法，这就不正确了”。[1]如果人们对刑法观念仍停留在“阶级专政工具”“刀把子”这样的认识水平上，那么法治国的建立只能是一个虚幻的梦想。因为这种认识产生的后果是使人们觉得刑法对自己无足轻重，刑法并不能成为保护自己利益的利器，从而就不会自觉信任刑法、维护刑法的权威，反而会形成远法、畏法和惧法的心理。对刑法的亲近感和认同感培育途径虽有多种，但最有效的方式是加深人们对刑法保障功能的认识，进而彻底改变传统的刑法观念。一旦人们把以往最为敬畏的刑法都作为保障自己权益的有力武器，刑法就不再是外在力量强加的，而是自己生活需要的。于是，国民形成刑法亲近感和认同感便是顺理成章的事情。这便为法治夯实了观念上和情感上的基础，势必推进法治建设事业的进程。利益保护和公众认同之间的关联性是不可抹杀的，建立在宪法基础的刑法强调对国民重要利益的保护，而刑法中对公民重要利益的保护无疑是强化对公众认同的重要途径。

二、刑法宪法制约的内容

宪法对刑法的制约不仅在于宪法的效力位阶高于刑法，更在于宪法对于刑法精神内核的把控。宪法对刑法的制约也是全局性的，涉及刑法观念、刑法立法、刑法解释等刑法运行的每一个具体环节。

（一）宪法对刑法观念的制约

人权原则现在已经被公认为是宪法的一项重要的基本原则。宪法作为人类文明的共同产物，不仅是人权的宣言书，同时也是人权的保障书。在公民权利与国家权力这一对宪法基本矛盾

---

〔1〕［日］西原春夫：《刑法的根基与哲学》，顾肖荣等译，上海三联书店1991年版，第86~87页。

中，公民权利是目的，国家权力是手段，即国家权力存在的全部理由在于保障公民权利，保障每个人都享有做人的尊严和价值。刑法作为宪法统治的一个下位部门法，现在也被认为是公民自由的大宪章，同时刑法还有保障犯罪人合法权益的功能，以防止国家权力的滥用。

在专制社会里，刑法被认为是驭民之术，其基本点是用刑法镇压反抗统治的行为。长期以来中国人习惯于将刑法形象地比喻成刀把子，国家用这把刀作为有力的专政工具，打击敌人、惩罚罪犯。及至当下，随着人权观念的洗礼，人权保障已是当代刑法的鲜明主题之一。“由调整社会关系的广泛性、保护利益的重要性和违法制裁手段的特殊严厉性等特点所决定，在刑法中，贯彻并弘扬人权保障之理念具有特别重要的意义。而且，从当代法治发达国家的立法实践来看，都非常重视刑法人权保障机能的发挥。”〔1〕在建设法治中国的时代背景下，刑法的价值构造应当顺应时代潮流，兼顾社会保护和人权保障双重机能，并适当向人权保障机能倾斜。我国刑法立法发展、演变的历史过程，就是一个人权观念逐渐受到尊重并在我国刑法立法实践中得以确立的过程。加强刑法的人权保障机能不仅是民主政治与人权理论的要求，也是衡量一部刑法先进与否的判断标准之一。这一价值取向不仅应该在刑法立法中确立和贯彻，更应在刑事司法运作中得到充分体现。一方面，以人为本，尊重和保障人权应是现代刑法立法的必然含义；另一方面，如果没有相应的刑事司法观念的变革，关涉人权保障的刑法立法的真正贯彻也必然会举步维艰，流于形式。所以，虽然我国刑法立法中对公民人权的保障已日趋完备，但是刑法对公民人权的切实保障

〔1〕 赵秉志：《刑法立法研究》，中国人民大学出版社 2014 年版，第 59 页。

依然离不开刑事司法观念之革新。没有相应的人权观念为基础，人权保障根本不可能在刑事法治领域得到真正的贯彻。

（二）宪法对刑法内容的制约

宪法是规定一个国家最具根本性内容的纲领性文件，确认了国家权力的边界、公民基本权利的内容。宪法也处于一个国家法律体系的顶端，即凯尔森所言的“基础规范”，所有的其他法律、法规均应以其为效力基础。宪法和刑法，在以实定的阶层构造为前提的时候，从法律效力的观点来看，具有优劣关系，刑法的内容以及解释，必须遵循宪法的理念和宗旨。〔1〕从法律位阶的角度来考察宪法和刑法的关系，宪法的地位显然要高于刑法，违反宪法的刑罚法规是无效的，是“一个没有意义的陈述”。理由是：“一个无效力的规范是一个不存在的规范，在法律上是一个非本体。‘违宪法律’这一表示，如果适用于一个被认为有效力的法律上去，在用语上就是一个矛盾。因为如果这个法律有效力，那么，它之所以有效力只是因为它符合宪法；如果它与宪法有抵触，它就不可能是有效力的。一个法律的效力的唯一理由就是它曾在宪法所规定的方式下创立。”〔2〕

宪法与刑法调整的领域和范围从逻辑的角度而言是包含与被包含的关系。宪法全面调整国家问题，它不像一般部门法那样，仅调整社会关系的一个或几个领域，它调整的是全面的社会关系，即对本国社会关系的各个重要领域都作了原则的规定。〔3〕刑法将什么作为利益予以保护，必须符合宪法的原则，宪法要求刑法保护的利益，应当成为刑法上的利益。德国学者克劳

〔1〕参见［日］曾根威彦：《刑法学基础》，黎宏译，法律出版社2005年版，第222页。

〔2〕［奥］汉斯·凯尔森：《法与国家的一般理论》，沈宗灵译，中国大百科全书出版社1996年版，第175页。

〔3〕参见沈宗灵：《法理学》，高等教育出版社1994年版，第329页。

斯·罗克辛指出：一个在刑事政策上有拘束力的法益概念，只能产生于我们在基本法中载明的建立在个人自由基础之上的法治国家的任务。这个任务就对国家的刑罚权规定了界限。在此之后，人们就可以说：法益是在以个人及其自由发展为目标进行建设的社会整体制度范围之内，有益于个人及其自由发展的，或者是有益于这个制度本身功能的一种现实或者目标设定。〔1〕我国刑法为保护宪法上的利益免受来自内外的侵害，刑法分则根据宪法的精神和所保护的利益，将犯罪划分为十种类型，涵盖了宪法上要求保护的利益范围。宪法上不值得保护的利益就没有纳入其中，从而刑法一般不得将那些没有侵害宪法上利益的行为规定为犯罪，否则就会缺乏刑罚处罚的正当性。

（三）宪法对刑罚权的制约

刑罚是社会必需但又需要警惕的制裁方法，一方面刑罚对于惩罚犯罪具有重要的功能，另一方面刑罚又可能蜕变为国家侵犯守法国民自由的邪恶工具。尽管迄今为止，刑罚仍然是国家对付犯罪最为常用的手段，但其治理犯罪功能的有限性已经一再被刑法学和犯罪学理论所揭示，并为刑事司法实践所证实。由于犯罪存在着个体、社会等多方面的复杂原因，单一的刑罚制裁不可能完全有效地控制犯罪。同时，由于国家发动刑罚的高昂成本和刑罚的消极作用，也决定刑罚不是也不应当是社会对付犯罪的首选和最佳手段。因此，刑罚绝对不是对付犯罪最有效的方法，刑罚的功能只是国家对犯罪在合理限度的反应，其目标是将犯罪控制在国民能够忍受的范围之内。

刑罚如两刃之剑，用之不当，则国家和个人两受其害。德国学者耶林对刑罚的正反作用作出的这一精辟论述，现在已经

〔1〕 参见［德］克劳斯·罗克辛：《德国刑法学总论》（第1卷），王世洲译，法律出版社2005年版，第15页。

得到刑法学界的广泛认同。由于刑罚巨大的负面作用，所以要求对刑罚的使用进行限制。对刑罚权制约的途径有许多种，宪法无疑是首位。如前述德国学者克劳斯·罗克辛指出的那样，法治国家的任务是对国家的刑罚权规定了界限，让国家刑罚权的运行不至于脱离法治的轨道。此外，发达国家给我们提供的一条重要启示就是行使宪法保护的权利不得定为犯罪。美国宪法第一条修正案清楚地禁止制定任何剥夺公民的宗教信仰自由、言论出版自由、集会请愿自由的法律。最高法院在一系列决定中指出，第一条修正案规定的各项权利也适用于各州。虽然我国的国体和政体都完全不同于美国，但是这一原则应当是具有普遍意义的。因为，树立刑罚节俭和效益观念，是保障人权的理性呼唤。

（四）宪法对刑法解释的制约

法律的实施过程实质上就是法律的解释过程。法律条文简洁有限而社会生活丰富无穷，法律条文稳定不断而社会生活日新月异，法律条文和社会生活之间的鸿沟决定了法律解释的必要性。德国法学家拉伦兹指出：假使认为，只有在法律文字特别模糊、不明确或相互矛盾时，才需要解释，那就是一种误解，全部的法律文字原则上都可以，并且也需要解释本身并不是一种最后就借助尽可能精确的措辞来排除缺陷，只要法律、法院的判决或契约不能全然以象征性的符号语言来表达，解释就始终必要。〔1〕作为一个重要的法律部门，刑法毫无疑问需要得到科学的解释。

宪法对刑法解释的限制主要指，在进行刑法解释时要遵循合宪性的解释方法，即按宪法及位阶较高的法律规范解释位阶较低的法律规范。就整个法律体系而言，宪法处于最高层，其

〔1〕 参见［德］拉伦兹：《法学方法论》，陈爱娥译，商务印书馆2003年版，第85~86页。

次是法律、法规等。就刑法这个部门法而言，刑法基本原则处于最高层，其次是刑法总则关于犯罪和刑罚的一般规定，再次是刑法分则的具体规定。它们的效力也是从高到低。合宪性解释强调法律规范的位阶性，强调上位阶规范对下位阶规范的控制因素，即强调法律规范的纵向性控制因素。合宪性解释可以澄清刑法规定内容的疑义，当一项规定依其文义可以有多种解释时，哪种解释最妥当，可以采用合宪性解释。另外，合宪性解释还可控制其他法律解释的结果，使其不超出宪法及其他上位阶法律规定的价值判断范围，从而可以筑起防止刑罚权侵犯人权的堤坝。德国有刑法学者指出：在根据法律目的进行解释时，法官总是将宪法的价值判断放在首位（符合宪法的解释），他虽然不得任意改变刑法规定的意思，但他必须尝试在法律规定的范围内与宪法规范保持一致。[1]

三、刑法宪法制约的现实挑战

我国刑法理论对刑法的宪法制约问题关注不多，研究的成果也屈指可数。但是，无论刑事立法的宪法制约问题，还是刑事司法的宪法制约问题，在我国都是客观存在的。无视刑法的宪法制约问题，是我国刑事立法和刑事司法备受诟病的重要原因。概括起来，我国刑法的宪法制约问题主要表现在以下几个方面。

（一）刑事法治观念的缺失

对于我国而言，民主思想和法治观念都是舶来品，都是我国痛定思痛之后，为了解决社会的长治久安而从西方引入的理念。长期以来，我国推行的是高度集权的专制统治，并不具有

〔1〕 参见［德］汉斯·海因里希·耶赛克、托马斯·魏根特：《德国刑法教科书》，徐久生译，中国法制出版社2001年版，第193页。

法治的传统，从而缺乏民主和法治落地生根的肥沃土壤。早在春秋战国时期，我国就有“礼法之争”。秦国以法家思想为指导实现了国富兵强，从而统一中国，但很快由于其暴政而走向衰亡。及至汉代，“德主刑辅”，“以礼入法”，儒家思想成为封建帝国的正统思想，并贯穿于整个中国封建社会的始终。但无论是儒家的“礼治”思想还是法家的“法治”思想都仅有工具性的价值，即它们都是维护封建帝王的专制集权统治秩序的工具，与现代的法治精神相去甚远。有学者指出：“自汉代以来，处于思想界统治地位的是三纲五常，这种理论是为专制服务的，它不仅没有民主、人权观念，而且是中国人产生和接受民主人权思想的障碍，是与现代化精神相违背的。”[1]笔者认为，这一判断是符合我国古代社会实际状况的，在“吃人的礼教”的支配下，以民主、自由、权力制约为核心内容的法治是不能存在的，因此，法治传统的缺乏是我们建设法治中国必须面对的客观现实。新中国成立之后，法律体系还不健全，即使 1979 年《刑法》制定后，刑法的目标依然是有效地打击犯罪以维护社会秩序，而对于刑法的人权保障功能缺乏必要的重视。虽然 1997 年《刑法》确立了罪刑法定原则，但是实践中，国家权力突破刑法刚性规定的并未被杜绝，追究无辜守法人刑事责任的案件仍有发生，这些现象背后折射的是我国刑事法治观念的缺失。

（二）罪刑法定原则的宪法缺失

法律由法律概念、法律原则和法律规则等要素构成。其中，法律原则是法之要旨与目的的凝练，是法律规则的基础或本源，在法律结构中居于核心地位，宣示着法律的价值。法律原则也具有重要的司法功能，“在司法过程中，法律原则是法律职业者

---

〔1〕 许良英、王来棣：《民主的历史》，法律出版社 2015 年版，第 181 页。

进行法律解释和法律推理的基础或出发点，它可以克服规则的刚性，弥补成文法的漏洞、纠正法律的失误，利于个案公平的实现，并具有发展法律、增强法律的权威性等功能”。[1]罪刑法定原则现在已经被国内外许多国家的刑事立法和刑法学界承认为法治原则在刑事政策领域中的根本原则，彰显刑法保障人权的价值。我国现行刑法已将作为宪法原则之一的法律面前人人平等的原则作为刑法的基本原则之一并立法化，这无疑体现了宪法对刑法的指导和制约作用，但是作为现代刑事法治根本原则的罪刑法定原则并没有入宪。

在刑事政策领域，法治原则要求国家和社会对犯罪作出的一切公共反应，无论是以国家公权力运作为内容的国家正式反应，还是市民社会组织对犯罪作出的有组织的反应；无论是以国家刑罚权的运作为核心的刑罚反应，还是以其他国家公权力的运作为内容的非刑罚的正式反应，都必须受到法律的严格约束，即“罪刑法定是刑事政策不可逾越的藩篱”[2]。因此，可以说法治原则在刑事政策领域的核心要求是罪刑法定原则，从某种意义上讲，罪刑法定原则就是刑事政策领域的根本法治原则。[3]令人遗憾的是，我国宪法中并没有对罪刑法定原则做出明确的规定，刑事司法实践中借“严打”“专项斗争”的刑事政策之名违反刑法规定打击犯罪，以刑事政策的旗号徇私枉法、滥用职权随意入人以罪的现象仍然屡见不鲜，这显然不利于我国刑事法治的建设。

---

〔1〕庞凌：“法律原则的识别和适用”，载《法学》2004年第1期。

〔2〕这一命题被人们形象地称为“李斯特鸿沟”。李斯特认为，刑事政策和刑法的性质和任务不同，刑事政策是“通过对犯罪人个体的影响来与犯罪做斗争的”；而刑法是保护法益、维护自由法治国的手段。为避免刑法流于偶然和专断，刑法体系不允许被刑事政策等外在要素入侵。

〔3〕参见梁根林：《刑事政策：立场与范畴》，法律出版社2005年版，第97页。

（三）权益的平等刑法保护亟待加强

作为宪法基本原则的法律面前人人平等具体化的刑法面前人人平等原则，不但要求定罪平等和量刑平等，而且还有刑法对所有主体的权益进行平等的保护。传统的理论认为，法律面前人人平等仅仅是法律适用的平等，而不包括立法上的平等。现在，宪法保障人民平等权利的重心，已经由法律适用的平等，转到法律制定的平等之上。“这个重心的转移，也印证出国家迈向法治国家的过程，立法者负担形成、主导国家法律及政治生命的重责大任。以平等权来拘束立法者的法律制定形成权，也意味着立法者必须斟酌社会现实事务的本质，权衡宪法全盘之价值体系，才能予其立法行为规范同与不同的法律后果，有合宪性的正当性理由。因此，就法的理念观察，对平等权有较大意义，是环绕在立法者的诸多后果决定的正义程度如何之问题。”〔1〕

现代立法往往是多种政治势力相互妥协的结果。所以，能够通过的有效法律文本并非完美无缺。就我国刑法而言，刑法立法基本上贯彻了平等原则，但是，仍存在值得检讨的地方。例如：（1）有些条文基于所有制形式而导致的不平等。此种不平等不仅体现在已有罪名的法定刑配置上，如贪污罪（最高法定刑为死刑，9 个量刑幅度）与职务侵占罪（最高法定刑为 15 年有期徒刑，2 个量刑幅度），也体现在罪名设置的总体比重上；（2）有些条文基于身份的不同而导致的不平等；（3）有些条文的包容性出现问题而出现的不平等。〔2〕显然，这些立法规

---

〔1〕 陈新民：《德国公法学基础理论》（增订新版・下卷），法律出版社 2010 年版，第 397～398 页。

〔2〕 参见刘树德：《宪法维度的刑法新思考》，北京大学出版社 2005 年版，第 11～13 页。

定是有悖于刑法面前平等原则的，不利于培养公众对刑法的认同感，也会损害我国的刑事法治建设事业。

（四）重刑主义对人权保障的侵扰

重刑主义思想在我国由来已久，存在深厚的社会基础，几千年来的封建专制统治，在我国已形成了以国家主义为前提、以刑法工具论为基础、以重刑主义为主体的刑法思想。直到今天，我们还受到重刑主义的深刻影响，重刑主义不仅仅是立法者自身的观念问题，更是国家和社会民众对刑法高度期盼的反映。重刑主义观念进而又影响了人们对刑法功能的认识，刑法打击犯罪的功能被无限放大，相反地，刑法所具有的控制和约束刑罚权的功能却被有意或无意地遮蔽了。[1]储槐植教授指出，即使是我国1997年的《刑法》，基本上仍属于厉而不严的刑法结构。刑罚苛厉，集中表现在我国刑法上死刑罪名多达60个以上[2]，这在当今世界是极为罕见的。由于死刑多，刑罚整体位阶被抬高了，所有的罪名均被挂上了徒刑，没有一个罪的法定刑只限于拘役和罚金。[3]刑罚的严厉使很多涉及经济、行政、道德方面的问题，本来可以通过其他方式予以解决，却被纳入犯罪体系，动用刑罚解决。这样的结果就是犯罪的数量增加和犯罪率升高，从而营造出一种不和谐的社会氛围。我国台湾地区刑法学者指出：以现代的重刑化立论基础均置于一般预防思想而言，为强调犯罪的威吓效应，而将刑罚任意的加重，其所

---

〔1〕何荣功：《自由秩序与自由刑法理论》，北京大学出版社2013年版，第135页。

〔2〕《刑法修正案（八）》废除了13个死刑罪名，《刑法修正案（九）》废除了9个死刑罪名，我国目前刑法中还存在46个死刑罪名。

〔3〕参见储槐植：《刑事一体化》，法律出版社2004年版，第448页。需要指出的是，《刑法修正案（八）》增设的危险驾驶罪配置的主刑仅为拘役，是目前刑法中唯一法定刑没有配置有期徒刑的罪名。

衍生的弊端，恐非其期待之效果所可比拟。一方面重刑化的结果，可能产生大众法情感的钝化；另一方面更可能因重刑的结果，使得刑罚超越一般预防思想的界限，甚至超出报应的范畴，形同酷刑。另外，重刑化的现象，将使得对于各种不同犯罪类型的反应强度拉近，导致价值不分的负面效应。[1]立法者过于迷信刑罚的功能，广泛动用刑罚手段解决一切社会矛盾，会出现刑法过度化的现象，本身就是对人权的一种侵越。如不及早打破扎根于国民心中的重法益保护心理，早日在国民心中形成保障人权的内心确信，重刑主义思想在中国还将长期存在，中国刑罚的科学化发展也将面临严重阻碍。[2]

风险社会中，蕴含各种风险的不确定因素逐渐增多，人们倾向于把各种不安的情绪集中于对犯罪行为的不安，并要求国家加重刑罚处罚和扩大犯罪圈，即通过重刑化来消除这种不安的情绪，以获得精神上的安宁。国家也不得不通过回应这种诉求来维持其正当性，进而获得国民的支持和拥护，然而，国家这种重刑主义的立场难言是合理的。日本刑法学者松原芳博批评了国家这一做法。他指出："近期的重刑化，通过将犯罪行为人视为'社会的敌人'，而否定其与'善良市民'之间的换位可能性。这其中蕴含容忍对行为人科处超出作为刑罚忍受程度的行为人之'责任'的刑罚的危险，同时，在实际效果上，也不能谓之为形成了'最合适的预防'。因此，从目的合理性的视角，也难以将其正当化。"[3]笔者认为，该学者的批判理由是成

---

〔1〕 参见柯耀程：《变动中的刑法思想》，中国政法大学出版社 2003 年版，第 386 页。

〔2〕 参见王志祥："死刑替代措施：一个需要警惕的刑法概念"，载《中国法学》2015 年第 1 期。

〔3〕［日］松原芳博：《刑法总论重要问题》，王昭武译，中国政法大学出版社 2014 年版，第 10 页。

立的。重刑主义过于迷信刑罚的功能，加大刑罚的处罚力度，漠视了公民的自由权利，从而不具有宪法上的正当性。

四、刑法宪法制约的中国应对

法治、自由、平等已然是我们追求的理想，法治中国已经是我们建设现代化强国的重要内容。针对刑事法领域侵犯人权的现象，解决的正道就是落实宪法对刑法的制约，对于违反宪法的刑法立法或刑事司法坚决地“说不”。

（一）转变刑法观念

刑法是最古老的法律，同时也是制裁手段最严厉的法律。刑法历来被封建帝王视为“驭民之术”，这时的刑法往往被视为“刀把子”。在专制政权下，统治阶级为了维护其统治，经常恣意地发动刑罚，限制甚至剥夺公民的自由，严重地侵犯了公民的权益，它的工具性价值也发挥到了登峰造极的地步。近代以降，为了防止刑罚恣意和刑罚擅断，在社会保护和人权保障之间划定一条合理的界限，使刑罚的发动只有在必要且有效正当的情况下才进行，渴望自由的人民通过不懈的努力，建立了民主国家和制定了现代宪法，为公民权利和国家权力划定适当的边界。从此，刑法的理念发生了转变：现代刑法不再是国家对付犯罪的工具，而具有了对国家的刑罚权进行合理限制的内涵，其机能也从单纯的保护社会增加了保障人权的内容。所以说，“宪法是一张写满人民权利的纸”，宪法的产生即是为了保障人民的权利不受权力的任意剥夺；而“刑法是犯罪人的大宪章”，通过罪刑法定、罪责自负等原则的规定，使犯罪人的权益也不会受到来自刑法之外的威胁。从此，刑法成了保护公民自由的武器。因此，只有受到宪法理念约束的刑法，才是与宪法保持一致的刑法，才是保障公民权利的利器。不良的刑法无疑是公民自由的最大威胁。新中国成立以来，由于我国长期施行计划经济，加上我国传统的法律文化，使得我国在相当长的时间里往往只强调了社会保护的这一面。认为只要惩罚了犯罪，自然就保护了权利和自由，实现了刑法的人权保障机能，把刑法作为人民民主专政的工具和打击犯罪的锐利武器，将国家利益放在首要位置，忽视了个人利益，强调了刑法社会保障机能，而轻视了刑法的人权保障机能。自我国 1982 年《宪法》制定以来，宪法所确立的法治原则、基本人权原则、权力制约原则等对我国的刑法制度产生了深远的影响，使我国的刑法理念发生了深刻的变化。[1]

（二）夯实刑法立法的宪法依据

刑法立法是刑事法治的基础。刑法规范的价值取向从根本上应当顺应宪法目的、价值的指引，而不是与宪法目的、价值相背离。因此，宪法所蕴含的限权思想和人权保障的价值应当贯穿于中国整个刑事立法过程之中。但是，从实然的层面来说，宪法的法律权威并没有完全彰显，宪法规范的法律效力也并没有完全确立。要夯实刑法的宪法基础，可以通过以下两个途径：

首先，刑法宪法化。毫无疑问，把体现刑法精神和灵魂的基本原则写入宪法是制约刑事立法权的一种有效手段。因为宪法是一个国家的根本大法，在一国法律体系中具有最高的法律地位：法律、法规的产生必须以宪法为根据，法律、法规的内容应当符合宪法的要求，一切与宪法相违背的法律、法规都是无效的。如我国《宪法》第 5 条规定："一切法律、行政法规和地方性法规都不得和宪法相抵触"，刑法也不例外。刑法的创制必须按照宪法规定的程序进行，刑法的内容必须具有合宪性，

---

〔1〕 参见赵秉志："论我国宪法指导下刑法理念的更新"，载《河北法学》2013 年第 4 期。

不得违背宪法。如果刑法规范违背了宪法，就会导致无效的后果。

在当代社会，对刑罚权进行限制，保障公民的合法权利，并将刑法的基本原则和关涉公民基本权利的刑法制度规定于宪法之中，已经成为一种普遍做法。荷兰学者亨利·范·马尔塞文和格尔·范·德·唐曾经对155个国家的成文宪法进行比较研究，发现其中53.5%的宪法规定“禁止酷刑，或残酷的、非人道的或屈辱性待遇”，88%的宪法规定了刑事被告人的诉讼权利和刑法的基本原则（包括无罪推定、法不溯及既往、禁止双重危险等）。[1]由此可见，通过“刑法的宪法化”，将原本属于刑事法领域的刑法原则和刑罚制度规定于宪法中，使之从原来公权力运行的规则转变为公民的宪法权利，以保障公民的宪法权利切实落实，是各国的普遍做法。此外，刑法国际化进程的加剧，也加强了世界范围内的刑法的宪法化。联合国通过的《世界人权宣言》《公民权利和政治权利国际公约》《禁止酷刑和其他残忍、不人道或有辱人格的待遇或处罚公约》及各区域性国际公约如《欧洲人权公约》《美洲人权公约》等国际文件，均对罪刑法定原则、刑事管辖权、被告人的刑事诉讼权利、刑罚的人道化、死刑的严格适用等做了详细的规定，使其成为现代国际法原则。又因为很多国家确认上述超国家规范的优先地位或宪法地位，使这些刑事法规范的宪法地位更加巩固。

其次，刑法立法的合宪性审查。从立法体制上看，我国制定刑法与制定和解释宪法的是同一个立法机关，所以从理论上似乎可以推导出我国的刑法与宪法能够保持高度一致性的结论。其实，这仅仅是一个理想而已。尤其是，在我国社会转型背景

---

〔1〕 参见［荷］亨利·范·马尔塞文、格尔·范·德·唐：《成文宪法的比较研究》，陈云生译，华夏出版社1987年版，第142~144页。

下制定的尚不定型的刑法，同时又是在我国刑法理论指导并不充分的情况下制定的，尚未达到足够理性的刑法，是不可能在刑法与宪法的关系上体现得那么完美的。刑罚权是国家公权力的重要组成部分，而国家公权力的运行应当受到合理规范和有效制约，否则会对公民的基本权利和自由产生不利影响。在刑事法领域，对国家公权力的规范和制约主要体现在加强对刑罚权的控制上，这是在刑事法领域内贯彻法治原则、实现刑事法治的基本要求。具体而言，刑罚权不仅体现为国家的刑事司法权，更重要地表现为国家的刑事立法权。因此，刑事立法活动是国家有效行使刑罚权的一个重要方面，加强对刑事立法的规范和制约是应有之义。尤其是在当前我国不断推进和实现刑事法治宪法进程的时代背景之下，必然会合乎逻辑地提出对我国刑事立法进行合宪性审查的问题。在现代法治国家，合宪审查制度已经成为"宪法机器中绝对必要的部件，抽掉这个特制的螺栓，这部机器就化为碎片"〔1〕。因而是否建立了合宪审查制度，已经成为判断一个国家是否推行宪法的重要标志。因此，建构刑法合宪审查机制，对刑事立法的合宪性和正当性进行审查，避免侵犯国民自由的刑罚规范得以生效和实施，是我们追求宪法和刑事法治的重要途径。

（三）合理进行刑法有权解释

法律的不确定性、滞后性和粗疏性决定了法律解释的必要性，那种完全否认法官自由裁量权的严格规则主义的主张已经被复杂的司法现实无情地抛弃了。现在，法律需要解释已经成为一种通识。毫无疑问，刑法也需要被解释。但是肆意地对刑法进行解释就会破坏国民的可预测性原则，侵犯国民的权利，

〔1〕 参见［美］施瓦茨：《美国法律史》，王军等译，中国政法大学出版社1990年版，第41页。

所以应当严格限制刑法解释。为此，笔者建议在我国现行的刑法解释体制下，可以适当加强刑法立法解释，逐步取消刑法司法解释。

首先，应当适当加强刑法立法解释。刑法立法解释是指全国人大常委会对刑法规定含义进行阐明而做出的专门性解释文件。依照《立法法》第 42 条和《宪法》第 67 条的规定，全国人大常委会是包括刑法在内的法律的法定解释主体。刑法立法解释是符合我国权力构建的一种法律解释，它的存在有其必要性。卢梭曾经说过："制定法律的人要比任何人都更清楚，法律应该怎样执行和怎样解释。"〔1〕全国人大常委会作为我国的立法机关，当然，也应当比任何机关更清楚应该怎样解释法律，怎样解释好法律。但是，从刑法司法解释与刑法立法解释的对比看，目前我国刑法立法解释表现得薄弱和滞后。无论是法律条文本身需要进一步明确时，还是两高的司法解释存在分歧时，立法机关都没有表现出其应有的作用。其结果就是刑法司法解释数量急剧膨胀，并且不少的刑法司法解释还突破了刑法创立的罪刑规范，即司法机关制定了限制国民自由的规范。这显然与宪法的要求是背道而驰的。要破解这一难局，在现行的刑法解释体制下，笔者主张在刑法来不及修改而刑法规范又亟待明确的情况下，可以适当加强刑法的立法解释。其中的理由，除了立法解释是法定的法律解释类型外，全国人大常委会也具有修改刑法的权限。从而，即使立法解释稍微突破刑法的现有规定，也不违背宪法的要求。可喜的是，全国人大常委会已经开始积极地行使自己解释刑法的权力。自 1997 年 3 月到 2014 年 4 月，全国人大常委会共颁布了 13 个刑法立法解释，明确了刑法

〔1〕［法］卢梭：《社会契约论》，何兆武译，商务印书馆 2003 年版，第 83 页。

规范的内容，满足了刑事司法实践的需要。

其次，逐步取消刑法司法解释。在我国，最高人民检察院和最高人民法院针对刑法适用中一些不明确的问题，制发了许多规范性文件，即刑法司法解释。这些刑法司法解释对于完善刑法、指导司法实践发挥了积极的作用。但是，我国当前的司法解释也出现了不少问题，如司法解释的立法化。两高的刑法司法解释本义应是，根据各自对刑事案件的审判和检察工作中遇到的问题进行解释，而不是在刑法条文规定的内容之外创制新的规定。然而从现状来看，我国刑法司法解释无论是内容、原理还是解释技术的运用，实际上都超越了一般的法律解释的意义，成了一种细则化的刑事立法。其实质是司法权侵越立法权，违背了民主原则。虽然，基本权利并不完全禁止国家干预身体的行动自由。但是，国家如果要这样做，除了遵守比例原则，还必须通过议会的立法者进行，以保证干涉的民主正当性。〔1〕同时，刑法司法解释的异常繁荣会导致有些法官在实践中过于依赖司法解释。当遇到司法解释没有做出明确规定的时候，就会埋怨法律规定太抽象，司法解释太滞后，呼吁最高人民法院尽快出台有关司法解释。法官不进行任何价值上的判断，裁判就会变成一项简单僵化的机械活动。例如，《刑法修正案（九）》施行后，因为司法解释迟迟没有出台，所有贪污贿赂案件都被暂缓起诉和判决，直至 2016 年 4 月 18 日“两高”司法解释的颁布，才终于化解了多日“无司法解释无法适用刑法”的尴尬局面。

事实上，司法者适用刑法过程的实质就是对刑法进行解释的过程。因为“即使在法治国家中，也绝不可能以几乎毫无漏

〔1〕 参见［德］克里斯托夫·莫勒斯：《德国基本法：历史与内容》，赵真译，中国法制出版社 2014 年版，第 45 页。

洞的实证立法全然予以实现，因为鉴于构成要件的多样性，始终必须保留给司法对概括条款的裁量空间和价值补充空间”。[1]笔者主张将刑法司法解释权还原成为一种司法技术，由法官在具体的司法活动对刑法进行合规则的解释。法官确实无时无刻不在客观上行使着这种权力。一个刑法条文规定的含义，总是首先通过法官的解释才会被确定，法官作为刑法解释的主体是一种不以人的意志为转移的客观事实。从宪法角度视之，我国现行的刑法司法解释体制有悖于宪法的要求，因而刑法解释体制应当尽早把法官的适用解释纳入其中，允许法官在审理案件时，在遵循刑事法律和立法解释的前提下，可以凭借自己的知识经验和常识对刑法的适用进行解释，使刑法的适用权和解释权在裁判者身上融合。因为“如果没有好的法官来实施，最有学术价值和崇高的法典也不会产生多大的效果。但是，如果有好的法官来实施，即使法典或法令不太完善也不要紧”[2]，因为法官可以通过解释让其发挥最恰当的效用。

（四）严格限制刑罚权

刑法的宪法制约实际上是对国家刑罚权（体现在刑事立法权和刑事司法权）的限制。宪法产生之初，其限权对象就包括对刑罚权的限制。对刑罚权不断合理限制的实践也促进了宪法理论的发展并终为宪法规定所吸纳。刑法制裁措施这种无可比拟的严厉性和剥夺性，决定了“国家只能制定显然必要的法律（法国《人权宣言》），只有在其他法律制裁措施不能有效地发挥作用，并且如果不用刑法调整，有关的法律制度就会从根本

〔1〕［德］阿图尔·考夫曼：《法律哲学》，刘幸义等译，法律出版社 2004 年版，第 275~276 页。

〔2〕［意］菲利：《犯罪社会学》，郭建安译，中国人民公安大学出版社 1990 年版，第 20 页。

上受到威胁，社会共同生活的基础就会受到严重危害的情况下，国家才能制定刑法规范。这不仅是启蒙思想家们基于理性的呼唤，更是当代刑法赖以存在的基础和现代法治的一项最基本的原则”。〔1〕也就是说，只要不是出于保护公民的生命健康、人身安全、财产权利和政治权利免受更大程度侵害的需要，国家就不能运用刑罚来剥夺公民的生命、人身自由等最基本的权利。刑罚权是国家手中最极端的权力，关系到国民的重大利益。以宪法制约刑罚权的积极意义，正在于防止它的滥用，避免保护社会权利最得力的工具蜕变侵犯个人权利最厉害的手段。这是因为：一方面，犯罪的基本法律后果是刑罚，而刑罚以剥夺人的利益为内容，因而具有重大的痛苦性；另一方面，刑法是普遍适用的禁止性规范，其内容关系到每个人的生命、自由、名誉、财产。如果刑法的处罚范围过于宽泛，则会使较多人的利益受到剥夺，使公民的自由缩小，并有可能惩及无辜，这本身就有违刑法保障人权的目的。因此，刑罚的这种两面性决定了，“自从有刑法存在，国家代替受害人施行报复时开始，国家就承担双重责任，正如国家在采取任何行为时，不仅要为社会利益反对犯罪者，也要保护犯罪人不受受害人的报复。现在刑法同样不只反对犯罪人，保护犯罪人，它的目的不仅在于设立国家刑罚权力，同时也要限制这一权力，它不只是可罚性的缘由，也是它的界限，因此表现出悖论性：刑法不仅要面对犯罪人保护国家，也要面对国家保护犯罪人，不单面对犯罪人，也要面对检察官保护市民，成为公民反对司法专横和错误的大宪章”。〔2〕正因为刑法具有这种悖论性，我国台湾地区学者林山田提出了

〔1〕 陈忠林：《刑法散得集》，法律出版社 2003 年版，第 120 页。

〔2〕［德］拉德布鲁赫：《法学导论》，米健等译，中国大百科全书出版社 1997 年版，第 96 页。

刑法的双重之保证作用的命题。他指出："刑法明定应予刑事制裁之犯罪行为及其法律效果，一方面保证凡是未违反刑法规范者，均不受国家权力机关之干涉、侵犯或处罚；另方面则保证行为人不受超出法律规定以外之处罚，以及不受有违人道与藐视人性尊严之残虐刑罚。刑法由于此等双重之保证作用，而产生人权保障之功能。"[1]

对制定和适用刑法设置合理的限制，其目的是要在社会利益和个人利益之间取得平衡。因为，刑法毕竟是伴随着刑罚的法律，如果刑法的禁止不恰当、不适度，刑法就比任何其他法律对公民自由的威胁都更大。良好的刑法，绝不是像专制社会曾有过的那种充满随意性的刑法，而必须是受到限制的刑法。但是，制定和实施刑法是国家刑罚权的体现。由于权力自身的扩张本性，有可能发生变异，使得保障自由的刑罚变成妨害自由的刑罚。尽管国家通过惩罚犯罪达到维护社会共同生活秩序的目的，刑罚权的行使有其正当性和合理性，但如果对刑罚权不加以限制，它就会异化为侵犯公民的工具。只有受到宪法权利制约的刑法，才能真正成为保护人权的大宪章。公民对这样的刑法必然容易认同，于是，只要他愿意真正地享受人权，就会真心地遵守刑法。

---

〔1〕 林山田：《刑法通论》（上册），三民书局2000年版，第48页。

第二章 刑法目的及原则的宪法诉求

第一节 刑法目的的宪法指引

刑法的目的是指国家制定刑法和适用刑法主观上所希望达到的结果。由于刑法典对刑法目的缺乏明确的规定，我国的刑法学者好像漠视了这一问题，关于刑法目的的论述不多。然而刑法目的关系到刑法的基本立场和发展方向，因此，刑法目的又是刑法理论无法回避的一个问题。作为刑法的制定根据，宪法的价值指引和决定刑法的目的，因此，刑法目的只有从宪法的角度加以确立和阐明才能居高临下，一览无余。

一、宪法发展与刑法目的的转变

刑法的目的与宪法的历史发展密切相关，宪法发展决定了刑法的性质，也决定了刑法的目的。西方宪法和我国宪法的变迁历史都证实了宪法和刑法的这一关系。

（一）西方宪法发展和刑法目的的演进

古代法的刑事法部分特别发达，刑法的历史也远比宪法悠久。但在宪法产生之前，所有的刑法从类型上看都是专制刑法，是“刀把子”或专政机器，其任务是镇压敌人反抗、惩罚犯罪分子。日本刑法学者平野龙一指出，封建刑法具有以下四个特点：一是干涉性，即刑法干涉个人生活的所有领域，包括干涉个人的私生活；二是恣意性，即对何种行为处以刑罚，事前并无法律的明确规定，通常由一定的人恣意裁量；三是身份性，即同样的行为由于行为人、被害人的身份不同，而导致处罚的有无轻重；四是残酷性，即刑罚方法是以死刑与身体刑为中心。〔1〕可以说，正是缺乏宪法的指引，刑法长期站立在公民的对立面，仅具有工具性的价值。

直到近代，资产阶级建立了具有资本主义民主政治性质的法治国家，制定了近代宪法，刑法的目的才发生了根本性的改变。近代宪法文本多以权利宣言的形式出现，表明确认和保障权利是宪法的核心内容。人权在 1776 年的《弗吉尼亚权利宣言》里首先得到明确的主张。该宣言第 1 条写道：“人人生来自由、平等与独立，并享有某些天赋人权，即当他们不能凭任何契约剥夺其后裔的这些权利；这些权利，即享受生活和自由的权利，包括获取和拥有财产，追求和享有幸福与安全。”〔2〕1776 年的《独立宣言》则更为明确：“人人生而平等，造物者赋予他们若干不可剥夺的权利，其中包括生命权、自由权和追求幸福的权利。为了保障这些权利，人类才在他们之间建立政府，而政府之正当权利，是经被治理者的同意而产生的。”〔3〕1789 年法国的《人权宣言》也明确提出：“任何政治结合的目的都在于保护人的自然的和不可动摇的权利。这些权利就是自

〔1〕［日］平野龙一：《刑法总论Ⅰ》，有斐阁 1972 年版，第 5 页，转引自张明楷：《刑法的基本立场》，中国法制出版社 2002 年版，第 1 页。

〔2〕［德］格奥尔格·耶利内克：《〈人权与公民权利宣言〉——现代宪法史论》，李锦辉译，商务印书馆 2013 年版，第 63 页。

〔3〕［德］格奥尔格·耶利内克：《〈人权与公民权利宣言〉——现代宪法史论》，李锦辉译，商务印书馆 2013 年版，第 70 页。

由、财产、安全和反抗压迫。”[1]德国学者耶利内克高度评价了法国的《人权宣言》。他指出：“人权宣言第一次给实证法注入了个人权利可以对抗作为一个整体的国家这一观念，而这一观念在此之前只在自然法中存在。这一观念接着出现在1791年9月3日颁布的法国第一部宪法之中。这部宪法在宣言的基础上设定了一系列由宪法保证的自然和公民权利。与投票权一起出现的还有‘受到宪法保障的权利’，这一权利上一次被列举是在1848年11月4日颁布的宪法中，这些权利形成了关于个人的公共权利的法国理论和实践。在法国人权宣言的影响下，类似的被列举的权利被引入了欧洲大陆各个国家的宪法之中。”[2]正是在这些宪法性文件的指引下，法国等国制定的刑法都确立了罪刑法定、罪刑均衡等刑法原则，确立了保障人权的目标。但是，1933年希特勒上台后，将宪法搁置一边。虽然，德国于1919年制定了被视为欧洲民主宪法典型的《魏玛宪法》，然而，就是这部最民主的宪法也未能阻止希特勒的专制。结果是，《魏玛宪法》建立的理想政治体制被独裁所代替，宪法的至上权威便被专制和独裁所取代，宪法限制政府权力、保护公民权利的功能丧失殆尽。虽然希特勒没有废除《魏玛宪法》，但该宪法已经不能在实际的政治生活中发挥作用。刑法也不可避免地沦为独裁者为非作恶时所披的一件合法外衣。但是，纳粹法西斯的血腥罪恶却给战后重新思考刑法目的与宪法的关系提供了一个历史性的契机。战后一系列国际人权文件和欧洲各国战后宪法关于基本人权不可侵犯的规定，使人道主义、崇尚自然法精神等观

〔1〕［德］格奥尔格·耶利内克：《〈人权与公民权利宣言〉——现代宪法史论》，李锦辉译，商务印书馆2013年版，第61页。

〔2〕［德］格奥尔格·耶利内克：《〈人权与公民权利宣言〉——现代宪法史论》，李锦辉译，商务印书馆2013年版，第3页。

念有了实在法基础。1949 年战后的德国，通过深刻反思纳粹那段不堪回首的历史，制订了《基本法》，突出公民的基本权利，并从此走上了符合自己的宪法道路。公民的生命、人身自由、财产权利和基本政治权利神圣不可侵犯的观念，成了现代法治的核心内容。我国有学者通过对德日刑法学关于刑法目的、犯罪本质的观点梳理，得出的结论是，德日两国均强调保护人权的宪法价值对刑法目的的限制，从而摒弃了二战之前旧的刑法目的观。宪法性法益与二战以前的“后刑法法益”最大的不同就在于强调宪法对法益的限制作用，将单纯的社会伦理观念排除出法益的范畴。〔1〕

（二）我国宪法发展和刑法目的的转变

长期以来，我国出于意识形态方面的原因，曾将人权看成是资产阶级的专利品，在宪法中都不敢理直气壮地规定基本人权的原则。这一偏执的观念对我国宪法产生了深刻的影响：1975 年《宪法》仅有 2 条规定了公民的基本权利；1978 年《宪法》中，对公民的基本权利的规定也只有 12 条。1982 年《宪法》在痛定思痛、总结历史教训的基础上，为了适应社会主义民主和法治建设的需要以及满足人民渴望人权保障的要求，对公民的基本权利做出了全面的规定，并确立了相应的保障机制。为了加强人权保障，2004 年《宪法（修正案）》第 24 条更是明确规定：“国家尊重和保障人权。”人权入宪在我国法治建设进程中具有重要的里程碑意义，表明我们国家重视对人权的保护，符合现代宪法人文关怀的价值取向和时代精神。人权入宪也对我国刑法理念更新、刑法立法和刑事司法完善提出了新的要求。至此，人权保障是刑法的价值尺度，刑法是人权的保障

〔1〕丁慧敏：“刑法目的观转变简史——以德国、日本刑法的祛伦理化为视角”，载《环球法律评论》2011 年第 2 期。

手段。“刑法不仅要面对犯罪人保护国家，也要面对国家保护犯罪人，不但面对犯罪人，也要面对检察官保护市民，成为公民反对司法专横和错误的大宪章。”〔1〕1997 年《刑法》对 1979 年《刑法》作了大量的修改，废除了大量不符合宪法精神、宪法规范以及不符合社会经济发展规律要求的条款，增加补充了符合宪法精神、宪法规范的条款，以适应宪法的发展、社会主义民主政治和市场经济的发展。更为重要的是，废除了众所诟病的类推制度，并明确确立了罪刑法定原则，对绝大多数罪状采用了叙明罪状，使之更加明确化。之后，从 1999 年《刑法》的第一个修正案开始，刑法共经历了九次修改，每次修改均印证、呼应着宪法中的基本精神，即“人权、平等、民主、自由”。如果将第一个《刑法（修正案）》到《刑法修正案（九）》视为刑法发展的一条轨迹，我们便可以得出这样一个结论：这条轨迹体现、反映了宪法中的人权、平等、民主、自由的基本精神和理念，标志着我们国家的刑法从人治走向法治，从制约走向保障，从强调国家权威走向强调人民权利。这条轨迹可表现为国权刑法向民权刑法的嬗变过程，刑法理念上的嬗变又是以宪法自身不断进化、更新、发展为基础和前提。〔2〕

宪法是人权保障的宣言书，宪法的历史就是一部人民群众人权的奋争史。历经艰难曲折后，我国宪法也已经确立了保障人权的主旨。在保障人权的这面大旗下，无论是划定个人自由和国家权力的界限，还是决定量刑的轻重，刑法的制定者、刑法适用者、刑法学者都应当铭记“中华人民共和国的一切权力

〔1〕［德］拉德布鲁赫：《法学导论》，米健译，中国大百科出版社 1997 年版，第 96 页。

〔2〕辛波：“宪法发展与刑法理念的更新——国权刑法向民权刑法的嬗变”，载《山西警官高等专科学校学报》2012 年第 4 期。

属于人民”的宪法要求，贯彻宪法对于刑法的制约作用。刑法必须贯彻、体现宪法精神的要求，落实到对刑法目的的理解和运用中去。

二、宪法价值与刑法目的的确立

有学者认为，宪法目的、价值观作为内在本体，而宪法条文作为表征，这三者相互关联，共同构成刑法目的生成的宪法性根基。[1]笔者认为这一观点指出了刑法目的的宪法制约性，但是没有认识到宪法目的、宪法价值和宪法条文三者之间的关系。事实上，宪法的目的和宪法的价值之间的界限难以区分，宪法条文背后体现的是宪法价值。因此，在笔者看来，刑法的目的主要受到宪法价值的指引，宪法价值决定了刑法目的的内容。

（一）宪法价值的具体内容

宪法价值是指以宪法与人的关系作为基础的，宪法对于人所具有的意义。关于宪法的价值，学者们存在不同的表述：（1）宪法是民主制度法律化的基本形式，因此民主是宪法的核心价值。如有学者认为：“宪法的价值就在于以民主方式规范政治秩序，其核心就是民主。这是衡量一部宪法是好是坏、宪法作用是积极还是消极的基本标准。”[2]（2）宪法的核心价值应当是保障人权。有学者指出，人权保障是宪法得以成立的基石，民主、共和、法治等宪法价值，都是奠基于人权宪法价值之上的，没有人权价值，整个宪法价值大厦即无根基。所以，我国宪法最核心的价值在于人权条款，正是我国2004年第四次宪法修正案中确立的“国家尊重和保障人权”的条款之意义。宪法的人权条款与基本权利条款的基本出发点就是彰显对人的尊严和价值

---

〔1〕 曾明生：《刑法目的论》，中国政法大学出版社2009年版，第164页。

〔2〕 董和平：“论宪法的价值及其评价”，载《当代法学》1999年第2期。

的尊重与保障。[1]还有学者对宪法价值的层次进行了划分，均认为宪法的核心价值或基本价值是人权保障。如陈雄教授认为，宪法的价值有自由、秩序、正义等多种，而宪法的基本价值是个人自由秩序。具体而言："宪法是自由及其自由度扩张的最根本保障，宪法下的法治制度体系为自由秩序的保障体系，法治体系是为自由而存在的，失去了自由法律就失去了意义，宪法的基本价值也不例外，宪法所关注的是在宪法中如何实现个人自由的基本价值。"[2]王广辉教授也指出，宪法价值中，民主确实是一个重要的方面，甚至是宪法价值不可缺少的组成部分。但因此将民主看成是宪法的核心价值，显然是不恰当的。宪法所追求的价值是多元的，而不是单一的，并非仅限于民主，而是包括自由、民主、法治、人权等多个方面。其中能够将近代的宪法与历史上的宪法从根本上区别开来的恰恰不是其对民主制度的确认，而是对自由和人权的保障，对法治的追求。[3]自诞生以来，宪法就被视为公民权利的保障书，尊重和保障人权是宪法的终极价值。宪法对基本人权的特殊关爱和保护是宪法核心价值和终极目标的应有之义，体现了宪法公平、平等、正义的价值追求。因此，可以认为宪法的基本价值就是保障人权。

（二）宪法价值与我国刑法目的确立

刑法目的关涉到刑法的正当性，关涉到刑法的价值归属。保障人权和自由是宪法的基本内容和要求。宪法是刑法最根本的渊源，刑法目的和刑法规范均受制于宪法，由此我们可以推论出：不以宪法为根据的刑法目的和刑法规范，违反宪法的刑法目的和刑法规范，都无存在的理由和根据，而且刑法规范也

---

〔1〕 范进学："宪法价值共识与宪法实施"，载《法学论坛》2013年第1期。

〔2〕 陈雄：《宪法基本价值研究》，山东人民出版社2007年版，第91页。

〔3〕 王广辉："论宪法的核心价值"，载《西部法学评论》2008年第2期。

是无效的。可见，国家刑罚权合理配置的根本依据，应当是宪法规范及其所蕴涵的法治目的和价值观。唯有如此，生成的刑法目的才具有合宪性，才能顺应历史发展潮流，才具有合理性。宪法基础上的刑法目的，主要是充分保障人权和自由，同时追求在国家政治权力有限收缩条件下的秩序与安全。在我国，刑法的合宪性问题以往没有受到重视，一方面是由于我们的宪法观念没有真正树立起来，宪法规范被虚置；另一方面是因为我们的刑法观念中缺乏受宪法制约的意识，即简单地把刑法视为惩治犯罪、打击敌人的工具，而没有提及刑法的人权保障机能。因此，构建宪法基础上的刑法目的，必然要求我们真正树立宪法观念，增强宪法制约的意识，加强人权保障，等等。

人类宪法制度史已经清楚地表明，所有的宪法现象和宪法行为无不是围绕着权力的行使和权利的保障而展开的。同样，一切宪法关系也都只能是权利与权力关系的升华。根据国际宪法学理论的一般见解，确认权利、限制权力、通过限制权力以最终保障人权，是宪法的核心。当今社会，宪法具有最高法律效力已为立宪国家所公认，不少国家的宪法就此作了专门规定。刑法作为宪法的下位规范，其创制和适用必须要吻合宪法所强调的“限制权力，保障权利”的精神。不仅如此，由于刑罚是国家对于公民权利可能造成损害的最激烈的方式，也是个人与社会发生冲突时可能产生的最严重后果。因此，比起其他部门法，刑法更应该谨慎而忠实地反映宪法的要求。在刑法的基本理念问题上，我们应当由刑法工具主义的价值观逐渐转移到宪法维护的基本价值或者宪法规定的基本人权之上，用宪法规定来批判性地审视现实中的刑法规范。我们应当深刻认识到：宪法所规定的基本人权是刑法的最高价值，现行刑法典的一切规定都必须根据宪法的规定赋予新的含义。一切不符合基本人权不可侵犯的刑法规定，都必须根据宪法的精神予以废除或者修正。而且，宪法不仅是刑法规范的基础，而且首先应是刑法目的之基础。考察刑法的宪法基础，不仅是对刑法规范合宪性的审视，也是对刑法目的合宪性的考量。作为立法与司法动力源的刑法目的，接受合宪性的考量，理应视为首要。因此，刑法目的应当加强人权保障的分量。我们应切实地贯彻实施刑法基本原则，尤其是对罪刑法定原则的立法与司法实践，进而强调该原则所蕴涵的人权、自由及公正等目的价值在“一般意义上的至上地位”。

三、刑法目的的宪法展开

刑法规范不得与宪法的规定相冲突，刑法的目的也必须受到宪法的拘束，因此，富有生命力的刑法目的只能以宪法为基础展开。

（一）刑法目的的观点聚讼

刑法目的是刑法理论中的一个基本问题，也是刑事立法、刑事司法和刑法解释的灵魂。但是关于刑法目的的具体内容，我国刑法理论界并没有取得一致的见解。归纳起来，主要存在以下四种具有代表性的观点：

（1）惩罚犯罪与保护人民双重目的说。我国刑法理论通说认为，制定刑法的目的，在于惩罚犯罪，保护人民，这是由我国刑法的性质所决定的。“惩罚犯罪与保护人民是制定刑法的目的的两个方面，这两个方面是密切联系、有机统一的。只有惩罚犯罪，才能更好地保护人民；只有保护人民，才能有效地惩罚犯罪。”[1]按照这一观点，刑法任务和刑法目的这两个范畴的

〔1〕 高铭暄、马克昌主编：《刑法学》，中国法制出版社1999年版，第12页。

含义大致相同，我国《刑法》第2条既是关于刑法任务的规定，同时也是关于刑法目的的规定。

（2）法益保护说。张明楷教授认为刑法的目的就是保护法益，我国刑法关于刑法任务的规定揭示了我国刑法的目的。“因为各种犯罪都是侵犯法益的行为，运用刑罚与各种犯罪行为做斗争，正是为了抑止犯罪行为，从而保护法益；刑罚的目的是预防犯罪，之所以要预防犯罪，是因为犯罪侵害了法益，预防犯罪是为了保护法益，这正是刑法的目的。”[1]曲新久教授也指出，刑法的目的的保护法益，就是保护个人、社会、国家的利益，直接指向人权，尤其是保护个人的生命、健康、自由、财产、人格、尊严等基本权益，本身就是保护和保障人权，而社会利益、国家利益是一种可以还原为个人利益的公共利益，这种公共利益是包括犯罪人在内的所有人的具有宪法价值的共同利益。因而，以保护法益为目的的刑法，就是保障人权、保护社会的刑法。个人（个体）与社会（整体）是相对应的，在一定范围和程度上甚至是相对立的两个概念，但是法益与人权并不是相互对应的概念，因此，法益保护不能与人权保障相对应，所以将刑法目的归结为“法益保护与人权保障”，并不可取。[2]德国刑法学者乌尔斯·金德霍伊泽尔指出，在刑法目的这一问题上，法益保护与规范效力的保障并非相互排斥，而是两个分属不同层次、完全能够彼此兼容的思想。刑法所规定的罪刑条文既说明了制裁规范，又揭示了行为规范的内容。刑法的目的在于通过制裁规范、保障行为规范的效力，而行为规范的目的

〔1〕 张明楷：《刑法学》（第5版），法律出版社2016年版，第22页。

〔2〕 参见曲新久：“刑法目的论要”，载《环球法律评论》2008年第1期。

则在于保护法益。[1]即认为刑法的最终目的还是在于保护法益，保护行为规范的效力只是实现保护法益的手段。

（3）规范维护说。德国刑法学者冈特·施特拉滕韦特认为，犯罪的本质是“违法行为威胁到了社会规范”，并认为“刑法应该保护的‘社会规范的基本价值’是社会道德规范”。[2]在我国，也有不少的学者赞同规范维护说。例如，冯军教授指出，刑法的目的在于保护实在法规范的有效性，即要保障实在法规范在受到破坏时仍然发挥作用，要保障信赖实在法规范的人们在实在法规范受到破坏时仍然相信法规范是有效的，要保障信赖实在法规范的人们把破坏实在法规范作为不值一提的毫无价值的东西从自己的行动模式中排除出去。法益保护说认为犯罪是对法益的侵害，但是“法益侵害”这个说法其实大多是表面性的。法益本身不过是人的规范本质即自由的实现条件，更重要的是在这一现象中体现的规范意义。法益侵害只是规范否认的现象形态，它是规范否认的认识工具，规范否认才是法益侵害的本质。重要的不是法益受到侵害，而是谁应当在规范上对法益侵害负责。[3]

（4）保护法益和保障人权双重目的说。例如有学者认为：“立法者通过创制刑法的方式对犯罪与刑罚作出规定，实际上既确认刑罚权，又限制刑罚权，保证刑罚权的合法性和有限性，因而刑法具有两个方面的目的：一方面，是要通过对犯罪与刑罚的规定来确认刑罚权，并通过行使刑罚权来惩罚和预防犯罪，

---

〔1〕［德］乌尔斯·金德霍伊泽尔：“法益保护与规范效力的保障论刑法的目的”，陈璇译，载《中外法学》2015年第2期。

〔2〕［德］冈特·施特拉滕韦特：《刑法总论Ⅰ——犯罪总论》，杨萌译，法律出版社2004年版，第27~28页。

〔3〕参见冯军：《刑法问题的规范理解》，北京大学出版社2009年版，第41页。

以保护法益，另一方面，是要通过对犯罪与刑罚的规定来限制刑罚权，以保障人权。简单说，刑法具有保护法益和保障人权的双重目的。”〔1〕

笔者认为，根据宪法的要求，刑法的目的只能是保障人权，一方面要保护善良人的自由，另一方面也要保护犯罪人的自由。赵秉志教授指出：“追踪新中国刑法立法发展、演变的历史轨迹，不难发现，这其实也是一个人权的观念渐受尊重并在我国的立法实践中逐步予以体现的过程。”〔2〕赵秉志教授的评论表面上是揭示我国刑法立法的价值取向，实质上也暗示了我国人权保障之刑法目的形成。以上四种关于刑法目的的观点没有区分刑法的目的与刑法的任务、刑法的机能、刑罚目的等范畴的关系，因而也就没有得出刑法目的的正确内容。具体理由是：

（1）惩罚犯罪应是实现刑法目的的手段，不应将惩罚犯罪作为刑法的目的。将惩罚犯罪确定为刑法目的不利于犯罪人的人权保障。当前我国刑事司法领域，冤假错案时有发生、刑讯逼供层出不穷，正是因为一些司法人员“严格贯彻”惩罚犯罪的刑法目的，冤假错案才会不断发生。诚然，在犯罪行为发生后，我们需要将犯罪分子绳之以法，保护受损害的法益，维护社会秩序。但是如果单纯强调惩罚犯罪的刑法目的，势必不利于犯罪人的权益保护。因此，为充分体现对犯罪人的人权保障，将惩罚犯罪作为刑法目的的一部分并不合理。

（2）保护人民的目的模糊了法律与政治的界限。“人民”是一个与敌人相对应的政治概念，而不是一个法律术语，并曾被广泛运用于战争年代。但人民毕竟只是一个抽象的实体，人民的范围究竟如何？我们并不能得出确切的结论。如果以保护

---

〔1〕　彭辅顺：“刑法目的的若干思考”，载《法学论坛》2009年第1期。

〔2〕　赵秉志：《刑法立法研究》，中国人民大学出版社2014年版，第59页。

人民作为刑法目的不免过于宽泛和空洞，而且任何法律都在发挥保护人民的作用，只不过保护的方面和方式各有不同。这样的论断也无法体现刑法的特殊性。另外，由于人民是与敌人相对应的，如果保护人民的话，相应的对敌人便不予保护。但是敌人是公民吗？敌人是否应该享有作为公民的人权？这些问题显然都难以回答。因此，保护人民也不适于作为刑法目的。

（3）规范的含义和内容并不明确。规范违反说是德国刑法理论关于犯罪本质的学说。这一学说的提出背景与德国的社会现状密不可分。战后“社会法治国”是德国宪法的一个基本原则，“社会法治国”是社会国与法治国的结合。社会国是指一种根据特定的目标，通过干预的方式建立社会秩序的国家形式，它侧重国家的干预。而法治国则要求一切国家行为依法进行。因此，社会法治国重新使国家走向积极，与以前福利国或警察国不同的是，这种积极行为是在法律的名义下进行的。这种“社会法治国”的宪法价值观表现在刑法立场上就是倾向于规范违反说。〔1〕这显然与我国宪法的人权保障价值追求是不同的。此外，规范有道德规范、法律规范等不同种类，规范的含义和内容并不明确。

（4）法益保护说混淆了刑法目的和刑法机能的关系。刑法的目的不同于刑法的机能。刑法的目的是立法者制定刑法时的主观心理状态和追求，而刑法的机能则是刑法在实施的过程中现实的或可能发挥的作用。即前者是事前所定之目标，后者是事后产生之功能。保护法益的刑法机能与人权保障的刑法目的也存在着一定的紧张关系。出于保护法益的需要，一般要求扩张刑罚权，扩张刑法的处罚范围，严密法网；而保障人权则要

〔1〕欧阳本祺：“规范违反说之批判”，载《法学评论》2009年第6期。

求限缩刑罚权，防止刑罚权的滥用。因而，刑法虽然具有保护法益的机能，但法益保护并非刑法的目的。

（二）刑法目的的展开

一切法律均是为人的缘故而制定的，制定法律的宗旨就是为了保护人们的基本权利，增进人的福祉。刑法的目的是人权保障，一方面在于保护犯罪人的合法权利，另一方面在于保护善良普通人免受国家刑罚权滥用的侵犯。

首先，刑法中人权的保障意味着对犯罪人权利的保障。日本著名刑法学家西原春夫对刑法所具有的，被告人人权保障作用作了精辟的论述："刑法还有保障机能，即行使保护犯罪行为者的权利及利益，避免因国家权力的滥用而使其受侵害的机能。对司法者来说，刑法作为一种制裁的规范是妥当的，这就意味着当一定的条件具备时，才可命令实施科刑；同时当其条件不具备时，就禁止科刑。虽然刑法是为处罚人而设立的规范，但国家没有刑法而科以刑罚，照样可行。从这一点看，可以说刑法是无用的，是一种为不处罚人而设立的规范。人们之所以把刑法称之为犯人的大宪章，其原因就在于此。"〔1〕在刑法发展的历史长河中，一直很注重对国家利益、社会利益、被害人及其他一般个人利益的法律保护。无论哪个朝代、哪个国家的专制刑法，社会保护机能均放在最首要的位置，而对于犯罪人权利的保障，则往往不被重视甚至忽略了。犯罪人处于一种消极、被动而无人权可言的地位，他们被视为镇压的对象，只能被动地接受法律的处罚，丝毫得不到法律的保障。随着资产阶级启蒙思想的传播和社会契约论的影响，自由主义、个人主义哲学与封建专制的严刑苛法相对抗，重新审视个人与国家（包括被

〔1〕［日］西原春夫：《刑法的根基与哲学》，顾肖荣等译，上海三联书店1991年版，第33页。

告人与国家）的关系，强调刑法要保障人权、自由。认为刑法惩罚犯罪既是为了防卫社会本身、保护社会利益的需要，同时也是公民个人保护自己不受国家权力侵犯的需要。自此开始，被告人的个人权益才开始引起人们的重视。随着罪刑法定与无罪推定原则的建立，被告人的合法权益开始得到法律承认并受到法律的保障。时至今日，世界各国刑法均在保护国家、社会及其他一般个人权利的同时，强调对被告人人权的保障。

其次，刑法的人权保障包括对一般公民的权利保护。刑法对一般公民的权利保护是人权保障更深层次的意义，所以刑法也被叫作善良公民自由的大宪章。而这一思想又是现代法治国家刑法的灵魂和精髓，也是现代刑法与以往专制刑法最根本区别之一。在专制社会，刑法用来镇压反抗统治的行为，国家可以随意限制乃至于剥夺公民的自由。所以公民的自由很有限，而国家权力，包括刑罚权却恶性地膨胀。刑法规范制约着人们生活的细节，它同统治者的道德规范混淆在一起，罪与非罪并没有一个确切的法定标准。人们可以依据占统治地位的道德信条来判定一个人是否有罪、罪轻罪重。人们的权利在这种法律制度下根本得不到保护，往往还会成为专制的牺牲品。受到启蒙运动的影响，刑法的性质向保护公民权利转变，完成了一次根本性的自我救赎，从此公民权利的保障被放在首要的位置。保障人权是我国刑法维护的最基本的价值目标。犯罪是侵犯人权的一种极端形式，而国家对犯罪的惩罚就是为了保障大多数人不再受到犯罪的侵害，从而维护社会的秩序，保护公民的人权。刑法对一般人权利的保护并不仅仅如此，刑法的罪刑法定原则就是为了惩罚刑法明文规定的犯罪，同时，保障公民不受任意的司法追究，使公民的行动自由享有充分的空间。

第二节　罪刑法定原则的宪法化

罪刑法定原则已成为世界各国刑法公认的一项基本原则，它强调刑法保护个人的权利和自由，集中了人们对自由价值的追求。罪刑法定原则在我国刑法典中的正式确立，是我国刑法机能，由过去镇压犯罪转向保障自由的历史性标志，对于保障人权具有十分重要的意义。但是，对照刑法文本和宪法要求，罪刑法定原则仍然有进一步完善的空间。

一、罪刑法定原则的核心价值

法律原则承载着法律价值，体现了人们对某种价值的追求。“对于一部法律而言，原则既属于提纲挈领、纲举目张的内容，也属于高屋建瓴、统揽全局的价值。它在表现形式上是高度抽象的，但在涵摄内容上又是广泛全面的。在多数条件下，这些规定只能是一种假定、一种假设。因此，它虽然具有现实的一面，但在更多情形下，它代表了人们对法律的憧憬和理想。”〔1〕罪刑法定原则是近代刑法所确立的一项最为重要的原则，其历史使命和具体内容都是为了限制国家刑罚权，保障公民的自由。如果说，法律原则是人们对法律价值追求命题成立的话，罪刑法定原则的核心价值就是通过确认刑法的安定性以实现人权保障。

（一）罪刑法定原则的历史使命与人权保障

“罪刑法定主义是针对封建专制刑法的罪刑擅断主义而提出的，因此罪刑法定主义正是以防止刑罚权的恣意发动的消极姿

〔1〕谢晖：“诗性、修辞与法律价值预设”，载《现代法学》2012年第5期。

态登上历史舞台的。”[1]从罪刑法定原则产生发展的过程看，罪刑法定原则是限制国家刑罚权，保障人权价值唯一的选择。该原则所蕴含的保障人权、限制司法权的价值追求，在它两百年的发展过程中，不论是从绝对化走向相对化，还是从形式化走向实质化，都是人权保障价值理念的自我扬弃，使其更加理性化。专制时代的王权等同于国家权力，王权高于一切，国家权力控制着人们生活的方方面面，普通民众自由度非常有限。要保障国民自由，首先就应当对国家权力进行限制。刑罚权是最重要的国家权力之一，国家权力受到制约，首要的就是国家刑罚权受到制约。罪刑法定原则正是在反对专制刑法罪刑擅断的背景下产生的。1215 年《大宪章》提出的一个重要法律原则，就是王权的有限性原则。例如《大宪章》第 39 条规定，任何自由民未经同等贵族的依法审判不得被逮捕、监禁、没收财产、剥夺法律保护权、流放或加以任何其他伤害。《大宪章》确立的王权有限性原则是罪刑法定原则确立的前提，如果君主的权力不受任何限制，拥有不受法律限制的罪刑擅断权力，就谈不上罪刑法定主义。从《大宪章》确立王权有限性原则到罪刑法定原则的提出，中间经过了近六百年的发展历程。这一历程是人权观念、法律至上观念形成并逐渐加深的过程。国家权力应当受到制约的理念普遍为人们所接受。1810 年《法国刑法典》第 4 条规定：“不论违警罪、轻罪或重罪，均不得以实施犯罪前未规定的刑罚处之。”这一规定正式确立了罪刑法定原则。由此可见，罪刑法定主义的确立，首先源于宪法对国家刑罚权的限制和对人权的保障，罪刑法定主义的古典形态是建立在个人自由与人权保障的基础之上的。

---

〔1〕 詹红星：《社会危害性理论研究》，法律出版社 2012 年版，第 72 页。

罪刑法定原则的诞生标志着近代刑法的开始。从罪刑法定原则的确立过程看，罪刑法定原则的立足点是限制国家刑罚权和保障人权。罪刑法定主义是深受中世纪刑罚权无节制扩张和滥用之苦而做出的价值选择，就其基本属性而言，它倾向于保障人权，实现国民的可预测性原则。正如日本杰出刑法学家泷川幸辰教授所说的那样："现代刑法学所承认的罪刑法定主义的根据，就是应该归结为发源于英国的《大宪章》的思想，即国家明确地以罪刑法定主义来保障人们享有权利自由的不可侵犯性，现代刑法学者几乎无一例外地承认这一点。"〔1〕我国刑法学者劳东燕教授也指出："借助于罪刑法定所提供的制度性架构，如溯及力禁令、类推禁令、模糊性禁令（即明确性要求）等，国家权力在刑事领域的行使受到严格规制，从而使刑事法治成为宪法秩序的必要组成部分。换言之，罪刑法定原则充当了刑事实体法与宪法相联结的枢纽。这也是为什么这一原则或者其所包含的内容不仅出现在刑法典之中，通常还为法治国家的宪法所明确规定。"〔2〕正因为如此，罪刑法定原则就被视为刑法的标志，即是否在刑法中确立罪刑法定原则是国权刑法和民权刑法区分的主要标准。

（二）罪刑法定原则的内容与人权保障

罪刑法定原则以保障公民的权利和自由为目的。罪刑法定原则派生的具体原则包括：排斥习惯法、禁止适用类推、原则上不溯及既往、禁止不定期刑和刑法规范明确化等内容。根据日本学者的概括，法的安定性具有以下四层含义：其一，法是实定的，是制定法；其二，制定法本身是安定的，对各个具体

〔1〕［日］泷川幸辰：《犯罪论序说》（上），王泰译，载高铭暄、赵秉志主编：《刑法论丛》（第3卷），法律出版社1999年版，第151页。

〔2〕劳东燕："罪刑法定的宪法诉求"，载《南京社会科学》2004年第5期。

案件的处罚不受法官恣意的左右；其三，作为法的基础的事实必须尽可能准确无误地予以确认；其四，不轻易变更实定法。而法的安定性表现在刑法上就是罪刑法定原则，罪刑法定原则的各个派生原则，都是法的安定性的理念在刑法上的表现。[1]易言之，罪刑法定原则和它所派生的具体原则，无非是强调罪与刑的明确化及法定化以排除刑罚权的恣意性，其实质在于限制政府及其司法机关任意行使刑罚权，最大限度地保障公民的自由权利，即通过刑法立法和刑事司法两个方面来限制刑罚权的行使。具体而言：首先，罪刑法定原则对刑法立法的限制。只有国家代议机关有权制定实体刑法和刑事程序法的规范，行政机关和司法机关都不能规定犯罪或刑事诉讼程序。同时，罪刑法定原则要求立法者制定的法律必须清楚明确。因为，一条模糊的罪名会剥夺公民的所有保障，将公民置于受法官随意摆布的境地。其次，罪刑法定原则对刑事司法权的限制。在定罪时，法官的任务是寻找最贴近被起诉案件的法律条款。法官不能援引习惯或风俗创制罪名，也不能以罪名不再适用为名宣布取消罪名。在刑罚方面，法官不能代替法律创制法律没有规定的刑罚。[2]刑法是打击犯罪、保护社会最有力的工具，但如果对刑法的制定与适用不予必要的限制，其结果势必导致刑罚权的过度扩张，危机国民的自由。因此，给刑罚权设置合理的限制，在保护法益和保障自由取得平衡的基础上，刑法才能发挥最理想的效能。对刑法的制定与适用加以限制，并不是有利于犯罪，而是发挥刑法制裁力并防止刑法被滥用。罪刑法定原则的确立，一方面是对立法权本身的限制，否认国家有对公民行

---

〔1〕 张明楷：《责任刑与预防刑》，北京大学出版社 2015 年版，第 4 页。

〔2〕 参见［法］雅克·博里康：《法国二元论体系的形成和演变：犯罪——刑事责任人》，朱琳译，中国民主法制出版社 2011 年版，第 45~46 页。

为进行事后发动突然袭击的权利；另一当面在于对司法权的限制，防止司法机关滥用刑罚权，避免对法无明文规定行为的刑事追究。

我国现行刑法对罪刑法定原则的确立是一次深刻的刑法观念大变革，是刑法价值的重塑过程。由于我国宪法政治历史较短，人权观念的淡薄和人权保障制度的不健全，要实施罪刑法定原则，首先和最重要的就是弥补这方面的缺陷。A. J. M. 米尔恩认为："一个保护人权的制度就是好制度。一个侵犯人权甚至根本不承认人权的制度就是坏制度。"〔1〕现代刑法存在的社会正义基础，不仅仅在于国家行使刑罚权以惩罚犯罪、维护秩序，更主要的是保障犯罪人个人及全体公民的合法权利，并由此获得社会伦理的支持，使其具有强大的生命力、震慑力和感召力，而传统刑法所具有的工具主义和报复主义往往导致事与愿违的结果。随着我国刑法价值观念的转型，刑法的人权保障功能日益凸现。在刑事司法领域，我国政府签署了一系列保障人权的国际公约。例如：1986 年 12 月 12 日，中国政府签署的《禁止酷刑和其他残忍、不人道或有辱人格的待遇或处罚公约》；1997 年 10 月 27 日，签署的《经济、社会、文化国际公约》；1998 年 10 月 5 日，签署的《公民权利和政治权利国际公约》。上述公约的签署意味着中国政府将遵守联合国所确立的刑事司法领域保护人权的国际准则。刑法作为保护公民基本权利的最重要和最基本的操作性规范，具体体现了公约所赋予公民的生命权、免受酷刑权以及免受奴役权等人的基本权利。在《公民权利和政治权利国际公约》中，罪刑法定原则被作为保障公民权利的重要规范加以规定，在直接涉及刑事法律规范的条文中贯穿该

---

〔1〕［英］A. J. M. 米尔恩：《人的权利与人的多样性——人权哲学》，夏勇等译，中国大百科全书出版社 1995 年版，第 1 页。

原则的内涵。如该公约第 9 条规定："任何人不得加以任意逮捕或拘禁。除非依照法律确定的根据和程序，任何人不得被剥夺自由。"该公约第 15 条规定："任何人的任何行为或不行为，在其发生时依照国家法或国际法均不构成刑事犯罪者，不得据以认为犯有刑事罪。所加的刑罚不得重于犯罪时适用的规定。如果在犯之后依法规定了应处以较轻的刑罚，犯罪者应予减刑。"除上述直接体现罪刑法定原则的规范之外，其他条文中始终将法治标准作为国家剥夺和限制公民权利的临界点。这实际上正是罪刑法定原则的多元体现，其意义不仅在于强调国家对公民基本权利保障的承诺，更为重要的是罪刑法定原则为我们揭示了刑法新的意义，即刑法显示了法律的终极关怀——法律始终应该是以保障人权为依归。

二、罪刑法定原则的文本解读

罪刑法定主义的经典表述是"法无明文规定不为罪，法无明文规定不处罚"。我们往往把这一含义中的前半句称为犯罪的法定性，后半句则称为刑罚的法定性。因此，罪刑法定主义是指犯罪的法定性与刑罚的法定性之统一。"法无明文规定不为罪"是罪刑法定主义的基本含义。在狭义上，罪刑法定主义都是指"法无明文规定不为罪"。但"法无明文规定不处罚"是对"法无明文规定不为罪"的必要补充。因为在某些情况下，即使刑法明文将某一行为规定为犯罪，但这一规定如果属于事后法，则不能对该行为加以处罚。不仅如此，在法律加重既有犯罪法定刑的情况下，只有根据"法无明文规定不处罚"的原则，才能禁止加重的刑法溯及既往。对于以上两者之间的关系，德国刑法学者罗克辛曾经指出："没有法律就没有犯罪"这个原理通过"没有法律就没有刑罚"（法无明文规定不处罚）这个公式得到补充。在这里指的是：不仅一种确定的举动行为是否应受刑事惩罚的情形，必须在这个行为实施前在法律中加以规定，而且刑罚的种类和其可能的严厉程度，也必须在行为实施前在法律中加以规定。〔1〕因此，只有结合以上两个方面，才能完整地理解罪刑法定主义。当然，不可否定的是，“法无明文规定不为罪”是罪刑法定主义的基本含义。从世界各国刑法关于罪刑法定原则的立法规定来看，尽管具体表述有所不同，但基本上都是采用“法无明文规定不为罪”这样一种反向的句式来规定罪刑法定原则。然而，我国刑法对罪刑法定原则的规定则采取了一种极为特殊的表达句式。我国《刑法》第 3 条规定：“法律明文规定为犯罪行为的，依照法律定罪处刑；法律没有明文规定为犯罪行为的，不得定罪处刑。”我国学者正是根据这一规定，得出了罪刑法定原则可以分为消极的罪刑法定与积极的罪刑法定的命题。

我国刑法关于罪刑法定原则的规定可以明显地分为前后两段。何秉松教授将前段称为积极的罪刑法定原则，将后段称为消极的罪刑法定原则。〔2〕曲新久教授也指出：“罪刑法定的历史以及蕴含于历史之中的防止刑罚权滥用以保障人权的意义告诉我们，罪刑法定原则显然不包括所谓的积极的罪刑法定原则。但是，我国刑法学界一些刑法学教科书借此否定我国《刑法》第 3 条关于罪刑法定的观点，则是不妥当的。从刑法解释学上讲，《刑法》第 3 条明显是将罪刑法定原则区分为两个基本方面，即积极的罪刑法定和消极的罪刑法定，这是《刑法》第 3

〔1〕［德］克劳斯·罗克辛：《德国刑法学总论》（第 1 卷），王世洲译，法律出版社 2005 年版，第 78 页。

〔2〕参见何秉松：《刑法教科书》（上卷），中国法制出版社 2004 年版，第 63 页。

条的实然状况。"[1]应该说，积极规定与消极规定这一概括是恰当的，但如何理解所谓积极的罪刑法定原则则是值得探讨的。那么，什么是积极的罪刑法定原则呢？我国有学者认为，积极的罪刑法定原则是从扩张刑罚权的方面展开的，即积极地运用刑罚，惩罚犯罪，保护社会。因此，积极的罪刑法定原则是倾向于扩张刑罚权的，消极的罪刑法定原则则是倾向于限制刑罚权的。对于积极的罪刑法定与消极的罪刑法定这样一种说法，在我国刑法学界受到一些学者的肯定，认为这是从刑法第三条的文字表述中引申出来的结论。[2]

对于所谓积极的罪刑法定与消极的罪刑法定之间的关系，何秉松教授作了以下阐述："从这个意义来说，正确运用刑罚权，惩罚犯罪，保护人民，这是第一位的；而防止刑罚权的滥用，以保障人权，则是第二位的。但是两者都是非常重要的，二者是密切联系，不可分割的。"[3]根据何秉松教授的这一论述，对于积极的罪刑法定与消极的罪刑法定这两者而言，积极的罪刑法定是更为重要的，应该放在第一位。对此，曲新久教授的意见恰恰相反，在曲新久教授看来，积极的罪刑法定是第一位而消极的罪刑法定是第二位的；在两者发生冲突的情况下，消极的罪刑法定原则的价值优先于积极的罪刑法原则。曲新久教授认为积极的罪刑法定原则和消极的罪刑法定原则并非是不可分割的两个基本方面，这两个基本方面是对立统一的关系。他指出："当罪刑法定原则的积极方面与消极方面发生冲突的时候，也就是刑法的社会保护机能与人权保障机能之间出现对立的时候，应当以罪刑法定的那个的消极方面为优先考虑，在此

〔1〕 曲新久：《刑法学》，中国政法大学出版社 2004 年版，第 35 页。

〔2〕 参见曲新久：《刑法学》，中国政法大学出版社 2004 年版，第 35 页。

〔3〕 何秉松：《刑法教科书》（上卷），中国法制出版社 2004 年版，第 67 页。

前提下寻求个人自由与社会秩序的统一。"〔1〕

如果按照积极的罪刑法定原则来理解，它是要为司法机关扩张刑罚权提供法律根据：只要刑法规定为犯罪的，就应当追究，定罪处刑，即所谓有罪必罚，否则就是违反了刑罚的必然性原则。在笔者看来，积极的罪刑法定与消极的罪刑法定并没有本质的区别，只是理解角度的差异，积极的罪刑法定与消极的罪刑法定可以说是罪刑法定原则的两个侧面。对此，我国学者指出："法无明文规定不为罪"的反向解释是，"只有法律才能规定犯罪"；"法无明文不处罚"的反向解释是，"只有法律才能规定刑罚"。其核心内容在于禁止没有法律规定的处罚，保障个人不受法外之刑。而如果把"法无明文规定不为罪，法无明文规定不处罚"的反向解释理解成是"必须用法律对犯罪作出规定，必须对犯罪作出处罚"，则是对罪刑法定原则的错误理解。因为这种理解强调了对刑罚权的促进，而不是限制，实际上等于剔除了罪刑法定的内核，而只保留了"罪刑法定"的皮囊。〔2〕这一解读是合理的。当然，所谓积极的罪刑法定是对一般意义上的罪刑法定，也就是所谓消极罪刑法定的另一种反向解释，这也是不可否认的。关键在于，积极的罪刑法定是否符合法律文本的含义。对所谓积极的罪刑法定原则究竟应当如何评判呢？陈兴良教授对积极的罪刑法定的提法持否定的态度，认为这一提法最大的问题是会对罪刑法定原则产生误读。这种误读在我国司法实践中本来就已经存在，这就是"出罪需要法律规定"。罪刑法定原则的"法无明文规定不为罪"也可以解读为"入罪需要法律规定"。这也是所谓消极的罪刑法定的应有之

---

〔1〕 曲新久：《刑法学》，中国政法大学出版社2004年版，第35~36页。

〔2〕 参见周少华：《刑法理性与规范技术——刑法功能的发生机理》，中国法制出版社2007年版，第266页。

义。那么，能否将与之相对应的“出罪需要法律规定”也视为是罪刑法定原则的内容呢？答案应当是否定的。概言之，出罪根本就不需要法律根据。我国刑法规定了某种出罪事由，这是法定的出罪事由，包括正当防卫、紧急避险等法定的违法阻却事由，是有法律明文规定的。但除了法定的出罪事由以外，还存在非法定的出罪事由，可以说，出罪事由是一个开放性的体系。[1]笔者认为陈兴良教授的观点是正确的，随着从法治国向文化国（或者说是从形式法治国向实质法治国）的社会进化，罪刑法定原则也发生了如下变化：第一，从绝对化走向相对化：即罪刑法定主义派生原则的软化。如从绝对禁止类推到容许有利于被告人的类推；从绝对禁止法律溯及既往到容许轻法溯及既往；从绝对禁止不定期刑到容许相对确定的法定刑等。第二，从形式化走向实质化，即罪刑法定原则实质侧面的衍生。在成文法主义，禁止事后法，禁止类推这些传统的形式侧面的内容之外，生发出了“实质侧面”的内容，即禁止不明确法规，禁止不正当处罚，禁止非人道刑罚。我们不难发现：罪刑法定原则发展至今，从未内生出“有法、有罪、有刑”的内容，所谓“积极侧面”也并不符合罪刑法定原则的本来意义。不管历史如何变幻，罪刑法定原则在消极限制刑罚权这一点上是始终如一，毫不动摇的。所谓的积极罪刑法定原则，强调的是刑法惩罚犯罪的积极扩张的机能。如果既期待其消极限制刑罚权以保障人权，又催促其积极扩张刑罚权以惩罚犯罪，那么罪刑法定原则实际上就被割裂了。

罪刑法定主义的起源可追溯到费尔巴哈，费尔巴哈将罪刑法定主义称为刑法的最高原则。这一原则又可以分为三个从属原

---

〔1〕 参见陈兴良：“罪刑法定主义的逻辑展开”，载《法制与社会发展》2013年第3期。

则：(1) 无法无刑（法无明文规定不处罚）；(2) 无法无罪（法无明文规定不为罪）；(3) 有罪必罚。[1]虽然这一论述还是标语口号式的，但已经具备了罪刑法定主义的雏形。尤其是，费尔巴哈在解释无法无罪时指出："法律规定对特定的行为给予刑罚威慑，是法律上的必要的前提条件。"而这一特定行为特征的整体，或者包含在特定种类的违法行为法定概念中的事实，叫作犯罪的构成要件。费尔巴哈指出："客观的可罚性取决于犯罪构成要件是否存在，而具体法律的适用则取决于拟适用法律已将其作为法律后果的条件加以规定的构成要件的特定事实。"[2]在此，费尔巴哈将刑法的明文规定与构成要件相勾连，使我们体会到其所称刑法的明文规定是指刑罚法规，即刑法分则条文对特定行为构成要件的规定。但是，在费尔巴哈时代，构成要件理论并没有像今天这么体系化，罪刑法定主义与构成要件之间的关联也处在晦暗不明的状态。及至贝林，将构成要件确定为犯罪类型的指导形象，构成要件对于罪刑法定主义的保障功能才得以明确。所谓刑法的明文规定，实际上就是刑法分则中罪刑规范对构成要件的规定，因为构成要件本身就是一个分则性的概念。贝林的构成要件并非直接等同于犯罪类型，而是犯罪类型的指导形象，它虽然不能直接等同于犯罪，但却是犯罪成立的前置性要件。因此，贝林指出："法定构成要件就被证实为刑法的根源概念，其他刑法概念无一例外地都发源于这一概念，没有它，其他概念根本就不能得出确定的、最终有效的刑法性结

---

〔1〕 参见［德］安塞尔姆·里特尔·冯·费尔巴哈：《德国刑法教科书》（第14版），徐久生译，中国方正出版社2010年版，第31页。

〔2〕 ［德］安塞尔姆·里特尔·冯·费尔巴哈：《德国刑法教科书》（第14版），徐久生译，中国方正出版社2010年版，第83~84页。

论。”[1]贝林在这里所说的法定构成要件就是构成要件，其法定是指刑法分则的规定。贝林将构成要件描述为客观的、叙述性的犯罪图景，这是在第一个阶层上的犯罪，也是犯罪的基础。正是构成要件成为罪刑法定主义明文规定的载体，从而为罪刑法定主义的实现提供了保障。因此，罪刑法定主义之所谓法律的明文规定，是指刑法分则对构成要件的规定，而不是对犯罪成立的全部要件的规定。在这个意义上的犯罪，是指具备构成要件的行为。在这个意义上，罪刑法定主义的“无法，则无罪”也可以表述为“没有构成要件，则没有犯罪”。但不能反过来说，“有法，则有罪”。因为，具备构成要件的行为是否构成犯罪，还要看是否具备犯罪成立的其他两个阶层的要件，即违法性与有责性。

三、罪刑法定原则的宪法诉求

（一）当今世界对罪刑法定原则的立法状况

自法国率先在立法中明文规定罪刑法定原则以来，成文法国家纷纷效仿。当然，各国立法关于罪刑法定原则的立法体例不尽相同，各国采用罪刑法定原则的程度也有别。从立法体例上看，大致有以下三种：（1）在宪法中规定罪刑法定原则，日本、挪威、瑞典、秘鲁、缅甸、印度尼西亚采此体例。如《日本宪法》第31条规定：“任何人，除非依照法律规定的程序，不得剥夺其生命或自由，亦不得课以其他的刑罚。”《缅甸宪法》第23条规定：“任何刑法不应有追溯效力，因而处罚犯罪只应根据犯罪时现行有效的法律量刑。”（2）在刑法中规定罪刑法定原则。瑞士、奥地利、韩国等采此体例。如《韩国刑法》第1

〔1〕［德］恩斯特·贝林：《构成要件理论》，王安异译，中国人民公安大学出版社2006年版，第12页。

条规定，犯罪之成立及处罚依行为时之法律定之。（3）在宪法与刑法中均规定罪刑法定原则，法国、德国、西班牙、泰国、菲律宾等采此体例。如法国《人权宣言》及刑法典如前所述，均规定了罪刑法定原则。就各国采纳罪刑法定原则的程度而言，有的国家较为彻底，有的国家只坚持相对的罪刑法定，对此可以从罪刑法定原则的几个派生原则来加以分析。一般说来，禁止习惯法和禁止类推的派生原则已经为大多数成文法国家采纳。在刑法溯及力问题上，许多国家并不严格坚持从旧原则，而是从有利于行为人的角度出发，坚持从旧兼从轻原则，即原则上按行为当时的法律定罪处刑，但若新法律对行为人更有利则依新法律。禁止不定期刑的原则主要体现在禁止绝对的不定期刑，而相对的不定期刑在一定程度上得到允许。英美法系国家以判例法为主要法源，体系严谨的刑法典不多。法官在依据判例法定罪判刑时，坚持的原则是"遵循先例"而非坚持明文制定的法律。因此，英美判例法国家不是通过制定完备的成文刑法来实现"罪刑法定"，而主要是通过限制法官的行为来防止定罪量刑中的任意性。据此，一些大陆法系学者认为英美法系国家不存在罪刑法定原则。其实，这是一种误解。基于独特的判例法传统，英美法系国家的罪刑法定原则的确有异于大陆法系及其他成文法国家，但不能否认罪刑法定原则在英美法系的存在。不过现在，在罪刑法定主义的影响下，英美法系国家也制定了大量的成文刑事法律，以实现罪刑法定原则的要求。

罪刑法定原则现在已为有关国际法文件所确认，走向国际法领域。1948 年 12 月 10 日，联合国大会通过的《世界人权宣言》第 11 条第 2 款规定："任何人在刑事上之行为或不行为，于其发生时依国家或国际法律均不构成罪行者，应不为罪。刑罚不得重于犯罪时法律之规定。"1966 年 12 月 9 日，联合国大会通过的《公民及政治权利国际公约》第15条第1款规定："任何人之行为或不行为，于发生当时依国内法及国际法均不成罪者，不为罪。刑罚不得重于犯罪时法律所规定。犯罪后之法律规定减科刑罚者，从有利于行为人之法律。"罪刑法定原则现在已经成为国际刑法的一项基本原则。1998年国际刑事法院的《罗马规约》不仅规定了英美法系下该原则所要求的"正当程序原则"，而且确立了禁止类推解释条约及"存疑有利于被告的原则"，以充实与丰富国际刑法中该原则的基本内容。罪刑法定与人权保护具有天然的联系与一致性，罪刑法定原则在国际刑法领域的真正确立，表明了国际人权保障的强化与扩展。在罪刑法定原则的指导下，国际刑法通过惩治和预防反人道罪之类严重侵犯人权的国际罪行来有效维护和高度尊重基本人权的目标。〔1〕罪刑法定原则由国内法步入国际法领域本身就说明了这一原则的不息生命力。从国际条约的立法和国际刑事司法的实践，可以清楚地认识到，规定罪刑法定都是为了防止罪刑擅断，使人民免受不可预测的刑罚惩罚，从而保障人民的自由。因此，这些条约在规定罪刑法定原则之前，都强调了人人有权享有生命、自由和人身安全；任何人不得施以酷刑，或施以残忍的、不人道的或侮辱性的刑罚。如果没有罪刑法定原则，国民就不可能享有人权，故罪刑法定是人权的最有力保障。

（二）罪刑法定原则的宪法化

法治的主旨在于限制权力，法治的目标在于保障人权。罪刑法定主义是专制刑法罪刑擅断的对立物，是随着"天赋人权"等观念的盛行而形成的，是宪法精神在刑法领域的折射。罪刑法定主义的要旨是在刑法中限制国家权力，保障公民的自由，

〔1〕 参见蒋娜："国际刑法中罪刑法定原则的新进展——兼及对中国的启示"，载《北京师范大学学报（社会科学版）》2012年第2期。

实现民主与人权及在刑事领域的法治。罪刑法定思想不仅仅是形式上的，更是实质上的。罪刑法定主义是法治理念的载体，只有体现自由与人权理念的刑事法律制度，才可谓之存在罪刑法定主义。

罪刑法定主义的精髓，并不能仅仅根据形式的概念而得以维持，而且应该根据限制国家的刑罚、保障国民人权的人权思想来得到诠释和发扬。因此，罪刑法定的实现，不仅仅是在刑法中用条文化的形式表述罪刑法定的格言，而且要在整个刑事立法中遵循法治理念的要求，在整个刑事司法中实现法治的理想。对罪刑法定的评判，不仅仅要在形式上判断某一被绳之刑罚的行为在刑事法律上有无规定，更要从实质上审视这一罪刑规范的设立是否契合法治观念，是否体现民主、自由与人权的精神，是否排斥罪刑擅断和法律的不确定性。因此，将罪刑法定原则宪法化是完全必要的。法治的实现有赖于宪法至上观念的确立。宪法的基本内容是设定公民的基本权利义务，刑罚则是对公民权利的剥夺或限制。刑罚调控圈大小及其张力的设定，直接影响着公民基本权利行使的广度和深度。而对刑法罪刑规范设置合理性的审视，根据刑事法律规定本身来加以判断是不可能得出正确结论的。只能根据其上位法——宪法的规定来加以判断。这是因为刑法主要是从形式上限制国家刑事司法权，而要从实质上限制国家刑事立法权，则有待于建立刑事领域的宪法诉讼制度来加以规制。《法国 1810 年刑法典》主要是从形式的层面确立了罪刑法定原则，1789 年《人权宣言》则从形式和实质两个层面确立了罪刑法定原则。正是因为实现了罪刑法定原则的宪法化，法国刑事立法滥用刑罚权的现象才较少出现。而且，法国还建立了宪法诉讼制度，一旦刑法立法有侵犯公民基本权利的嫌疑而遭到起诉，则可由宪法委员会启动诉讼程序加以严格审查。显然，这种制度设置有利于防止刑法领域的“恶法”侵犯公民的自由。在我国，“国家尊重和保障人权”的宣言虽然已经载入宪法，但由于罪刑法定原则仅仅停留在刑事法上，尚未提升至宪法高度，因而，罪刑法定原则主要是制约刑事司法权，而对刑事立法权的制约则相当有限。为了进一步推动法治，保障人权，将罪刑法定原则宪法化，并建立宪法诉讼制度，应是立法机关的努力方向。〔1〕不过，我们千万不能以为罪刑法定原则实现了宪法化就万事大吉，国民就自动会获得宪法中的自由。对此，德国学者郑重地告诫我们：“在基本法中尽可能长久地规定尽可能多的东西，好像进入基本法就能确保特定的状况。这种态度既是对宪法的过高评价，也是对宪法的错误认识。说过高评价是因为，在没有另外的政治努力的情况下，任何基本法中的保障都不能自己实现自己。说错误认识是因为，它没有理解：使决定过程开放而非封闭恰恰是民主宪法的一个重要功能。基本法有充分的理由不包含良好生活的权利。”〔2〕诚然，罪刑法定原则宪法化可以彰显刑法保障人权的价值，实现对刑法领域违宪现象的合宪性控制，但是要真正实现刑事法治，则最终有赖于我国民主建设的推进、司法环境的改良、民众法律意识的提升等因素。

---

〔1〕 钟瑞友、叶良芳：“罪刑法定原则宪法化的意涵——以法国宪法规定为视角”，载《法治研究》2008 年第 4 期。

〔2〕［德］克里斯托夫·莫勒斯：《德国基本法：历史与内容》，中国法制出版社 2014 年版，第 133~134 页。

第三章 刑法立法的宪法审视

第一节 刑法立法权的宪法规制

刑事法治的前提是优良的刑法，而刑法的产生恰恰是刑法立法权行使的结果。因此，刑法立法权的恰当运行无疑对刑事法治的实现具有重要的影响。宪法是一个国家的根本法，在同一法律体系之下，宪法具有最高的法律效力。“如果宪法不能在国家生活中发挥至高无上的根本法作用，那么整个国家的根基就不稳固，国家的大厦也会岌岌可危。如果宪法不能在法律体系的建构和发展中发挥统率全局的最高法作用，那么国家的法律体系就会丧失合法性来源，法律体系的良善性也难以得到有效保证。”〔1〕所以，刑法立法权的行使必须符合宪法的精神和内容，这是刑事法治的内在要求。

一、刑法立法权的性质

要使刑法立法权符合宪法的要求和精神，我们首先必须弄

〔1〕 韩大元：“关于提高立法质量的宪法学思考”，载《河南社会科学》2010年第4期。

清刑法立法权的性质。现代国家权力基本上存在立法权、行政权和司法权的划分，毋庸置疑，刑法立法权属于立法权的重要组成部分。权力是社会运行的重要推动力，有关权力的问题可以归结为三个方面：权力的地位、权力的来源、权力的运用。作为一种权力形式，我们也可以从以上三个方面鸟瞰刑法立法权的属性。

首先，刑法立法权是立法权的一种，属于国家权力的有机组成部分。立法权是国家立法机关行使的制定、修改和废止规范性法律文件的权力，质言之，立法权是一种创制法律规范的国家权力。1954 年《宪法》作为新中国的第一部宪法，对立法权的规定是：全国人民代表大会是最高国家权力机关，也是唯一的立法机关。它的职权是修改宪法、制定法律。而全国人大常委会当时没有立法权，它的职权是解释法律、制定法令。在 1954 年《宪法》的基础上，现行宪法对国家的立法制度进行了重大改革，改变了由全国人大唯一行使立法权的体制，规定全国人大和全国人大常委会共同行使国家立法权。其中，刑事、民事和其他基本法律由全国人大制定和修改，而全国人大常委会则制定和修改除应当由全国人大制定的法律以外的法律。这个改革的出发点是，全国人大是最高国家权力机关，统一行使国家权力。但是，全国人大代表多，会期间隔长，不便经常性地行使职权。而随着经济建设、改革开放和民主法制的不断推进，立法工作已经成为一项经常性的国家工作，为更好地发挥国家权力机关的作用，需要将原来属于全国人大的部分立法职权交由全国人大常委会行使。[1]因此，根据我国《宪法》的规定，刑法立法权分别由全国人大和全国人大常委会行使。我国的刑法立法权是指全国人大及其常委会制定、修改和废止刑法

---

〔1〕 参见张春生："论我国的国家立法权"，载《唯实》2003 年第 7 期。

规范的权力。它是专属于我国最高国家权力机关的权力，直接制约着刑事司法权的运行。

其次，刑法立法权来源于宪法的授权。宪法是法治国家的基底，在一国法律体系中具有最高的法律效力，其他法律无不以宪法作为其制定的根据。宪法的最高法律效力具体表现为：宪法是普通法律的立法基础或立法依据，没有宪法依据或宪法授权，就不能制定法律。作为国家权力的一种形式，立法权也是宪法的主要规范对象。我国《宪法》第 58 条规定："全国人民代表大会和全国人民代表大会常务委员会行使国家立法权。"第 62 条规定："全国人民代表大会行使下列职权：……（三）制定和修改刑事、民事、国家机构的和其他的基本法律。"第 67 条规定："全国人民代表大会常务委员会行使下列职权：……（二）制定和修改除全国人民代表大会制定的法律以外的其它法律；（三）在全国人民代表大会闭会期间，对全国人民代表大会制定的法律进行部分补充和修改，但是不得同该法律的基本原则相抵触。"同时，我国《立法法》第 7 条第 2 款规定："全国人民代表大会制订和修改刑事、民事、国家机构和其他的基本法律。"《立法法》第 7 条第 3 款规定："全国人民代表大会常务委员会制订和修改除应当由全国人民代表大会制订的法律以外的其他法律；在全国人民代表大会闭会期间，对全国人民代表大会制订的法律进行部分补充和修改，但是不得同该法律的基本原则相抵触。"《立法法》属于宪法性法律文件，由此可见，刑事立法权这一权力来源于宪法或者宪法性文件的规定，宪法和宪法性法律文件是刑事立法权合法性的依据。

最后，刑法立法权应当具有谦抑性。法律的存在是为了扩大和保护国民的自由。刑法不是限制自由，而是创造自由，但是刑法创造自由是以不得不剥夺某些自由为代价的。刑法规范是通过限制或者剥夺少数人的利益来保护更多人的利益的。由于刑法规范关系到国民的生命、健康及其他重大人身和财产利益，更应慎重行使。正如日本刑法学家西原春夫指出的那样：刑法保护了国家利益，同时使自由的范围变得狭小，并侵犯了犯罪者的重大利益。[1]因此，如果某项刑法规范的禁止性内容，可以用民事、商事、经济或其他行政处分手段来有效控制和防范，则该项刑事立法可谓无必要性。这里就涉及了刑法的谦抑性。陈兴良教授认为，刑法谦抑性的价值蕴含有三个方面的内容：一是刑法的紧缩性，即从历史的演变过程来看，刑法在整个法律体系中所占的比重逐渐下降；二是刑法的补充性，即只有在其他社会规制手段不能有效发挥作用时，才可以动用刑法；三是刑法的经济性，即刑法的节俭性，是指以最小的刑法资源投入，获取最大的刑法效益。[2]在笔者看来，刑法的谦抑性主要是指刑法立法权的谦抑性。刑法不是对付犯罪的灵丹妙药，所以宜本着节制的原则在必要且合理的最小限度内动用。“当一种制裁措施直接或潜在地涉及剥夺人身自由时，立法者是不能随心所欲的：只有在最适当，即或潜在地涉及剥夺人身自由时，立法者是不能随心所欲的：只有在最适当，即‘完全必要的’情况下，立法者才有权规定刑事制裁。”[3]产生犯罪的原因是多元的，每种犯罪又具有各自不同的特点和产生原因。因此，控制犯罪要有针对性地采取多种手段和措施，包括采取政治的、经济的、行政的、法律的、思想教育等各种措施和手段对犯罪

---

〔1〕 参见［日］西原春夫：《刑法的根基与哲学》，顾尚荣等译，上海三联书店1991年版，第34页。

〔2〕 陈兴良：《刑法的价值构造》，中国人民大学出版社1998年版，第353~356页。

〔3〕［意］杜里奥·帕多瓦尼：《意大利刑法学原理》，陈忠林译，法律出版社1998年，第5~6页。

进行综合治理，由此形成控制犯罪的多手段、多层次社会控制系统。只有在其他社会治理手段都失效的前提下，社会才不得不发动刑罚。

二、刑法立法权宪法规制的内容

立法权虽然是国家的最高权力，但这并不意味着它是不受限制的权力，否则，它就会成为侵犯公民权利的专横力量，即“立法专横”。自启蒙时期以来，对于国民权利的保障便被视为是国家的首要任务，而法治国思想的发展，使得国家对于国民权利的干预，必须限定在合法的法定行为上，而对于犯罪抗制手段的刑事制裁，更是审慎。孟德斯鸠赞成用一部明智的宪法加以限制政治权力，对权力本身提供一种制约机制。孟德斯鸠指出：“一直以来的经验告诉我们：一切拥有权力的人都倾向于滥用权力，而且他们会把自己权力运用到极限。如果我说品德本身也要界限，这虽然千真万确，但难免让人感到奇怪。为了防止权力的滥用，从根本上来说就需要用权力来制约权力。宪法应当起到这样的作用：任何人都不会被迫去做法律没有要求他做的事情，也不会被禁止去做法律允许他做的事情。”〔1〕宪法对刑事立法权的限制可以从以下四个方面展开。

（一）刑法立法主体的限制

洛克认为，立法权存在的基础就是为了克服自然法“缺少一种确定的、规定了的、众所周知的法律，为共同的同意接受和承认为是非标准和判断他们之间一切纠纷的共同尺度”。〔2〕为

---

〔1〕［美］阿兰·S. 罗森鲍姆编：《宪法的哲学之维》，郑戈等译，生活·读书·新知三联书店 1997 年版，第 83 页。

〔2〕［英］洛克：《政府论》（下册），叶启芳、瞿菊农译，商务印书馆 2004 年版，第 77 页。

避免这种状况，“人们才把他们全部的自然权力交给他们所加入的社会，社会才把立法权交给他们认为适当的人选，给予委托，以便让正式公布的法律来治理他们，否则他们的和平、安宁和财产就会仍像以前在自然状态中那样很不稳定”。〔1〕为了防止行政权对立法权的侵越，从而侵犯国民的基本权利，现代法治国家确立了法律保留原则，即宪法关于国民基本权利限制等专属立法事项，必须由立法机关通过法律规定，行政机关不得代为规定。法律保留在我国表现为国家专属立法权，即指在多层次立法的国家中，有些立法事项的立法权只属于法律，法律以外的其他规范，一律不得行使，其目的在于保证人民群众对国家最重大问题的最后决策权，保障国家法制的统一和公民的权利。《立法法》第9条规定，有关“犯罪和刑罚”的事项只能由最高立法机关以法律的形式加以规定，这就排除了其他国家机关行使这项权力的可能性。

（二）刑法立法目的的限制

宪法的基本价值是规范和限制国家权力，保障人权。刑法是规定犯罪和刑罚的法律，所以从表面看，刑法似乎就是惩罚犯罪人的法律。但是，单纯惩罚犯罪并不需要刑法，没有刑法的前提下专制统治者可以更加恣意地动用刑罚。因此，刑法的目的不是惩罚犯罪，而是保护国民的利益。德日刑法理论认为，刑法的目的在于保护法益，从而法益保护决定了刑事立法的任务。“正确的角度存在于这个认识之中：对刑事立法者预先规定的唯一限制，存在于宪法的原则之中。一个在刑事政策上有拘束力的法益概念，只能产生于我们在基本法中载明的建立在个人自由基础之上的法治国家的任务。这个任务就对国家刑罚权

〔1〕［英］洛克：《政府论》（下册），叶启芳、瞿菊农译，商务印书馆2004年版，第85页。

规定了界限。”[1]宪法囿于自身的建制化功能通常只规定国家权限的分配、公民基本权利的内容等一些根本性的问题，不可能具体规定国民的生命、自由和财产的保护手段，这样的使命自然只能落到刑法等具体部门法的头上。通过细化侵犯公民的生命、自由和财产等利益的客观行为和主观罪过，刑法设置了相应的罪名和惩罚措施，有效维系宪法的基本使命。《刑法》第2条的规定包括了我国刑法任务的两大方面：一是惩罚犯罪，二是保护人民。惩罚犯罪是手段，保护人民是目的，即通过适用刑罚同一切犯罪做斗争，来保护国家和人民的利益。因此，刑事立法权的正当性应当建立在维护国民利益的基础之上。离开了这一基础，刑事立法权也就成了无源之水，刑事立法权就有可能沦为一种专制的权力。因此，即使面对各种风险，我们也不能为了片面追求一般预防效果而设立刑罚法规。

（三）刑法立法数量的限制

刑法应当适合社会发展的需要，要达到这一目标，一个国家的刑法立法不但有质量上的要求，也需要数量上的要求。“总量过少的立法权，固然导致对社会保障不足的后果，人们的生命和财产势必遭受不法之侵害；总量过大的立法权，则注定引起保护过度的弊端，人们的生命和财产则注定要遭遇法的侵害。所以立法权在总量上，以满足人民的生命和财产的妥当保障之需要为限。”[2]因此，一个国家在一定时期刑事立法的数量应当是一定的。随着我国经济社会的快速发展，这一过程中出现了许多新问题、新情况，为适应这种需要，我国立法机构以前所未有的速度制定刑法。尽管如此，仍然出现了刑事立法“供给

---

〔1〕［德］克劳斯·罗克辛：《德国刑法学总论》（第1卷），王世洲译，法律出版社2005年版，第15页。

〔2〕江国华：“立法权及其宪法规制”，载《当代法学》2007年第4期。

不足”的情况，尤其是在经济生活及其相关的社会管理方面，发生大量违法犯罪现象。虽然刑法的打击力度已经很大，但是许多令人愤怒不已的事情仍然在发生着：危及全体国民身体健康的有毒食品屡禁不止，重大恶性交通事故层出不穷，重大安全事故频频发生，网络犯罪甚嚣尘上，等等。由于此类案件引起的后果通常很严重，普通民众基于自己安全感的需要，往往容易产生发动刑罚严厉打击的需求。但刑罚不能多用，犯罪圈的急剧扩张和刑罚太多反而会限制国民的自由。虽然当下中国社会正处于转型期，由于社会利益的分化、调整乃至冲突，会相应地形成新的社会矛盾，但是，基础性的社会关系并没有发生大的变动。如果说，刑法只应确认和保护社会基础性关系的话，那么，刑法所规制危害行为的范围即不应做大的调整。如果新的社会关系只是基础性社会关系的新的类型，那么，刑法的反应最多就是对既有的犯罪在罪状表述上进行调整，而不应规定新罪。即便是完全新型的社会关系，刑法做出反应也应表现克制、不能盲动。〔1〕即刑法立法在面对各种犯罪化的呼声时应当保持必要的克制，防止刑法过度化的现象。

（四）刑法立法条件的限制

社会中存在不少具有社会危害性的行为，但是这些行为并不一定受到刑罚制裁。对某种危害行为动用刑罚还必须考虑刑罚的必要性和有效性，只有当这种行为具有需要动用刑罚处罚的必要性和有效性的时候，才能对其犯罪化。首先，我们必须认识到刑法的谦抑性，因其具有保障法的性质，所以只有在万不得已的时候才能发动。“为抑制反社会行为的发生，必须采取犯罪化的措施。但是，刑事制裁伴有进行强制的残酷性，因此，

〔1〕参见时延安：“刑法立法模式的选择及对犯罪圈扩张的控制”，载《法学杂志》2013年第4期。

在实施犯罪化之际，应充分认清其保护的法益，只有在除了制定新的刑事法规、诉诸刑罚手段之外，别无其他保护方法可以选择的情况下，才可以进行犯罪化。犯罪化，仅有必要性尚不够，还应具有立足于刑法的补充性、不完整性、宽容性即'谦抑精神'的正当根据，如此，才能说为宪法所许可。一旦社会关系复杂化，便可看到作为社会控制手段而随便创设犯罪的倾向。对于这种过剩犯罪化应当慎之又慎。"〔1〕其次，我们还必须认识到刑罚并非对付犯罪的灵丹妙药，动用刑罚还要考虑刑罚的有效性。犯罪学的研究结果告诉我们，危害社会的行为产生的原因是多种多样的，受到个人、社会、经济、文化等多种原因的影响。而刑罚遏制和预防犯罪，手段单一、效用有限、成本高昂，所以在惩罚犯罪时，我们必须要衡量运用刑罚惩罚犯罪能否真正达到维护社会秩序，保护公民自由的目的。如果对某一类危害行为，运用刑罚难以达到遏制和预防的目的，我们也不宜动用刑罚来解决问题，而应该采用其他社会手段来解决问题。因此，我们不能盲目迷信刑罚，只有在迫不得已的情况下才能利用刑罚对付严重危害社会的行为。

三、刑法立法权对宪法的背离

为保障刑事立法实现宪法的基本价值，宪法对刑法立法权的行使设置了诸多的限制。对照宪法的要求，我国的刑法立法权还存在以下一些问题：

（一）全国人大常委会刑法修改权的立法化

权力是以机构为载体的，我国刑法立法权的载体是全国人大。我国现行《宪法》对制定、修改法律有明确的规定，即第

〔1〕［日］大谷实：《刑事政策学》，黎宏译，中国人民大学出版社 2009 年版，第 94 页。

62 条规定的全国人民代表大会有权制定和修改基本法律，第 67 条规定的全国人大常委会在人大闭会期间，有权对全国人大制定的法律进行部分修改和补充。由此可见，基本法律的制定权、修改权原则上是属于全国人大的，全国人大常委会实际上只是在例外的情况下，并且仅仅限于部分修改和补充的权力。制定、修改与补充三词之间的差别不仅体现在词义本身，在使用中实际上也是作了严格区分的。

在以刑法修正案模式修正刑法典之前，我国对刑法的局部修改补充和增设新罪都是以单行刑法为模式进行的。然而，长期以来，我国的单行刑法均是由全国人大常委会通过和颁布的，即全国人大常委会行使了对刑法的修正权。刑法修正案的制定和颁布沿袭了这种做法。到目前为止，九个刑法修正案均是由全国人大常委会制定和颁布的，即全国人大常委会行使了刑法修正案的立法权。然而，从刑法修正案对刑法修改的条文数量和内容来看，绝对属于对刑法的重大修改，已经远远超出了“局部修改”的范畴。以《刑法修正案（九）》为例，首先，《刑法修正案（九）》修法数量和涉及方面较多，不应认定为是对刑法典的“局部”修改；其次，《刑法修正案（九）》修法的内容重大，其修法内容既涉及刑法典总则内容也涉及刑法典分则内容，特别是对特重大贪污罪受贿罪增设了不可减刑、假释的终身监禁。因此，由全国人大常委会以修正案的方式修改刑法已经超出了修改和补充的范畴。因为刑法意义上的修改应该是对法定刑幅度以及已确定罪名的罪状上的改动，毕竟刑法典是需不断适应刑事政策的需要与社会生活的发展；而补充应该是条文基础上的一种明确性的补充。但是，全国人大常委会制定刑法修正案实际上已经越位行使了全国人大的基本法律制定权，由此造成了全国人大常委会侵蚀全国人大的刑法立法权、刑法立法权主体错位的违宪结局。就目前刑法修正案的制定情况来看，由全国人大常委会行使刑法修正案的立法权，容易导致全国人民代表大会的刑法立法权虚置。[1]

实际上，对于极富有刚性功能的刑法典，稳定性是实现国民可预测性的基础，因此，对刑法典是不宜进行频繁修订的。然而，我国目前正处于社会变革时期，各种新的社会关系不断呈现，呼唤相应的法律规范进行调整。为了规制科技迅速进步、市场经济蓬勃发展的过程中新出现的形形色色的犯罪活动，为了使刑法典不可避免的滞后性能不断趋于缓解，必须依靠刑法修正案的作用。如果将刑法修正案的立法权的行使赋予全国人大常委会，无论全国人大常委会进行多大程度的修改、补充，甚至该修改、补充达到了制定新罪名的地步，全国人大也是无权干涉的。我国奉行的是"成文法主义"，立法机关制定的成文法典是国民行动的指南和法官裁判的依据，刑法典一旦被改动得面目全非，就会破坏其原有的统一性和整体性，就会使得其失去内在的价值目标和追求。另一方面，全国人大的刑法立法权被架空，刑法所体现的人民意志将变得越来越狭小，这不仅远离了宪法的精神，也会直接影响到公民对刑法甚至整个法治建设的不信任。对此，赵秉志教授也指出，属于重大立法内容的刑法修正活动应当交由全国人民代表大会审议和表决，以防止我国《宪法》和《立法法》关于全国人民代表大会修改基本法律的职权被全国人大常委会取代而虚置。[2]

（二）刑法立法内容和数量的膨胀化

刑法立法内容的合理性包括犯罪圈的合理划定和法定刑的

---

〔1〕张波："论刑法修正案——兼谈刑事立法之权划分"，载《中国刑事法杂志》2002 年第 4 期。

〔2〕赵秉志："中国刑法最新修正宏观争议问题研讨"，载《学海》2017 年第 1 期。

合理配置两各方面的问题。在这方面，美国的经验为我们提供了有益的借鉴。《美国宪法“修正案”》第1条、第2条、第5条、第8条和第13条分别明确规定了禁止剥夺公民的宗教信仰自由、言论出版自由、集会请愿自由、禁止剥夺公民备带武器以自卫的权利、禁止剥夺公民作为刑事被告享有的沉默权、禁止对公民施以残酷和非常的刑罚、禁止奴役公民或强迫其劳役。质言之，国会不得制定禁止宪法权利的法律，不得将行使宪法权利的行为规定为犯罪。这就为刑法中犯罪圈和刑罚的设定预先树立了无法逾越的界限，促使刑法的规范体系和内容必须最大限度地反映国民的根本利益。

“非犯罪化”和“非刑罚化”作为世界刑法发展一种不可逆转的思潮和趋势，在近几年的中国受到了理论界的极大关注，也成了我国刑事立法活动的一种应然追求。然而，我国的刑事立法主要做法仍然是犯罪化。应当承认的是，“入罪”往往是一个国家积极履行其社会管理职能的一种表现，有利于刑法社会保护机能的实现。当某一行为的社会危害性已经达到危及社会生存条件之时，国家自然会产生一种动用刑罚手段来抑制这种恶害的冲动，“入罪”也就自然成为国家的必然选择。但是否应为这种“犯罪化”的思维设定一定的界限呢？答案是肯定的。美国学者H. L. 帕克在其《刑事制裁的界限》一书中便明确提出了犯罪化的六项准则：（1）社会大部分人认为，该行为具有明显的社会危害且不可容忍；（2）对该行为科处刑罚符合刑罚的目的；（3）遏制该行为不会牵连并压制社会欢迎的行为；（4）能够对该行为进行公正的、无差别的处理；（5）通过刑事程序予以取缔该行为不会额外加重诉讼负担；（6）没有刑罚以外的其他适当方法可以替代。[1]据此，在对行为是否应纳入犯罪圈进行筛选的过程中，只能在其具备严重的社会危害且无其他手段可对之予以有效调控时，才可在充分保障公民的自由和维护刑罚的正交易成本的前提下，对之予以犯罪化的处理。在众多的社会治理手段中，刑法必然基于其最后性而仅仅成为选项之一，而不可能成为唯一选项，否则便可能因为其过多地介入公民的私人生活领域而导致对国民自由的破坏。

我国历次刑法的补充、修正均是遵循犯罪化的轨迹的，即大都以增加入罪条款、新设罪名为鲜明特点。这种现象当然与我国处于社会转型时期，犯罪形势严峻具有一定的关联性，但这种现象的背后反映了刑法立法活动对于刑法目的的偏离。最近，我国不少学者对刑法立法和刑事政策的关系进行了研究，得出的结论是我国的刑法立法大多都是根据刑事政策的相应调整而进行的，正是刑事政策功利性因素的驱动，导致了我国每次刑法立法活动的都意味着罪名的增加。[2]应当说，执政者迫于转型时期维护社会秩序的压力，适当通过增设相关罪名惩罚具有严重社会危害性的行为是无可厚非的，但是，这种刑事立法的频率和数量是应当节制的。同时，我们也应看到这样的现实，即中国尚处社会改革转型的过程中，在这一过程中，一些暂时性的失范行为必然会较多地出现在社会生活当中。但“对于社会上的一些失范行为，包括一些国际非法行为，尤其是特定时期由于某种原因激发的非常态性危害行为，必须对症下药，通过包括民法、行政法等在内的规范手段或者非规范手段进行

---

〔1〕 See Herbert L. Packer, *The Limits of the Criminal Sanction*, Stanford University Press, 1968, p. 296.

〔2〕 陈伟：“刑事立法的政策导向与技术制衡”，载《中国法学》2013年第3期；陈兴良：“刑法的刑事政策化及其限度”，载《华东政法大学学报》2013年第4期。

综合治理，而不是一律予以犯罪化”。[1]如拒不支付劳动报酬的行为，其更多的只是一种以债务关系为前提的民事纠纷，因此，只要相关行政部门能够依法予以处理，完全能够有效解决这一问题，而没有必要纳入犯罪圈中。

（三）刑法立法程序上民主性的缺失

立法是在权力与权利、权力与权力之间的矛盾焦点上，找出最佳的利益平衡点，因此，民主立法是法律获得广泛认同和正当性的基本依据。所谓民主立法就是把国民的利益诉求和意志主张在民主法治框架下充分表达出来和有效汇集起来，通过立法程序上升为国家意志的重要途径。“在民主政体下，立法程序的民主化有两方面的要求：一是要求立法机关应当有民主化的立法活动程序，包括它的立法活动应当有更多的公开性；二是公民和社会团体等能够充分参与、影响和监督立法过程。”[2]刑法立法过程的民主性要求刑法的立、改、废要注意广泛征求社会各方面的意见，尤其是征求刑事法学界和相关实务部门专家学者们的意见；要增加刑法立法工作的透明度，对重大问题的立法事前要进行广泛讨论；等等。

改革开放以来，在我国立法工作中，立法民主化、发扬立法民主等理念早已有所体现，但“民主立法”这个提法却是在进入21世纪后才正式使用的。第九届全国人大四次会议的常委会工作报告提出：“力争做到立法决策的民主化、科学化。”第十届全国人大二次会议的常委会工作报告提出“坚持立法为民”，四次会议的常委会工作报告要求“立法民主化迈出新步

---

〔1〕钊作俊、刘蓓蕾：“犯罪化与非犯罪化论纲”，载《中国刑事法杂志》2005年第5期。

〔2〕李林：“立法权与立法的民主化”，载高鸿钧主编：《清华法治论衡》（第1辑），清华大学出版社2000年版。

伐”，五次会议的常委会工作报告使用了“科学立法、民主立法继续推进”的提法。党的十七大进一步明确提出“要坚持科学立法、民主立法”。为了贯彻十七大精神，2008年3月第十一届全国人大一次会议明确要求，立法工作“要坚持国家一切权力属于人民，健全民主制度，丰富民主形式，拓宽民主渠道，从各个层次、各个领域扩大公民有序政治参与，保障人民依法实行民主选举、民主决策、民主管理、民主监督的权利”。2008年4月，全国人大常委会委员长会议决定，今后全国人大常委会审议的法律草案，一般都予以公开，向社会广泛征求意见。应当说，民主性在我国刑事立法的创制过程中也基本上得到了贯彻，但仍有一些不足之处。例如，在刑事立法过程中，立法机关虽然不同程度地注意征询了有关机关和一些专家、学者对于立法的意见，但还没有形成科学、严谨的民主立法制度。以刑事立法过程中对专家、学者意见的征询和收集为例，对于与立法机关合拍的专家、学者意见，往往就被作为立法机关的论证材料而受到重视；而对于与立法机关不一致甚至相悖的专家、学者意见，往往就不加认真讨论甚至没有理由地予以否定和摒弃。这就使得对专家学者立法意见的征询流于形式。我国刑事立法活动甚至还存在这样一种现象，对于立法机关经过反复调查研究而起草的法律条文，有的领导人还会根据自己的认识和意见随意加以修改、增删、否定，然后提交国家立法机关通过。〔1〕

四、刑法立法权宪法规制的实现

刑法立法的目的在于创设出让国民认同的刑法规范，而要达到这一目标，刑法必须是国民利益的表达。只有这样的刑法

---

〔1〕 赵秉志主编：《刑法基础理论探索》，法律出版社2003年版，第40页。

才是遵循宪法精神的刑法，而要达至这一目标，我们目前还需要加强以下几个方面的工作。

（一）全国人大应当积极行使刑法立法权

全国人大常委会是全国人大的常设机关，在全国人大闭会期间，行使宪法和法律赋予的职权。尽管全国人大与全国人大常委会都享有国家立法权，但是按照我国宪法的规定，全国人大和全国人大常委会在行使立法权上是存在差异的——全国人大有修改宪法，制定和修改刑事、民事、国家机构的和其他的基本法律的职权；而全国人大常委会有解释宪法，制定和修改除应当由全国人民代表大会制定的法律以外的其他法律，在全国人民代表大会闭会期间，对全国人民代表大会制定的法律进行部分补充和修改的权力。从法律位阶的角度而言，《宪法》第62条第3项规定的是全国人大的基本法律的立法权，而《宪法》第67条第3项规定的是全国人大常委会对非基本法律的立法权。虽然在全国人民代表大会闭会期间，全国人大常务委员对全国人民代表大会制定的法律可以进行部分补充和修改，但是对刑法大幅度的修改，实质上就是刑法立法，这样的立法活动只有由全国人大行使才是符合宪法要求的。虽然每年全国人大开会的时间短、议题多，但这并不能成为它放弃行使宪法赋予的刑法立法权的借口。当刑法修正案的修改条文数量较多、涉及领域较广、修正内容重大（比如刑法总则规定的刑法制度）时，宜提交全国人大表决。[1]

根据立法法的要求，有关犯罪和刑罚的内容只能在刑法中得以规定。犯罪首先要涉及的问题就是罪名，罪名应该成为刑法的重要内容，是刑法制定权的重要组成部分，刑法罪名的确

---

〔1〕 张开骏："刑法修正得失与修正模式完善——基于《刑法修正案（九）》的梳理"，载《东方法学》2016年第5期。

立也应该且只能由全国人大行使。然而我国1979年《刑法》和现行《刑法》都未规定罪名，目前，司法实践中适用的罪名是由最高人民检察院和最高人民法院通过司法解释的形式确定的。这种确立罪名的方式造成了立法机关刑法立法权旁落的客观事实，是不符合宪法要求的。我国宪法明确规定，刑法立法权由全国人大及其常委会行使，一旦刑法罪名被纳入刑法典，罪名的确定权就应该是刑法立法权的一部分，其他国家机关不得行使。依据相关法律的规定，最高司法机关只能就司法中法律的适用问题进行解释，而确定罪名显然是立法问题。全国人大及其常委会作为我国制定和修改刑事法律的唯一权力机关，其刑法立法权理应包括罪名确立权，缺少罪名确立权的刑法立法权则是不完整的。同时，刑法作为保障法和我国的基本法之一，其权威性理应得到保障，罪名确立权由最高司法机关行使，也会削弱刑法的权威性。

遍观世界，不少国家都在刑法分则中明示罪名，大约有两种模式：一是直接规定。二是以条文主旨的形式规定罪名。在这两种方式中，以第二种方式较多，例如《苏俄刑法典》《罗马尼亚刑法典》《德国刑法典》《瑞士刑法典》等均是如此。〔1〕相比较而言，第一种方式对罪名的规定一目了然，更加符合罪刑法定原则明确性的要求，因此，我国刑法分则条文明示罪名应该采取第一种方式，在刑法分则条文中加以直接规定。根据我国的现实情况，全国人大及其常委会对于罪名确定权的行使可以分为两个阶段来进行：第一阶段，取消“两高”罪名的确定权。由全国人大常委会颁布关于统一适用刑法罪名的决定，使我国刑法罪名的确定权回归最高立法机关，防止刑法立法权被

---

〔1〕 陈兴良：《刑法哲学》，中国政法大学出版社2002年版，第584页。

司法机关侵蚀。第二阶段，罪名的刑法法典化。待将来全面修订刑法时，在刑法分则中对每一个罪刑规范涉及的罪名进行明确规定，以实现罪名在刑法中的法定化。

（二）建立刑法立法的违宪审查机制

权力具有自我扩张的本性，权力的主体也常常有滥用权力的冲动和欲望。为了防止权力的错误行使，有必要对权力的行使设立纠错机制，而违宪审查机制就是防止刑事立法权滥用的重要手段。“基于宪法的基本功能，违宪审查的对象是国家机关直接依据宪法所实施的宪法行为，在宪法行为之中，最主要的是立法行为，而在立法行为之中，又主要是制定法律的行为，即违宪审查的对象，实际上主要是由民意代表机关制定的法律。”〔1〕在我国，作为刑法规范基本载体的刑法典只能由作为国家最高权力机关的全国人大制定，全国人大常委会则在全国人大休会期间对刑法典进行不违反其基本原则和制度的局部修改、补充与完善。因此，在我国对刑事立法进行合宪性审查，就是对全国人大制定的刑法典以及全国人大常委会对刑法典的修改、补充与完善是否合乎宪法规定与宪法精神的审查。〔2〕当下中国正处于社会转型时期，各种新型犯罪不断涌现，为了抑制犯罪，完善刑事立法不可避免。但是，我们不能保证每一部法律都是符合当下人们对立法的需要，符合国民的价值取向，因此必须建立一个合理的评价机制，特别是不合乎正义要求的刑法规范的退出机制，以保障刑事立法权的正确行使。

目前世界各国违宪审查制度主要有三种模式：一是立法机关行使违宪审查权，如：英国。二是普通法院通过受理公民的

〔1〕胡锦光：“论对法律的违宪审查”，载《北方法学》2007年第2期。

〔2〕梁根林：“罪刑法定视野中的刑法合宪审查”，载《法律科学》2004年第1期。

诉讼来行使违宪审查权，典型代表是美国。三是由专门的机关行使违宪审查权，如法国的宪法委员会和德、俄等国的宪法法院。众所周知，人民代表大会是我国的权力机关，国家权力的配置主要是在人民代表大会制度的框架下展开的。人民代表大会制度决定了我国长期以来形成了以立法机关掌握监督宪法实施的权力格局，即我国实行立法机关行使违宪审查权的模式。应当说，这种模式很好地解决了立法机关和其他机关的法律地位问题，合乎了民主的要义。但是我们也必须认识到，我国刑事立法权主要是由立法机关行使的，而任何人都不能作为自己的法官。因此，由立法机关掌控刑事法律规范的违宪审查权难免存在自我监督的嫌疑，因此建立一个相对独立于立法机关的机构进行法律的违宪性审查很有必要。从世界各国的经验来看，由普通法院或者设立专门的宪法法院都是比较可行和成功的做法。

（三）构建民主的刑法立法程序

在西方思想史上，自从亚里士多德以来，有关正义的学说可谓学派纷立，但这些观念基本上属于“实质正义”的范畴，因为它们重视的是各种活动结果的正当性，而不是活动过程的正当性。20 世纪 60 年代以来，一些学者从关注人类自身的前途和命运出发，开始系统地研究过程或程序本身的正当性问题。美国学者约翰·罗尔斯在《正义论》一书中提出并分析了程序正义的三种形态：纯粹的程序正义、完善的程序正义以及不完善的程序正义，并着重对纯粹的程序正义进行论述。这种纯粹的程序正义的特征是：不存在任何有关结果正当性的独立标准，但是存在着有关形成结果的过程或者程序正当性和合理性的独立标准，因此只要这种正当的程序得到人们恰当的遵守和实际的执行，由它所产生的结果就应被视为是正确和正当的，无论它们可能会是什么样的结果。完善的程序正义以及不完善的程序正义都存在独立的公正标准，不同的是前者存在一种总能够保证达到这种结果的程序；后者虽然有一种判断正确结果的独立标准，却没有可以保证达到它的程序。〔1〕德国学者哈贝马斯《在事实与规范之间》一书中，把商谈原则作为论证一切社会规范的普遍原则。按照他所说的商讨原则，“只有所有可能的相关者作为合理的商讨的参与者可能同意的那些行为规范才是有效的”。〔2〕一切正当的规范都应该得到相关人员的讨论和赞同。这些规范中包括两个方面，一是道德规范，一是法律规范。它强调道德和法律规范都必须得到人们的赞同才是正当的、有效的。对于道德规范应该是所有的人就所有的不同利益进行平等商谈而产生的结果。因此道德原则意味着，所有的人就各种不同的利益达成一致的理解。而法律规范应该是这种共同体，人们就他们之间的共同利益达成妥协的结果。政治共同体中的人们就他们之间的共同利益达成妥协的过程，应该是一种民主的过程，遵循民主原则。

程序性正义的意义就在于限制和排除立法活动中的恣意因素，广泛吸纳民意，协调利益冲突，以制定具有实质性正义的法律规范。立法过程就是一个反应国民利益诉求的过程，通过立法活动制定出的法律就是国民的权利书。一般来讲，如果民众通过法律制度和程序使自己的意志在立法上表达得越充分、汇集得越完整，立法就是越能够充分体现人民当家做主的民主价值。那么，民众也越愿意选择通过法律制度和程序的方式来

〔1〕［美］约翰·罗尔斯：《正义论》，何怀宏等译，中国社会科学出版社1988年版，第85~86页。

〔2〕［德］哈贝马斯：《在事实与规范之间：关于法律和民主法治国的商谈理论》，童世骏译，生活·读书·新知三联书店2003年版，第132页。

表达意志、追求利益，而更少地采用非法的、有可能付出极大代价的极端方式来寻求自己利益的实现。民众通过参与立法、参政议政，促进了立法的完善，加速了“良法”的出台，排斥了“恶法”，解决了源头的公平与正义。

我国的立法机关充分关注到了民主原则对于立法活动的意义，《立法法》第5条也明确规定了民主的立法原则，即“立法应当体现人民的意志，发扬社会主义民主，保障人民通过多种途径参与立法活动”。刑法关系到国民的重大利益，更加需要强调立法程序的民主性，要充分关注国民的利益诉求。“从刑事立法的终极强制力和普遍适用性这一事实出发，最合乎现代正义标准的刑事立法程序应当是全民公决，或者至少是全民参加刑法制定过程的讨论，在广泛征求全民意见、尊重专家建议的基础上，再由人民通过选举产生的民意代表机关按代表制的多数表决程序表决决定。”[1]在刑法立法过程中，对于弱势群体、边缘群体、立法信息获取不对称的群体、缺乏立法资源的群体、缺乏立法参与专门知识等群体的意志表达和利益诉求问题，要特别注意从制度上、机制上加以解决，由政党、社团、工会、律师、专家学者等接受有关群体的委托，作为他们的利益代表和立法代表人参与立法过程。

第二节 空白罪状的宪法规制

空白罪状，属于刑法分则性条文中基本罪状的一种，是指罪刑规范对某一犯罪的犯罪构成不直接规定，而需要参照其他法律、法规加以确定的罪状。随着国家管理社会职能的扩张，

〔1〕 梁根林：《刑事政策：立场与范畴》，法律出版社2005年版，第269页。

空白罪状在刑法中的数量繁多并将继续增加已经成为一个不争的事实。但是，由于空白罪状的行为规范与惩罚规范在法条上的分离状态，又使其不断受到合宪性的质疑。因此，厘清空白罪状和宪法的关系，对于空白罪状的命运以及对于刑事法治的建构都具有深远的理论意义。

一、空白罪状合宪性的理论聚讼

在我国刑法立法中，空白罪状是大量存在的，尤其是对行政犯或者法定犯的规定，广泛地采用了空白罪状的立法方式。但是，对于空白罪状是否违背宪法保障人权的要求，在刑法学界存在两种截然对立的立场。

持肯定立场的学者从人权保障的视角出发，认为法律条文只有规定得详细、明确才符合宪法控制国家权力、保障公民权利的价值目标。空白罪状由于对构成要件规定得不明确，导致其与宪法原则存在诸多矛盾之处，具体表现为：空白罪状的高度开放性特征有悖于法律明确性原则；空白罪状中参见的经济规范、行政规范繁多且效力位阶不一，是行政权对立法权的侵越，违背了法律专属性原则。[1]因此，由于空白罪状导致国家刑罚权的扩张，压缩了公民的权利范围，从而是违宪的。

与此相反，持否定立场的学者则从社会的客观现实出发，认为面对不断变化发展的社会经济生活，在事实上不可能将所有应予刑罚制裁的经济行政不法行为，毫无遗漏地加以规范。因为经济犯罪、行政犯罪的实质内涵并非一成不变，而是随着社会状况及价值观，相对地呈现浮动现象，针对经济行政犯罪这种法定犯，采用空白刑法规范模式，能够更有效地保持刑法

〔1〕 桑志祥、魏启敏："论宪法视野下的空白罪状"，载《河南司法警官职业学院学报》2012年第2期。

的稳定性。[1]因此，采用空白罪状的立法方式既满足了刑法打击犯罪的客观需要，又保持了刑法的稳定性，从而也就没有违背宪法保障自由的价值取向。

那么如何看待上述两种观点呢？在笔者看来，两种观点都具有一定的合理性。具体而言，一方面，空白罪状具有现实必要性。相比较于刑罚而言，行政处罚具有以下两点明显的不足，即“第一，由于行政处罚制度的公众形象可能不尽如人意，被处罚者承受的耻辱成本和市场信誉损失的成本可能不会太显著。因此，即使受处罚的可能性较高，行政处罚也不足以阻止违法。第二点与第一点是相联系的。行政处罚在严厉性方面要受到限制”[2]。因此，刑法介入经济领域是必要的。由于国家社会管理职能的不断扩张，许多行政管理领域与经济管理领域的事项不断进入刑法领域，而行政法规和经济法规由于其本身管理事项的复杂性而具有了庞杂的体系和内容。因此，为了保持刑法的简洁性，立法者只能将一些具体的事项交由行政法规和经济法规加以规定，这恰恰就为空白罪状的膨胀提供了现实的社会基础。另一方面，持肯定立场的学者对空白罪状违背法律专属性原则的担忧并非杞人忧天，而是非常必要的。理由是，刑法毕竟关涉了国民人身和财产方面的重大自由，按照宪法和立法法的规定，有关犯罪和刑罚的内容只能以法律的形式加以规定，而各种效力参差不齐的行政法规和经济法规肯定会冲击刑法规范本身的权威性。因此，笔者觉得比较可取的做法是，在承认

---

〔1〕 肖中华：“空白刑法规范的特性及其解释”，载《法学家》2010 年第 3 期。

〔2〕［英］安东尼·奥乌什：“实施管制：我们需要刑法吗?”，载［瑞典］汉斯·舍格伦、约兰·斯科格编：《经济犯罪的新视角》，陈晓芳、廖志敏译，北京大学出版社 2006 年版，第 55 页。

空白罪状具有现实必要性的前提下，通过宪法实现对其控制，以保障刑事立法满足社会的现实需要又不偏离宪法保障人权的价值。

二、空白罪状的合宪性分析

宪法是以人权保障为主旨的。因此，保障人权是刑法必须遵循的价值取向，而且刑法中的每一项制度都必须接受人权保障这一价值的检验。作为描述犯罪成立条件的空白罪状，如果想要在刑法中取得合法的地位，必须符合宪法人权保障的价值要求。在笔者看来，空白罪状既符合刑法规范相对明确性、开放性的要求，又可以实现刑法规范的稳定性，从而并不违背宪法的要求。

（一）空白罪状与刑法规范的相对明确性

刑法的明确性原则被视为罪刑法定主义的重要内容，它要求立法者不得制定构成要件不明确、行为犯罪化的边界不清晰、法定刑幅度不确定的刑法规范，使民众能够理解该规范的内容并据此预测某一行为的性质和后果。刑法最明显而且最直接地涉及塑造和约束人们的行为，明确的刑法规范无疑为国家刑罚权划定和标识了清晰的界限，指明和框定了刑罚权发动的具体范围。因此，刑法的明确性原则具有约束司法权的恣意和任性，进而保障民众的自由和安全的价值意蕴。但是，刑法的明确性原则也存在着自身难以克服的缺陷：刚性有余而灵活性不足、频繁修订而稳定性欠缺、刑法条文之间的失调与失衡在所难免、个别公正难以完全顾及。因此，既要肯定刑法明确性原则的价值和功能，也要对其局限保持足够的清醒和警觉。〔1〕一般来讲，

〔1〕张建军："反思刑法明确性原则的机能"，载《政法论坛》2013年第1期。

法律概念用语的核心意义是明确的，但任何用语的意义都会由核心意义向边缘扩展，使之外延模糊。法律概念是法的基本要素之一，是法律规范的重要组成部分。每一部法律规范都避免不了对法律概念的使用，因此，法律规范基于法律概念本身的特性兼具明确性与模糊性。

刑法规范是法律规范的一种具体表现形式。在逻辑上，刑法规范当然具备法律规范的一般属性。从刑法规范自身的角度看，刑法规范的描述不能回避对刑法概念的使用，亦必然涉及刑法概念的“核心地带”与“边缘地带”，由此导致刑法规范的明确性与模糊性便是其应有之义。现代刑法无不以人权保障作为重要的价值目标。从理论上来讲，国家适用刑法调整公民的行为应该有明确的界限和范围，但是，受立法语言的模糊性、立法者认识能力的有限性、刑法调整对象的复杂性以及立法技术的非完美性等因素影响，任何一部刑法都不可能做到绝对明确，模糊的刑法规范在所难免。〔1〕意大利宪法法院则在具体认定某一规范是否违反明确性原则时总是持极端谨慎的态度，因此常常宣称“犯罪构成的明确性并不等于（一定要）采用（多少有点完整的）描述性罪状”，运用“约定俗成的概念或者可以作客观理解的社会伦理价值”并不与明确性原则的要求相悖，只要“这些概念在法官所处的社会环境中是众所周知并被普遍接受的”。〔2〕在这个意义上讲，明确刑法规范是立法者积极追求的理想效果，只能接近，不能够做到绝对的明确与清晰。也就是说，明确刑法规范是一个相对的概念。因此，我们不能简单

---

〔1〕 参见张建军：“不明确刑法规范的违宪审查”，载《法治研究》2010年第4期。

〔2〕［意］杜里奥·帕多瓦尼：《意大利刑法学原理》（注评版），陈忠林译，中国人民大学出版社2004年版，第28页。

得出空白罪状必然违反刑法明确性的结论。

（二）空白罪状与刑法规范的开放性

空白罪状这种随着行政犯增多而出现的罪状表述方式，尽管表面上存有“空白”，即它是在刑法已将罪刑关系确定之后，指示参照其他法律法规来补充适用的。然而此种“空白”参照行政法律法规来确定，不过是在法律制定出来之后的法律解释适用问题，而非由其他行政管理法规直接规定犯罪与刑罚的立法问题。行政部门是获得立法部门的授权进行委任立法，这种间接立法在本质上并不与罪刑法定原则形成对立，法官在适用空白刑法时依然要进行独立的刑法规范判断。因此，在刑法分则条文中规定空白罪状并未违反罪刑法定主义的法律专属性原则，也并未违背人权保障的民主法治要求。同时，其内容也并非不明确，能够成为空白罪状补充规范的法律、法规和规章都是由刑法明文规定的，人们依然可以据此预测自己的行为范围，知悉自己的权利界限，实现刑法的人权保障机能。〔1〕

空白刑法规范的内容虽然需要参照行政法规或者经济法规才能加以确定，但是其本身仍然是刑法规范的一部分，即空白刑法规范并非游离于刑法体系之外。我国的空白刑法中，行为规范与刑事惩罚规范并不是截然分离的，具体表现为以下两种情况：（1）刑法典中既有“空白刑法”，又有行为描述。我国刑法分则中往往是既有空白行为规范（“违反国家规定”），又有对行为特征的概括性描述。（2）行为规范的主要内容与刑事惩罚规范都规定在刑法典中，行为规范的主要内容没有借助“空白刑法”，但一些辅助性的名词解释却须借助其他法律或行

〔1〕 邓文莉：“空白罪状并不妨碍刑法人权保障机能之实现”，载《中国人民公安大学学报》2007年第1期。

政法规的规定。[1]与其他直接纳入到刑法典的罪刑规范不一样的是，空白罪状构成要件的部分内容需要刑法之外的补充性规范进行补足。空白规范其实充分表明了刑法与补充性法律规范的关系，刑法是在其他部门法无法或者不能调整一定的社会关系时才介入，其原因在于刑法具有事后法的性质。基于刑法高昂的社会成本，刑法只有在其他的社会规范失效后才能介入社会生活。

（三）空白罪状与刑法规范的稳定性

随着国家职能的扩张，刑法开始积极地干预行政活动和经济生活，进而将严重违反行政法律和经济法规的行为规定为犯罪。由于行政法规不但数量繁多而且体系庞杂，刑法典不可能将所有的行政法规都全部规定在其中，那样的话就会导致刑法典不堪重负。同时，由于行政法规所调整的事项日新月异，行政法规也就不断地处于变化之中，如果将行政法规规定在刑法之中也会导致刑法要相应改变。在空白刑法规范中，刑法只规定了罪名或部分构成要件及法定刑，而将犯罪构成要件的一部或全部委诸行政管理法规。这种立法方式无疑在最大程度上满足了刑法规范的简洁性和稳定性。

空白刑法规范作为主要规制行政经济违法犯罪的刑法规范，其范畴为行政经济法规与刑法的重叠领域。基于经济刑法、行政刑法的性质，空白刑法规范为适应产业发展和财经等秩序的变化需要，意图发挥规范的最大效力，理应在规范上保持相当的弹性空间。因此，采取立法者仅设定概括性条款，委由行政机关以相关行政法规或经济法规具体化规范内容，再由法院适用该行政法规或经济法规补充完整构成要件，这样的空白刑法

〔1〕顾肖荣："论经济刑法中的几个基本问题"，载《法学》2008年第8期。

规范模式无疑具有合理性和难以避免性。正如刘艳红教授指出的那样："空白罪状的出现是刑事立法自身滞后性所致，是现代法治国家的因应之道，其旨在于追求实质刑事法治；是在遵循罪刑法定原则的前提下的一种刑事立法技术的更新和节俭，可以克服成文法典的稳定性与社会生活的变化所导致的行政管理法规及行政违法的变化之间的矛盾。"[1]可以说，空白罪状是刑法立法因国家社会管理职能扩张的现实而进行的主动调整，是在不断变革的社会生活中保持刑法稳定性的妥当之举。

三、空白罪状的宪法控制

我国有学者大胆预测，随着现代社会工业化和现代化的飞速发展，高科技及机器大生产带来的风险将会大大增加，国家将不得不制定出更多的空白刑法规范来规制风险，因此，空白刑法规范的数量不断增加将是现代刑法特有的、不可避免的客观过程和现象。[2]但是，由于空白罪状的罪刑规范必须参照相应的补充性规范明确其构成要件的内容，将太多的行政法规或经济法规作为犯罪成立的前置性条件毫无疑问会降低刑事立法的效力等级，从而冲击刑法规范本身的权威性，因此，我们有必要通过宪法对其进行控制。

（一）限制空白罪状的立法范围

如果过于顾及授权立法的民主性问题而排斥授权立法，显然无法适应国家管理社会职能扩张的需要。因此，现在的问题不是需要授权立法与否，而是采取何种控制和保障手段，以使

---

〔1〕刘艳红："空白刑法规范的罪刑法定机能——以现代法治国家为背景的分析"，载《中国法学》2004年第4期。

〔2〕刘艳红、周佑勇：《行政刑法的一般理论》，北京大学出版社2008年版，第51页。

所授之权不被滥用。也就是说，对授权立法所做的追问，不能停止于授权本身是否合理之上，而应转移到授权所立之法的内容本身的合理性之上。从民主原则的立场来看，现在的问题不是授权立法是否民主，而是采取何种控制和保障的手段，以使授权立法具有最大程度的民主性。从我国对授权立法的监督现状来看，确实存在不少的问题。最突出的表现：一是监督形式极其有限，二是监督主体的监督意识尚未提上议程，以致极为有限的监督形式也没得到最佳利用。显然，处在此种大环境之下的授权立法，其民主性的问题当然就值得追问，否则，就不会有许多学者为此而纷纷提出强化授权立法监督和增强授权立法民主性的各种建议之举。例如，强化监督主体的监督意识；完善监督的各种措施和程序；建立公众参与制度；等等。至于空白罪状中被参照的相应法规或制度，既然也属于一种“授权立法”，同样应通过各种举措来加强自身的民主性程度，否则就有违背民主、法治原则之嫌疑。因此，在承认刑事立法中空白罪状合理性的前提下，应关注空白罪状的内容是否符合民主法治原则。为此，我们应当遵循以下原则来设置和完善空白罪状：（1）必要性原则，即立法者只有在具备必要条件的情况下，方可采用空白罪状的立法技术，也即从空白罪状调控的对象范围来加以限定，只有具体行为事先得到相关辅助性法规的调整之后，才可能被纳入刑事法的调控范围之中。（2）限制性原则，即空白罪状类型化的具体犯罪构成要件所反映的社会危害性应达到应受刑罚处罚的程度，也即从犯罪行为与一般违法行为相区分的角度来加以限定。（3）协调性原则，即刑法和被参照的法律法规在内容上应协调一致，不允许矛盾和冲突存在，也即从法律责任（民事责任、经济责任、行政责任、刑事责任）衔接角度加以限定。总之，刑事立法者应通过对被参照法律法规的制定主体、制定程序、制定内容等方面的限定与监督来最大程度地提高空白罪状的民主法治符合性。〔1〕总而言之，法治的要义在于国家尽量不干预国民的自由，特别是对于刑罚这种“不得已的恶”，我们更应当保持一种审慎的态度，只有在为了保护大多数人的利益且不得不为之的时候，才能够设立相关的罪刑规范。

（二）限定空白罪状的参照依据

空白罪状的本质特征在于刑法条文本身未对具体犯罪构成的行为要件作出具体、明确的表述，而是由相关的规范或制度加以具体、明确的规定。具体来说，首先，被参照的对象仅限于具体犯罪构成的行为要件，而不包括对象要件和结果要件。其次，被参照的依据既包括享有立法权的主体制定的规范性文件，也包括本身不享有立法权的主体制定的管理规章或制度。再次，被参照的依据并不一定在刑法条文中加以明确表述。〔2〕空白罪状以违法国家的相关行政法律和经济法规为前提，可以说，空白罪状的合宪性很大程度上取决于参照规范的合理性。对于空白罪状参照依据范围的理解，有以下两种不同的见解。第一种观点认为：“从罪刑法定的角度，空白罪状的参照依据只能是指《立法法》中规定的有权立法机关依照法定程序制定的规范性法律文件，即法律、行政法规、地方性法规、部门规章、自治条例、单行条例和地方政府规章，而不能是不享有立法权的机关制定的规范性文件甚至包括企事业单位制定的管理规定

〔1〕 刘树德：“罪刑法定原则中空白罪状的追问”，载《法学研究》2001年第2期。

〔2〕 刘树德：《空白罪状——界定·追问·解读》，人民法院出版社2002年版，第59页。

或规章制度。”[1]第二种观点认为，我国刑法分则空白罪状中违反的“国家规定”，应具有以下条件：（1）“国家规定”的制定主体是全国人大及其常委会、国务院；（2）“国家规定”是经过法定的程序制定并按照法定程序公开发布的；（3）“国家规定”能够代表国家的整体意志，以国家强制力反映出普遍的约束力；（4）“国家规定”在表现形式上，必须是全国人大及其常委会制定的法律和决定、国务院制定的行政法规、国务院规定的行政措施、国务院发布的决定和命令。因此，由地方国家权力机关制定的地方性法规、由国务院各部委和地方政府制定的行政规章，由于不是全国权力机关和国务院制定的，不能将其列入“国家规定”的范围内。[2]这种观点的主要分歧在于地方性法规、部门规章、自治条例、单行条例和地方政府规章是否可以认定为空白罪状的参照依据。笔者赞同第二种观点，理由是刑法关涉到公民的重大自由，必须对刑法的法源进行严格的限制，从而将地方性法规、部门规章、自治条例、单行条例和地方政府规章也认定为空白罪状的参照依据，则有可能损害刑法的自由保障机能。当然，空白罪状实质上又是一种授权立法，最高立法机关可以委托其他主体制定规范或制度，来填补空白罪状的行为要件，但授权立法还存在一个权限和范围问题。全国人民代表大会及其常委会可以授权国务院制定行政法规来填补空白罪状的行为要件，但不应把制定刑事规范的立法权直接授权给国务院各部委及地方政府。因此，笔者认为，空白罪状的参照依据应限定在《刑法》第96条规定的范围内，即全国

---

〔1〕 涂龙科、秦新承：“空白罪状补充规则的适用”，载《法学》2011年第10期。

〔2〕 刘德法、尤国富：“论空白罪状中的‘违反国家规定’”，载《法学杂志》2011年第1期。

人民代表大会及其常务委员会制定的法律和决定，国务院制定的行政法规、规定的行政措施、发布的决定和命令。

（三）注重空白罪状的目的解释

刑法解释的目标是为了体现刑法的正义价值，寻求最为妥善的问题解决方案，因此，刑法解释不能完全拘泥于刑法条文的字面意义，而应当认真探求刑法规范的目的，即注重刑法规范的目的解释。“刑法中所谓的目的解释，指的正是在法律适用过程中或者法解释中，应当以法规范所追求的目的作为指导的准绳。”[1]目的解释主张用作为刑法保护目的的法益统制刑法解释活动，要求用值得刑罚处罚的法益侵害性来指导犯罪构成要件的解释。离开刑法的法益保护目的就不可能解释某一罪名的犯罪构成，不可能对其犯罪构成要件做出具体的判断。张明楷教授指出：“对构成要件的解释必须以法条的保护法益为指导，而不能仅停留在罪名法条的字面含义上。换言之，解释一个犯罪的构成要件，首先必须明确该犯罪的保护法益，然后在刑法用语可能具有的含义内确定构成要件的具体内容。”[2]的确，司法活动并非机械地、完全被动地适用法律的纯技术过程，相反，它是一个带有创造性的工作。这一见解摆脱了僵化的法条主义的束缚，主张在不违背罪刑法定原则的前提下探求刑法规范的立法目的，可以弥补刑法立法之不足，最大程度上实现刑法的实质正义，因而是值得提倡的刑法解释方法。

空白刑法规范由于授权立法的特点，往往只能进行概括性的抽象规定，以保证今后能够应对在日后生活中时常出现的具体问题。因此，在进行空白刑法的规范解释时，如果单从形式

---

〔1〕 劳东燕：“刑法中目的解释的方法论反思”，载《政法论坛》2014 年第 3 期。

〔2〕 张明楷：“实质解释论的再提倡”，载《中国法学》2010 年第 4 期。

上去解释条文字句，而断然认为倘若不符合构成要件就不应加以处罚，必然就无法实现空白刑法规范的目的。基于此，在对空白刑法规范进行解释时，特别需要注重进行目的解释，防止单纯从形式上机械地理解刑法规范的内容。就具体案件进行空白刑法解释时，应当重视刑法所保护的法益，从我国的社会现实出发，通过刑法概念和类型进行实质解释。在既有类型不能妥当说明某些社会现象时，更应思考是否有采取其他类型的可能性，从而更好地完成刑法的保护任务，也因此使得刑法体系活化而具有开放性。但是另一方面，我们也不能为了扩大处罚范围，将一些层次较低的行政规范作为参照规范或者超出法律条文可能的文义射程。空白罪状是公正与功利性并存博弈的一种立法模式，在空白罪状的具体解释和适用中应先遵循法律位阶和违法性要件的形式判断，保证刑法适用稳定性的要求，再立足于实质的刑法解释论立场，寻求合理正义的解释结论，协调人权保障目的与社会保护机能之间的紧张关系。〔1〕总之，法官应当充分运用自己丰富的法学专业知识和公平正义的理念，充分考量社会公众的通念，在空白规范可能涵摄的范围内作出合乎正义要求的解释结论。

第三节 风险社会下刑法立法的宪法反思

及至近代，随着工业化进程如火如荼地推进，人类社会面临的风险种类越来越多，风险的程度也越来越高。越多种类的风险呼吁更广泛的刑罚处罚，越高程度的风险就要求更严厉的刑罚制裁。于是，过去那种以法益侵害结果为本位的结果刑法

---

〔1〕 参见陈兵："空白罪状适用的规范性解释——以前置性规范为中心"，载《西南政法大学学报》2014 年第 2 期。

就难以满足防控风险的需要了。为了满足风险防控和回应民众安全的需要，风险刑法这一全新的刑法观念得以闪亮登场。然而，我们需要思考的是，风险刑法是对自由刑法的扬弃吗？风险刑法是否意味着刑法自由价值的弱化甚至是彻底地消失呢？这些问题的回答都关系到刑法的基本立场选择，关系到刑法的未来发展方向。

一、风险刑法的内涵

风险刑法这一概念属于“舶来品”，因此，我们确定其内涵需要首先考察西方学者的相关论述。西方国家刑法学界关于“风险刑法”的讨论，是由社会学家贝克关于“风险社会”的书引起的。[1]因此，要准确把握“风险刑法”的内涵，我们就必须首先把握“风险刑法”和“风险”的特定含义。贝克所说的风险，指称的是完全逃离人类感知能力的放射性、空气、水和食物中的毒素和污染物，以及相伴随的短期的和长期的对植物、动物和人的影响。根据乌尔里希·贝克的概括，“风险刑法”的风险具有以下八个特征：（1）风险并不指是被引发的危害，而是刻画出了安全与毁坏之间一种特有的、中间的状态；（2）风险扭转了过去、现在和未来的关系，它允许我们在享受非常幸福的生活的同时又体验对它的威胁；（3）风险不仅是真实的，而且是价值的，它与文化定义及一定的生活标准相联系；（4）不确定性，即风险是用现代性的方法“无法预测的结果”；（5）风险是知识和无知的某种特殊的结合；（6）整体性，即“风险社会”的风险是对人类整体的威胁；（7）风险是由社会认识和解释所构成的，风险越少为公众所认识，越多的风险就

〔1〕［德］克劳斯·罗克辛：《德国刑法学总论》（第1卷），王世洲译，法律出版社2005年版，第19页。

会被制造出来；(8) 风险是一个人造的混合物，它结合了政治学、伦理学、数学、大众传媒、技术、文化定义、认识以及现实这些方面的因素。[1]可以认为，贝克所指的风险主要是指现代社会人类生产和生活方式催生出来的“不确定性”，而这种不确定来源于人的决策，只要存在人的决策，风险便相随而生。贝克所描述的风险社会是对他心目中现代社会生活图景的写照，他强烈地暗示到：风险问题已经是现代社会无法绕过的话题，风险催生的公众不安全感是国家选择和推行公共政策的依归。

正如工业革命消解了封建社会并产生了工业社会一样，当下社会进行的科技革命正在消解工业社会并酝酿风险社会。在由工业社会到风险社会的演变进程中，工业化催生了不确定性程度更高的重大风险，这带来了国民对于风险的不安感并由此产生了保障安全的强烈需要，即充分实现宪法赋予的知情权以及合理平息内心由于风险而产生的恐惧感，而现有政府、技术专家及工业社会危机处理模式对这些需求则心有余而力不足。[2]为了应对风险、保障国民的安全感，传统的刑法理论和刑事立法已经开始逐步顺势开始转向，即出现了传统刑法向“风险刑法”的转向。要求刑法在控制社会风险的社会制度体系中发挥更为积极的作用，通过提前介入，以防范行为人的行为所带来的风险。从而，行为人对有可能发生的损害即使不是确实明知，但是只要他基于自己所做出的决定而实施为刑法所禁止的风险行为，就是进入了刑法的规制范围，就要承担刑事责任。因此，所谓风险刑法，也称为安全刑法，是指通过规制行为人有可能

---

〔1〕［德］乌尔里希·贝克：《世界风险社会》，吴英姿、孙淑敏译，南京大学出版社2004年版，第174~189页。

〔2〕刘跃挺：“论信赖原则的法社会学根基”，载《天府新论》2015年第4期。

导致风险的行为，以便更加早期地保护法益，进而为实现刑罚的一般预防目的而形成的一种刑法观念或者刑法体系。

二、风险刑法的构造

风险社会比传统社会存在更多的风险，为了控制风险，风险刑法与传统刑法相比较，在内部构造形成了诸多的特质。

（1）刑法任务：从保护法益到防范风险。保护法益是现代刑法的重要机能，法益为行为的入罪和处罚提供了基本依据，即具体法益的存在不仅决定了刑事立法上犯罪化的可能性，而且决定了刑事司法上处刑的必要性。风险刑法虽然并不否认对法益的保护，但以防控风险为主旨，不刻意关注何种具体法益受到损害，因而不再预设法益的特定内容。犯罪的设立不再以具体的法益存在为前提，仅仅是以一般危险性的存在和预防必要性作为划定罪与非罪界限，并以风险防范取代法益侵害作为处罚的基础。由于认为只有国家才能迅速有效地应对风险，社会成员容忍了国家介入社会生活的倾向；国家于是以维持安全的社会生活、维持平稳的社会生活环境为根据，推行“有危险就有刑罚”的扩张性入罪化的原则。刑法立法中的这种实践，刺激着刑法理论朝着相同的方向迈进，由此促成了安全刑法或者说预防刑法的出现。[1]因此，传统的“犯罪是侵害法益的行为”犯罪本质观便得到了重塑，法益侵害性也不再是犯罪的本质，而行为的违法性则成了刑法的主要关注对象，刑法的首要任务也就从法益保护转化为防范社会风险。

（2）不法要素：从结果本位到行为本位。为了控制和化解风险，风险刑法主张通过类型化的思维将社会已形成共识的一

〔1〕劳东燕：《风险社会中的刑法》，北京大学出版社2015年版，第31页。

些高度危险行为拟制为一种当然可能会造成实害的行为，也就是通过立法者事前的判断直接将该类行为抽象为风险行为，而加以犯罪化。这意味着刑事不法性重点评价的对象从损害结果转为行为本身，即由结果本位转向行为本位。在风险刑法的语境下，只要查明存在符合构成要件的行为就可以表明犯罪的成立，因为该行为即代表风险的存在。因此，风险刑法以行为无价值作为不法的基底和核心。风险刑法以行为为本位符合其风险预防功能和安全维护功能的需要，而且将行为不法作为刑事立法的基底也是对传统刑法的一种革新和突破。我国学者劳东燕教授认为从结果本位主义刑法到行为本位主义刑法的演变，是传统刑法发展到“风险刑法”的表征之一。她还指出：“随着风险的扩散化与日常化，结果本位主义的刑法在危险预防与法益保护方面日益显得力不从心。于是，作为结果的危害渐渐不再是刑法关注的重心，尤其是在法定犯中，惩罚的根据越来越不依赖于现实的侵害结果，而取决于具有风险的行为本身。”〔1〕刑法立法中抽象危险犯、预备行为正犯化的等立法现象可以说都是这一观念的产物。

（3）归责原则：从罪责原则到预防必要。由于风险的不确定性，行为人的主观方面往往缺少危害社会的故意，对结果的预见可能性也难以确定，从而以行为人对结果要有故意或过失的罪过事实上也无法查明和认定。因此，要解决现代科技高度发展下风险行为的归责问题，风险刑法不得不突破了传统的罪责理论，将罪责功能化，即依照刑法的功能重新对罪责进行了定位。具体地说，风险行为的罪责基础不是行为人的主观心理态度，而是通过行为表现出来的行为人破坏法忠诚的可责态度。

〔1〕劳东燕：“犯罪故意理论的反思与重构”，载《政法论坛》2009 年第 1 期。

基于此原因，以意志自由为前提的罪责也相应地转变为刑罚功能上的需求，即出现了罪责功能化的趋势。正如我国有学者指出的："风险刑法突破了传统的罪责理论，以刑事政策的考量取代刑法体系自身的判断基准，构建的是预防罪责论，即将罪责功能化，这是指行为人对其行为负责，是因为有防卫社会安全的需要，没有预防风险的必要，也就可能没有罪责。可见，风险刑法将罪责的意蕴从'可非难性'转换为'预防必要性'，归责的过程不再是特定后果通过归因归咎于行为人的过程。因此，行为人无须知道损害，也无须建立起因果关系，只要是自己的风险决定违反刑法的风险规制，即应负起刑法上的法律责任。"〔1〕罪责功能化意味着行为人的行为之所以被评价为刑法中的犯罪行为，是出于防卫社会安全的需要，如果没有防控风险的必要，也就有可能否认行为人的罪责。由此，风险刑法将罪责的内在规定性从"非难可能性"转换为"预防必要性"。归责的过程不再是将特定的损害结果通过归因于行为人的过程，而是为了防控风险的需要而进行归责的过程。因此，行为人无须知道确切损害的存在，也无须建立起行为和结果之间的因果关系，只要是自己的行为违反刑法规制风险的立场，就需要承担刑事责任。

由于罪责理论无法解决风险刑法的主观责任问题，风险刑法力图从构成要件的类型化来解决行为人的归责问题，以代替主观要素在主观方面的归责作用。关于故意理论，出现了故意客观化的趋势。例如，德国学者福利许教授提出了"风险说"，认为有风险认知而行为即满足了故意行为的要件。如果认知的风险是一个特别高的风险，那么就是对风险有确定的认定，就

〔1〕 陈晓明："风险社会之刑法应对"，载《法学研究》2009年第6期。

是直接故意；如果行为人不只是估算风险，而是致力于使风险实现，也就是有特定的目的设定，那么就是有意图。意图表现出行为人有高的危险性，会颠覆一般人对法秩序的信赖，具备了故意最低的要件——对风险有认知——即是故意的基本形态，因此，间接故意就是故意的基本形态。[1]关于过失理论，则形成了“危惧感说”，即新新过失论。新新过失论的首倡者藤木英雄教授认为：“预见可能性如果是对具体结果有预见，论以过失理所当然，但也未必要求具体性预见，对危险发生有危惧感就可以了。”[2]即在科学技术进步的同时，未知的危险对我们人类的威胁越来越大，为了控制风险，即使行为人不能具体地预见到危险发生，但只要存在对人的生命和健康发生某种的损害结果的危惧感，就可以认定为过失。由于“危惧感”并不是一个明确的概念，而将这种茫然不安的心理状态作为预见可能性的内容，有使过失责任沦为客观责任的危险。

（4）因果关系：从因果判断到客观归责。因为形成风险的原因复杂多样，最终的损害结果又表现为不连续性和不紧密性，导致风险犯罪的因果关系难以具体判断，传统的刑法因果关系理论就很难判断行为与风险之间的因果关系，从而也就很难解决风险犯罪的归责问题。基于行为与风险因果联系的复杂性和隐蔽性，风险刑法不再以传统的因果关系作为归责的客观基础，而是以防范风险为出发点，将风险通过某些类型化的行为标示出来，并以实施特定的类型化行为作为刑罚发动的条件。在这种情况下，对风险犯罪的归责，并不需要具体查明行为和结果之间的因果关系，传统的因果关系在判明犯罪的成立时已经无关紧要，风险行为自身就成了归责的联系点。易言之，在风险

---

〔1〕 许玉秀：《当代刑法思潮》，中国民主法制出版社 2005 年版，第 248 页。

〔2〕 林亚刚：《犯罪过失研究》，武汉大学出版社 2000 年版，第 34 页。

刑法中，风险才是归责的基础。而以制造风险和实现风险为核心内容的客观归责理论则刚好契合了风险刑法的需求。我国有学者认为，在风险不断扩散的后工业社会，责任主义刑法正被迫做出重大调整，为预防公众面临的风险，个人自由要受到一定的限制。而客观归责理论，正好体现了“风险社会”下刑法的价值选择。通过“允许的风险”设定了国家刑罚权与公民行动自由的边界，从而防止刑法在社会发展到“风险社会”阶段过度干涉民众的行动自由。[1]

三、风险刑法的反思

以处罚危害结果为主旨的传统刑法，在风险社会中防控风险已经开始显得力不从心，风险刑法正是顺应风险社会的到来而形成的刑法观。在风险社会的背景下，许多犯罪行为一旦得以顺利实施，便会造成不可估量的灾难性侵害结果；所以，不能等待造成侵害结果后再处罚，而必须对法益进行提前保护，由此产生了刑罚处罚的早期化要求。[2]对法益的提前保护，因而成为更有效率的保护。风险刑法拓宽了法益的保护类型；强调刑法通过提前介入以防控风险；它主张罪责功能化以解决归责问题。这都是对传统刑法的革新和发展，是刑法与时俱进的表现。当然需要指出的是，承认风险刑法的优点并意味着传统刑法已经失去了时代生命力而需要被风险刑法全面取代。这是因为，风险刑法也存在以下致命的负面价值：

（1）风险刑法背离了传统刑法的基本原则。罪刑法定原则、罪责原则和罪刑均衡原则是传统刑法的基本原则，也是刑事法

---

〔1〕毛校霞：“风险社会下的责任主义”，载《广西政法管理干部学院学报》2009年第6期。

〔2〕张明楷：“刑法目的论纲”，载《环球法律评论》2008年第1期。

治的基石，风险刑法则有破坏这些原则的危险。首先，风险刑法有违罪刑法定原则。构成要件明确性是罪刑法定原则重要诉求之一。基于风险本身所具有的不确定性等特点决定了风险刑法的构成要件难以明确。但是，在丧失构成要件明确性的情况下，难以排除司法上定罪与处刑的恣意性。而刑法的安定性和国民的可预测性首先就是通过构成要件的明确性来加以保证的，而风险刑法认为，“犯罪不是以导致什么样的具体损害作为实施制裁的前提条件，而是以没有促使安全状态的形成或者这类犯罪的不法来表述的，它不是一个具体的损害，而是一种慌乱不安”。〔1〕在德国刑法学者乌尔斯·金德霍伊泽尔看来，法益侵害对于犯罪的成立已经无关紧要，这种慌乱不安的不法更多地被理解为在主观上具有罪恶的意图或者客观上对所有生活领域的安全造成损害的行为，从而风险刑法不知不觉地扩张了犯罪的构成要件，消解了构成要件人权保障的机能，背离了罪刑法定原则的旨趣。其次，风险刑法有突破罪责原则的冲动。风险刑法将传统的罪责原则建立在刑法预防功能的基础上，并且加以功能化，会导致罪责原则限制国家刑罚权滥用的机能有丧失的危险，更为极端和严重的后果是有可能使刑法滑向客观归罪的深渊。而且，风险刑法改变了罪责个别化的传统归责思路，要求行为人对法定的行为负责，其后果可能是为他人的不法负责，而不是为自己的不法负责，这又与个人责任原则相冲突。从而，以个人责任和主观责任为载体的罪责原则就有可能被消解。

（2）风险刑法导致处罚界限不够明确。出于对法益侵害的犯罪本质的坚守，风险刑法对法益的内容进行了重新诠释，赋予了新的涵义，而将法益的内容抽象化和精神化，就是风险刑

〔1〕［德］乌尔斯·金德霍伊泽尔：“安全刑法：风险社会的刑法危险”，刘国良编译，载《马克思主义与现实》2005年第3期。

法作出的重要努力。由于不事先预设法益的具体内容，因而风险行为造成法益损害的范围是不确定的。实体法益概念被难以捕捉的风险所取代后，致使法益的内涵进一步难以令人捉摸，具有高度的不确定性，无论在客观上或主观上，对于法益侵害的内容和范围都难以控制和认定，这就使得刑法难以给自己提供清晰而稳定的可罚性界限。因为“只要行为人实施了不被容许的风险行为就可能成立风险犯，因此就有可能产生扩大刑事处罚范围的风险。又由于被容许的风险行为与不被容许的风险行为在有些场合只有一线之差，因此很容易出现两者之界限难以划清的问题”。[1]因此，风险刑法在没有明确界定“法益”内涵和外延的前提下很难建立起明确的可罚性范围，这就会导致刑法的边界不甚清晰，损害刑法的自由保障机能。

（3）风险刑法违反刑法的谦抑性。刑罚是一把双刃剑，其在预防犯罪的同时还会给社会带来巨大的消极作用。刑罚巨大的消极作用决定了我们必须适当控制刑法的处罚范围，只有当其他法律不足以抑止违法行为时，才能使用刑法，这就是刑法的谦抑性。因此，刑法的谦抑性是我们在将要发动刑罚时必须要考量的原则。风险刑法是以未来预防为导向的刑法，将罪责原则建立在刑法的预防功能上，其不可避免的结果就是刑罚的扩张，也即大大扩张了刑法的适用范围。风险刑法的基本立场倾向于刑法干预的早期化，亦即建议将刑法的防卫线前置。例如，有学者指出：“在风险社会中，安全刑法所关注的重点在于行为人所制造的风险，而且通过对这种风险的刑法禁止来降低和避免这种风险的实现，从而保证生活共同体的安全。因而，安全刑法在规范上体现为立法者将刑法的防卫线向前推置，从

〔1〕 刘明祥：“‘风险刑法’的风险及其控制”，载《法商研究》2011年第4期。

犯罪类型上来说，安全刑法的重心应当以危险犯为主。”〔1〕诚然，面对风险社会中各种威胁共同体生活安全的风险，刑法必须在这种风险具有实现的可能前做出合理的、适当的和必要的反应。然而，对风险的防范和控制是一项复杂的社会系统工程，刑法只是其中的一个环节。正如日本刑法学者指出的那样：“‘安心感’这种社会心理，更多是深受媒体以及时代风潮影响的一种不安定感觉，未必存在合理根据。在国民的不安缺少客观事实佐证的场合，能消解这种不安的，并不是刑事立法，而在于对客观事实的正确报道。有时候，那些为了回应国民呼声的象征性立法，不但没有消解国民的不安，甚至反而起到了加深这种不安的效果。”〔2〕司法是社会正义的最后一道防线，刑法是这道防线的最后一个堡垒。刑罚高昂的成本不可能让刑法冲锋在防控风险的最前线，更不能说，刑法应当禁止一切带有某种风险的行为。因此，风险刑法为了防范风险而极大地扩张了犯罪圈，压缩了国民的自由空间，违背了刑法谦抑性的要求。

四、风险刑法的应对

我国刑法理论界对于目前是不是风险社会、风险刑法理论中的风险是否同于风险社会理论中的风险、依据传统刑法理论能否应对风险、对于风险社会中的风险目前刑法能否有所作为、风险刑法理论是否违反法治和牺牲自由等诸多问题都存在着较大的争议。但是，不管是否承认现在已进入风险社会，风险确实客观存在，除了核技术应用具有产生核辐射风险等新型风险外，传统的事故型风险也因新技术的应用而增多且因风险实现

〔1〕 赵书鸿：“风险社会的刑法保护”，载《人民检察》2008年第1期。

〔2〕 ［日］松原芳博：《刑法总论重要问题》，王昭武译，中国政法大学出版社2014年版，第17页。

所造成人身伤亡的规模远超以前，因而刑法必须充分应对。[1]现代社会正在经历着一场根本性的变化，世界范围内存在着大量的风险已是一个不争的事实，它严重危及了现代人的安全感。因此，如果我国刑法面对日益逼近的风险社会无动于衷，那么肯定是要落后于时代需求的。但是，如果为了迎合“风险刑法”而盲目扩张刑法调控范围、夸大刑法防控风险的作用，那么就有可能突破罪刑法定主义、罪责原则等刑事法治的底线，带来侵犯人权的危险。因此，我们应当在充分吸收风险刑法“合理内核”的基础上改造传统刑法。

应对风险社会的挑战，我国刑法的对策不是基本立场的背离和机能的转变，而是应当坚持对谦抑性的捍卫与犯罪多元治理的实践，这是基于我国国情的现实选择。中国的社会转型是一个进入法治社会的过程。而在刑事法治领域，最根本的要求就是刑法应当以罪刑法定主义、罪刑均衡主义和刑罚人道主义为基础。刑法的立法应当坚持法律的内在道德，刑事政策的作用应该被法律所限制。在国家的刑权力尚未受到完善的制约以前，风险刑法与风险刑事政策的提出，无疑蕴含着导致公民的权利和自由侵蚀被加大的风险。[2]具体的理由如下：首先，我国的社会发展水平还没有达到西方发达国家那种较高的程度。我国仍然属于发展中国家，诸多民生问题亟待解决，这决定了我国刑法保护的重点目前仍然是国民的民生问题，以防控风险为主要任务的“风险刑法”在我国当前仍然缺乏全面引入的现实必要性。其次，我国缺乏风险刑法所需的司法资源。将某种

---

〔1〕 刘志伟：“《刑法修正案（九）》的犯罪化立法问题”，载《华东政法大学学报》2016 年第 2 期。

〔2〕 田宏杰：“‘风险社会’的刑法立场”，载《法商研究》2011 年第 4 期；孙万怀：“风险刑法的现实风险与控制”，载《法律科学》2013 年第 6 期。

违法行为上升为犯罪行为的司法成本是所有法律手段中最高昂的，因此，在犯罪化过程中要充分考虑司法成本。我国属于法治后发国家，司法资源配置依然严重不足，而且这一问题在短期内不可能得到根本的解决，这决定了我国不可能像西方现代化法治国家过快地将扩大犯罪圈。最后，我国进行刑事法治的时间并不长，法治国的一些基本理论还没有广泛地深入人心，国民的法治理念尚未完全形成。因此，可以预见的情况是，在未来较长的一段时间内，我国刑法的要务仍然应该以传统刑法原理的贯彻为主，以建立刑事法治国家为目标，而“风险刑法”则可以在规制危及人类或者整个社会生存的那一类风险的相关犯罪发挥一定的作用。〔1〕

总之，现代科技的发展，已经让世界充满风险，环境问题、恐怖犯罪等全球性的问题也让我们难以岿然不动。适应这种时代的变化，妥当运用刑法武器应对风险社会是刑法的现实使命，也是保持刑法开放性的需要。但是，我们必须充分认识到我国是发展中国家这样一个基本国情，生存和发展仍然是当前社会的主要矛盾。我国不像西方发达国家已经完成了法治化的进程，而是仍然处于法治建设的进程中。在这种情况下，我们应当秉承传统刑法的一些基本原则，只是在应对一些新兴的犯罪方面让刑法提前干预以防患于未然，而不是盲目为了追赶风险刑法的潮流，全面抛弃传统刑法的基本精神和基本原则。

---

〔1〕 参见齐文远：“刑法应对社会风险之有所为与有所不为”，载《法商研究》2011年第4期。

第四章 刑法解释的宪法规制

第一节 刑法解释的宪法限度

英国牛津大学法学院院长蒂莫西·A. O. 恩迪科特指出了法律解释不同于文学解释的地方在于“法律解释提供了法律适用的规则”[1]。这句话向我们表明了法律的适用过程就是法官解释法律的过程，同样地，刑法解释也是沟通刑事立法和刑事司法之间的桥梁。由于刑法解释是在对刑法规范的理解出现分歧并基于特定法律事实而做出的解答，因此，刑法解释的结果直接关系到刑事案件中个别具体正义能否实现。刑法的目的是保障人权，而要实现刑法人权保障的目的，刑法解释的立场、主体、边界和方法都必须受到宪法的规制。

一、宪法与刑法解释的立场

刑法解释的立场是刑法解释的首要问题，关系到刑法解释

---

〔1〕 Timothy A. O. Endicott, “Legal Interpretation (June 26, 2011)”, *Routledge Companion to Philosophy of Law*, A. Marmor (ed.), Routledge, 2012; Oxford Legal Studies Research Paper, No. 39/2011.

的全局。在德日刑法学的理论中，关于刑法的解释存在着形式犯罪论与实质犯罪论的对立。形式的犯罪论认为，构成要件是为犯罪行为提供形式上的界限，构成要件该当性的判断是形式的、抽象的判断，违法性以及有责性的判断是实质的、具体的判断。实质的犯罪论主张，应当从处罚的必要性和合理性出发，实质地解释刑法规范尤其是构成要件，构成要件的判断不可能是形式的，价值无涉的，而是应从处罚的必要性和合理性的角度来判断某种行为是否符合构成要件。随着德日刑法学理论的深入传播，我国有刑法学者开始主张刑法理论的研究应当像德日国家一样坚守客观主义或者主观主义的立场，从而形成各自具有鲜明学术观点的学派。而刑法解释的形式论与实质论之间的争锋，是目前我国刑法学派分野的起点，也是不同立场学者必争的重要阵地，可以说“形式与实质解释论并非只是构成要件该当性的解释论，二者的对立既是对刑法不同解释理论与方法的对立，也是在当下朝着刑法知识教义学化道路上前进的中国刑法学不同犯罪论体系的对立，也必然是刑法学派亦即刑法观的对立”。〔1〕

对于形式解释论和实质解释论的具体分歧，由于存在对对方观点的误读和学派内部的观点分歧的原因，要列举形式解释论与实质解释论在所有方面的分歧是很困难的，但可以认为双方的分歧大致可以概括为以下五个方面：（1）形式解释论与实质解释论在形式判断与实质判断的关系处理上的差异。相对而言，实质论者更为看重实质判断上的妥当性，而形式判断应当服从实质正义的需求。（2）形式解释论主张刑法漏洞应由立法填补，所以只是例外地认可通过解释填补有利于被告人的刑法

〔1〕 刘艳红：“形式与实质刑法解释论的来源、功能与意义”，载《法律科学》2015年第5期。

漏洞，不利于被告人的刑法漏洞则一律应当通过立法加以完善。实质解释论则主张在司法者眼里刑法是没有漏洞的，应当尽可能通过解释去完善刑法的内容。（3）形式解释论强调对严格解释规则的坚持，只在有利于被告人的情况下允许做扩大解释。实质解释论则主张灵活解释，允许做不利于被告人的扩大解释。（4）形式解释论认为刑法规范是针对普通人的命令规范，从而对刑法规范的理解必须以一般国民能够理解的形式进行。实质解释论则认为刑法规范是针对法官的裁判规范，构成要件的机能还包括保护国民合法利益、防止处罚不该处罚的行为。（5）形式解释论更注重遵循立法者的立法原意，依照法律条文的字面含义的刑法解释论，而实质解释论认定立法原意不可寻，强调法律文本和解释者的互动，贯彻以实现实质正义为目的的刑法解释论。〔1〕关于形式解释论和实质解释论的关系，有学者认为两者是完全对立的，并且应当用实质解释论取代形式解释论。例如苏彩霞教授就明确提出："实质的刑法解释论是对形式的刑法解释论的扬弃，它不仅与刑法规范的特点、结构、内容相一致，具有方法论意义上的合理性，而且满足了我国刑事法治目标与罪刑法定原则兼具形式侧面与实质侧面的要求，适应了我国犯罪概念与犯罪构成体系形式与实质相统一的特点，具有优越的合理性。我国刑法应确立与贯彻实质的刑法解释论立场。"〔2〕在笔者看来，形式解释论与实质解释论在本质上并非解释方法，而主要表现为解释立场的分歧，即刑法的首要价值是保障自由还是保护法益，在自由价值和秩序价值发生冲突时，是坚持自

---

〔1〕 参见劳东燕："刑法解释中的形式论与实质论之争"，载《法学研究》2013 年第 3 期。

〔2〕 苏彩霞："实质的刑法解释论之确立与展开"，载《法学研究》2007 年第 2 期。

由价值优先还是秩序价值首位。但是，无论是采取形式解释还是采取实质解释，都必须符合宪法人权保障的价值取向。因为，人权保障已经成为当代社会所有制度的试金石，现代刑法的合法性基础就在于保障国民的权利与自由，从而当一种刑法解释的立场不符合保障人权这一价值标准时，这一立场就应当被毫不犹豫地抛弃。因此，形式解释和实质解释的合法性需要从人权保障的层面来加以论证。

刑法人权保障功能集中体现在罪刑法定原则的确立和阐释，因此，罪刑法定原则就成了刑法解释无法逾越的红线。但是，无论是实质解释论者还是形式解释论者，都承认罪刑法定存在形式的侧面和实质的侧面，且都认为形式的侧面限制司法权，实质侧面限制立法权。但为什么会在解释结论上存在如此巨大的分歧呢？这主要来自于对罪刑法定原则形式侧面和实质侧面的关系存在着根本的不同理解。实质解释论认为，两者存在某种程度的冲突，需要由实质侧面克服形式侧面的不足。如张明楷教授就认为："形式侧面与实质侧面确实存在两个方面的冲突：一是成文法的局限性决定了刑法不可能对所有犯罪作出毫无遗漏的规定，即存在实质上值得科处刑罚，但缺乏形式规定的行为；二是成文法的特点决定了刑法条文可能包含了不值得科处刑罚的行为，即存在符合刑法的文字表述，实质上却不值得处罚的行为。对于这两个方面的冲突，不可能仅通过强调形式侧面，或者仅通过强调实质侧面来克服，只有最大限度地同时满足形式侧面与实质侧面的要求，才能使冲突减少到最低限度。"〔1〕在实质解释论看来，既然形式解释无法完全满足刑法正义的全部要求，那么实质解释就不可缺位。形式解释论者认为

---

〔1〕 张明楷：《罪刑法定与刑法解释》，北京大学出版社 2009 年版，第 68 页。

罪刑法定的形式侧面与实质侧面根本不存在所谓冲突，罪刑法定原则的形式侧面旨在限制司法权和防止司法擅断，其对立面是司法的恣意；而罪刑法定原则的实质侧面旨在限制立法权和避免立法专横，其对立面是立法的妄为。因此，“当实质解释论认为罪刑法定原则形式侧面存在缺陷的时候，并不是形式侧面的缺陷。对于法无明文规定但实质上值得科处刑罚的行为不予处罚，正是实行罪刑法定原则的必要代价。对于这个问题，只能采用立法方法加以补救，而决不能通过所谓扩大解释（实为类推解释）加以纠正”。〔1〕在形式解释论者看来，罪刑法定原则的实质侧面是指禁止处罚不当罚的行为，禁止残虐的、不均衡的刑罚。对于司法者而言，只要严格依照法律规定对某一行为定罪处罚，不可能出现根据处罚必要性对法律没有形式规定的行为扩张解释为犯罪的问题。对此，笔者认为，罪刑法定原则的使命在于限制权力和保障自由，从而无论是其形式侧面还是实质侧面都应当服从这一目标，即作为罪刑法定原则内容的形式侧面和实质侧面理所当然地承载或限制立法权和司法权的功能。因此，实质解释论者将罪刑法定原则的形式侧面与实质侧面人为对立起来，从而得出实质侧面应当取代形式侧面的主张是难以成立的。正如有学者指出的那样：“其实形式侧面与实质侧面既不是毫无联系，也不是谁取代谁，而应当是呈现出一种位阶性的关系，以形式侧面限制实质侧面，用实质侧面纠正形式侧面有可能出现的弊端，则是一种理想状态。”〔2〕因此，妥当的结论是，形式解释论和实质解释论并非截然对立的关系，而是可以相互融合，共同服务于刑法人权保障目的的。事实上，刑法的解释必然是先进行形式解释，通过形式解释以限制处罚

〔1〕 陈兴良：“形式解释论的再宣示”，载《中国法学》2010年第4期。
〔2〕 王俊：《犯罪论的核心问题》，北京大学出版社2012年版，第63页。

范围，然后再进行实质判断，通过实质解释调整处罚的合理性，形式解释和形式判断完成形式侧面的功能，实质判断完成实质侧面的功能，从而达到遵守罪刑法定的目标，以实现刑法保障人权和保护法益机能的平衡。

二、宪法与刑法解释的主体

根据《宪法》《立法法》以及《关于加强法律解释工作的决议》等相关法律的规定，目前我国刑法有权解释的机构包括全国人大常委会、最高人民法院和最高人民检察院。全国人大常委会有权就刑法典、单行刑法和其他法律中的所有刑事条款进行解释；最高人民法院可以就审判活动中涉及的具体运用法律的问题进行解释；最高人民检察院可以就检察活动中具体运用法律的问题进行解释。可以说，我国刑法解释权是按照不同的工作职能以及领域的相关性，在不同性质的机关之间进行分配的。[1]虽然，相关的法律文件对我国刑法解释的主体进行了明确，然而我国的刑法有权解释在实然和应然两方面都存在着不少问题，而这些问题的存在恰恰又明显违背了宪法的要求。

首先，从实然层面上讲，我国刑法解释存在着解释主体扩大化的问题。这个问题表现在两个方面：一是国务院职能部门和人民团体越权解释刑法。或许是为了让刑法解释获得更高权威性以保障刑法解释的执行力，许多行政机关和人民团体参与了刑法解释工作并作为刑法解释文件的制发主体登台亮相。特别是《立法法》实施以后，最高人民法院、最高人民检察院联合国务院职能部门及人民团体对刑法有关犯罪和刑罚的条文作解释的现象仍然存在。国务院职能部门和人民团体对刑法某些

〔1〕 林维：《刑法解释的权力分析》，中国人民公安大学出版社 2006 年版，第 75 页。

犯罪和刑罚的规定进行解释，甚至对刑法某些条文作一些立法性质的补充规定，这就行使了最高审判机关和最高检察机关等特定机关的刑法解释权，也变相行使了最高立法机关的刑法立法权。同时，由于联合发布刑法解释的目的一般在于加大刑法的打击力度，这就在客观上消解了国家机关权力互相制约的机制，刑法解释必然在入罪问题上呈现出能动扩张的态势。[1]二是最高司法机关违法授权省级司法机关对刑法中有关犯罪和刑罚的规定进行解释。这一做法也是不利于对被告人的人权保障的，具体理由包括：其一，最高司法机关授予省级司法机关刑法解释权的做法，有损刑法的统一适用，导致在不同省区同样的行为所受到的处理极有可能不一致。同时，不同的省区对刑法规定的同一事项的解释不同，也会影响国民对自己行为的预测可能性，限缩国民的行为自由。其二，最高司法机关授予省级司法机关刑法解释权，实际上是创设了省级司法机关的司法权，于法无据。遍观我国关于法律解释的法律规定，没有任何法律授权省级人民法院和省级人民检察院解释刑法的权限。省级人民法院和省级人民检察院是地方司法机关，它的主要职责是履行好自己的审判和法律监督等工作，既没有法定的权力也没有专门的人员对刑法作出规范性的解释。我国目前刑法解释主体扩大化的问题严重违背了刑事法治的原则，同时也背离了宪法的精神和内容。因此，相关主体在制发刑法解释的时候应该严格按照现在的法律规定，杜绝不具有刑法解释权的主体参与刑法解释的制定。

其次，从应然层面上讲，最高人民检察院不应当享有刑法解释权。虽然，最高人民检察院作为刑法的解释主体，存在着

---

〔1〕 左坚卫、王帅："论刑法解释的人权压制风险及其纾解"，载《法学杂志》2016 年第 3 期。

现实的法律依据，但是检察机关享有刑法解释权并不具有实质的合理性。具体的理由是：首先，检察机关的职能并不能为其享有刑法解释权提供依据。根据相关法律的规定，我国检察机关主要行使侦查、批捕、起诉、法律监督等方面的职能，而刑法解释则是就刑法适用作出解释，即对刑法规范的含义进行充分阐释，以便将抽象的条文适用于具体的案件事实。换言之，刑法解释应当是刑法司法权内含的一种权力。显然，检察机关行使的权力并不具有司法权的属性，从而检察机关享有刑法解释权并不具有事实上的合理性。其次，赋予检察机关刑法解释权会造成控辩双方的不对等。在我国的刑事诉讼结构中，作为控诉方的检察机关，处于一方当事人的位置，其与犯罪嫌疑人及其辩护人处于对立的位置。如果允许刑事诉讼中一方当事人具有解释刑法的权力，而另一方则不具有这样的权力，就会出现控辩双方不平等的诉讼结构。这样的局面不可能实现控辩双方的平等对话达致公平的裁判结果，对被告人权利的保障也是不力的，违背宪法人权保障的价值目标。〔1〕总之，检察机关属于公诉机关，肩负着控诉犯罪的职能，与被告人在刑事诉讼中属于利益冲突的双方，其刑法解释权的行使将置被告人于极端不利的地位，不利于对被告人人权的保障。对于这一问题的破局，笔者主张将刑法司法解释权退还给法官，在合理限制法官自由裁量权的前提下，保持法官刑法司法解释的核心地位。

三、宪法与刑法解释的限度

刑法解释的限度与刑法的机能密切相关，刑法解释的范围过于狭窄，会压缩刑法的适用范围，导致法益保护机能的萎缩；

---

〔1〕 李洁：《论罪刑法定的实现》，清华大学出版社 2006 年版，第 345~347 页。

相反地，刑法解释过于宽泛，则会限缩国民的自由空间，导致自由保障机能的弱化。因此，刑法解释的限度实际上关于国民自由的广度，进而关涉到人权保障价值的实现。罪刑法定原则作为刑法的首要基本原则，刑事立法、刑事司法以及刑法解释活动都理所当然地受到其制约。而罪刑法定原则的基本价值为保障人权，体现在刑法解释上便是要严格控制刑法解释的限度，以防止国家刑罚权的无限制扩张。

首先，刑法应该被严格解释。法官在适用刑法处理每一个具体案件时，都是根据自己的价值观念和生活经验对刑法规范进行解释，并以解释的结论作为连接点，目光徘徊在案件事实与刑法规范之间。法律需要解释现在已经成为共识，但过度解释法律则可能会危及法律本身的安定性，因为任何一种解释都是解释者根据自己的价值取向甚至是自己的偏好进行的"造法"活动。如果对于这种创造活动不加任何限制，则法律文本所固有的意义就会变得变幻莫测，国民也就无法根据法律文本预测自己行为的性质，这便违背了可预测性原则的要求，于是刑法必须进行严格解释。既然只有以法律形式设置刑罚来禁止某些行为，限制个人的自由，那么，法官就不得托词进行"解释"，在法律之外增加并专断地惩处立法者并未明文规定加以惩处的行为。〔1〕需要说明的是，笔者所称的严格解释与刑事古典学派主张的绝对规则主义是有区别的。这里的严格解释，是指法官在采用一定的解释方法，按照一定的解释规则，对刑法规范进行解释时，不能任意地、专断地、按照自己的偏好阐释刑法规范，而应坚守住一定的界限。这一界限从抽象的角度来说必须受制于罪刑法定原则的价值取向。如果逾越这个界限，就变成

〔1〕［法］卡斯东·斯特法尼等：《法国刑法总论精义》，罗结珍译，中国政法大学出版社1998年版，第137页。

了类推解释，这是罪刑法定原则绝对禁止的。而刑事古典学派则完全排除司法者在刑法解释和适用中的创造性，并认为，立法者完全有可能制定出内容完整、逻辑严密的刑法典，司法者只需在认定案件事实后，到刑法典中寻找相应的法律后果即可。现在，学者们已经达成共识，由于案件事实的复杂性和刑法条文本身的抽象性，完全排除法官自由裁量权的绝对严格解释是不可能存在的，从而排斥法官对刑法规范的解释理所当然就是不可能的。

其次，刑法的解释范围不能超出国民的可预测范围。明确性是罪刑法定原则的派生原则之一。但事实上，绝对明白无误的刑法条文几乎是不存在的。语词的用法是多种多样的，而且只有在相关的语言游戏中才能被理解。即使一个确定的语词，在不同的语境下也可能产生不同的理解。从这个意义上说，“可能文义”标准的界限又是模糊不清的。此外，可能文义标准是以刑法用语为基点，向外扩展，这样的逻辑推理在一定程度上是有利于司法者的。这就需要一个基于普通国民的立场约束刑法解释的标准，预测可能性符合这样的要求。所谓预测可能性，是指对具有通常判断能力的一般人而言，对刑法解释所产生的可能文义必须没有超过他行为前预测的最大范围；否则，就应该被禁止。按照罪刑法定原则的要求，行为人只能通过了解预先制定好的成文刑法来规范自己的行为，并预测其在刑法上的后果。因此，如果刑法解释以“解释”为名，行“造法”之实，将严重损害国民的可预测性，侵犯人权，同时也会使刑法的权威、公众认同感遭到极大损害。预测可能性标准意图防止国家对国民发动事后的突然袭击，彰显了对犯罪嫌疑人、被告人的关怀，反映了保障人权的价值取向。当然，即使按照可能文义和预测可能性相结合的标准，在某种程度上，也很难“理想”地限制刑法解释的界限。从根本上来说，要避免刑法解释不适当地扩张，必须要求司法者在解释刑法时胸怀正义，目光徘徊在刑法规范与案件事实之间，以获得案件最为妥当的解释结论。但问题在于，正义本身就具有多面性，在中国目前司法官素质参差不齐的状况下，抽象正义理念的强调往往难以取得现实的效果。那么实践中究竟应该以怎样的标准解释刑法呢？结论就是法官在解释刑法时，法官对刑法所作的阐释应当以普通公民的预测范围为标准。

最后，把握刑法解释的限度还需要界分扩张解释和类推解释的。为了避免刑法解释的恣意性，我们必须厘清扩张解释与类推解释的界限，否则，就会以扩张解释之名行类推适用之实，造成破坏罪刑法定主义的结果，造成侵犯人权的危险。接下来的问题是，刑法解释和类推解释之间的界限分明吗？冯军教授认为：在是否处于刑法条文用语可能的含义之中、是否具有一般公民的预测可能性、是否采用了符合形式逻辑的推论和是否从罪刑法定主义的理念出发这四个方面，扩张解释都与类推适用存在构造上的差异。〔1〕笔者基本赞同前述学者的观点，合理的扩大解释与类推解释的区别仅仅在于解释结论是否超出了刑法规范本身的蕴涵范围。如果解释后所新纳入的事项具有所解释的词语在特定刑法规范中的核心属性，则这种解释是合理的扩大解释；如果解释后新纳入的事项不具有该词语在特定刑法规范中的核心属性，该事项不在法律规定的范围之内，则这种解释就是类推解释。〔2〕因此，笔者认为，可能文义是具体标准，

〔1〕冯军：“论刑法解释的边界和路径——以扩张解释与类推适用的区分为中心”，载《法学家》2012年第1期。

〔2〕刘志远：“刑法解释的限度——合理的扩大解释与类推解释的区分”，载《国家检察官学院学报》2002年第5期。

预测可能性是抽象标准，两种标准紧密相连，不可分割。只有坚持具体标准和抽象标准的统一，才能保证刑法解释在罪刑法定原则的视野下进行，不至于脱离人权保障这一缰绳的羁绊。正如张明楷教授指出的那样："某种解释是类推解释还是扩大解释，并不是单纯的用语含义问题。换言之，某种解释是否被罪刑法定原则所禁止，要通过权衡刑法条文的目的，行为的处罚必要性、国民的可预测可能性、刑法条文的协调性、解释结论与核心用语核心含义的距离等诸多方面得出结论。在许多情况下，甚至不是用语的问题，而是如何考量法条目的与行为性质，如何平衡法益保护机能与人权保障机能的问题。"[1]不过，需要指出的是，罪刑法定原则虽然不排斥扩大解释，但是扩大解释的结论同样可能超出国民的可预测性，侵犯国民的自由。所以在扩大解释内部，还需要进一步区分合理的扩大解释和不合理的扩大解释，防止以扩大解释之名，行类推解释之实。超越了刑法用语的文义射程和国民可预测可能性的扩大解释实质上是类推解释，也是我们需要警惕和反对的。

四、宪法与刑法解释的方法

刑法解释的方法关系到解释结论的妥当性和刑法的安定性，甚至关系到刑法的正义性。刑法的解释有扩大解释、缩小解释、当然解释、反对解释、补正解释、体系解释、历史解释、比较解释等多种解释方法。对于诸多刑法解释方法之间的关系，我国绝大部分学者均承认各种解释方法之间存在一定的位阶关系但是周光权教授则认为，司法过程和司法判断的复杂性决定了各种解释标准中并没有一个确定的次序，从而刑法解释方法的

〔1〕 张明楷：《罪刑法定与刑法解释》，北京大学出版社2009年版，第129页。

位阶性并不存在。[1]在笔者看来，刑法解释的方法代表了法官探求刑法规范意义的一个客观认识过程，这个思维过程肯定会遵循一定的逻辑规则，不可能也不应当是杂乱无章的。基于本书主旨的缘故，笔者无意对众多的刑法解释方法一一详细讨论，而仅对人权保障的文义解释和目的解释进行分析。

首先，文义解释是刑法解释的首选方法。文义解释以法律条文本身为出发点，并不涉及或者掺杂条文之外更多的东西，因而带有相当的客观性，可以更大程度地实现法的安定性价值。如苏彩霞教授就指出："文义解释是一切解释的出发点，这是安定性优先的刑法解释目标对解释顺序的要求。不仅如此，要实现安定性优先，还要求文义具有界限功能。即文义不仅是一切解释的出发点，更是一切解释的终点。任何解释，不管其出于体系上的考虑或者刑事政策上的目的的考虑，都不能超过刑法用语的'可能文义'范围。"[2]当代德国法学理论提出了一种值得我们特别注意和学习的解释方法，即把可能的口语词义作为解释界限的方法。如有学者指出："所有进一步的解释努力都以可能语义为基础：它们总是在语言习惯所许可（可能还受到法律定义限制）的语义空间中进行。它们必须在这一空间内确定能够最恰当地赋予有关法律语词的语义。"[3]易言之，立法者通过法律条文的文本，规定了一个将由法官加以具体填补的规则性框架，这个规则性框架的范围是由法律文本可能的口语化词义加以标定的。在这个语词可能涵摄的射程范围内，法官可

---

〔1〕 参见周光权："刑法解释方法位阶性的质疑"，载《法学研究》2014年第5期。

〔2〕 苏彩霞："刑法解释方法的位阶与适用"，载《中国法学》2008年第5期。

〔3〕［德］齐佩利乌斯：《法学方法论》，金振豹译，法律出版社2009年版，第68页。

以采用一定的解释方法，作出最符合正义要求的解释结论。但是，如果一种解释不能被刑法条文可能的文字意思所包含，就是一种刑法严禁的类推解释。这种可能的口语词义解释法的根据是：立法者只能在文字中表达自己的规定，在立法者的文字中没有给出的，就是没有规定的和不能适用的。公众也只能根据法律文本才能得知法律的意思，从而才能考虑根据法律的规定来安排自己的行为。因此，仅仅在可能的词义这个框架内的解释本身，就能够同样起到保障法律预防犯罪的作用，并且使违反禁止性规定的行为成为应受谴责的。法官在法律文字预先规定的规则框架内进行解释时，要在各种不同含义的可能性之间做出决定。这种做法首先肯定了案件事实的性质是不能通过理论性方案加以改变的，同时强调了法官要受法律规定的价值决定约束，法官的工作不是自由的，只能在法律的委托下完成将规范性的价值决定加以具体化的任务。这样，就能保证法官不会把对法律政策的理解置于法律目的之前的优先地位。〔1〕正如德国学者指出的那样：“解释与原文界限的关系绝对不是任意的，而是产生于法治原则的国家和刑法的基础上：因为立法者只能在文字中表达自己的规定。在立法者的文字中没有给出的，就是没有规定的和不能‘适用’的。超越原文文本的刑法适用，就违背了在使用刑罚力进行干涉时应当具有的国家自我约束，从而也就丧失了民主的合理性基础。”〔2〕

---

〔1〕 王世洲：“刑法方法理论的若干基本问题”，载《法学研究》2005年第5期。

〔2〕［德］克劳斯·罗克辛：《德国刑法学总论》（第1卷），王世洲译，法律出版社2005年版，第86页。

其次，应当提倡合宪性的目的解释。[1]刑法的解释在于使所发生之具体事实，能适当地、妥善地获得解决，以实现刑法的正义。由于刑法条文不可能涵摄所有的生活事实，因此，进行文义解释难以获得全部的正义。刑法不仅是结构严谨的逻辑体系，更是承载正义的价值体系，可以说，刑法是一个国家价值观的反映，是一面时代文化的镜子。目前，我国正在处于社会变迁时期，重大价值和走向问题仍然处于纷争之中，“事实上，多元的文化现象必然存在，除非国家动用强制手段，否则无法消弭人与人在价值观上的差异”。[2]由于无法在现有的法律文本中找到解决问题的唯一正确答案，司法者应在正义目标的指引下，充分进行利益衡量，以最大程度地满足各方利益的最大诉求。目的解释论是在新的社会背景下对形式主义法学反思的结果，它充分认识到了法律规范的僵化性和封闭性，主张要让刑法规范满足社会生活的现实需要，就需要超越法条主义，特别是在变迁的社会中，对刑法规范的理解不再局限于文本自身，而是更多关注公共政策、利益衡量及社会正义等规范外因素。刑法是由一系列规则组成的规范体系，刑法规范本身蕴含了主体的目的追求自不待言，而刑法的目的解释方法刚好回应了法条背后主体的目的诉求，满足了社会的现实需要。正是基于这一点，目的解释也被德国学者认为是刑法解释方法之桂冠。

---

〔1〕 根据时延安教授的归纳，关于合宪性解释在刑法解释中的地位有三种不同的见解，即：(1) 认为合宪性解释属于体系解释；(2) 认为合宪性解释属于目的解释；(3) 认为合宪性解释是一种独立的解释方法。但是笔者认为宪法对刑法解释主要还是一种价值指引作用，将合宪性解释作为一种独立的解释方法有矮化宪法价值指引作用的嫌疑。时延安：“刑法规范的合宪性解释”，载《国家检察官学院学报》2015 年第 1 期。

〔2〕 许育典：《文化宪法与文化国》，元照出版有限公司 2006 年版，第 203 页。

但是，目的解释方法在解释中引入刑事政策、利益衡量等法外因素，会有侵蚀刑法规范客观性和刑法适用统一性的风险。因此，为了防止刑法目的解释的随意性，保障刑法的安定性，进行目的解释方法的过程需要宪法的制约。德国学者指出："在根据法律目的进行解释时，法官总是将宪法的价值判断放在首位（符合宪法的解释），他虽然不得任意改变刑法规定的意思，但他必须尝试，在法律规定的范围内与宪法规范保持一致，如果这样做不可能，他必须根据《宪法》第100条的规定终止诉讼程序，由联邦宪法法院裁决。"〔1〕可见，在德国，即使是被认为属于解释方法之桂冠的目的解释也不能信马由缰，而必须受到合宪性解释的限制。日本学者松原方博也指出："一方面，从防止对被告人进行突然袭击、法律的告知机能、三权分立等视角来看，合宪限定解释应限于可毫无障碍地从该法律的用语及其旨趣中推导出来的场合；另一方面，从合宪限定解释本身的告知机能的视角来看，作为合宪限定解释之结果的法命题，就要求其范围仅限于能够合宪地进行规制的限度，而且其内容必须明确。"〔2〕因为目的解释本身灵活性的特点，就更需要对结论进行是否符合宪法内容、原则和精神的检验了。如果所得结论没有通过合宪性检验的"最后关口"，那这种结论也是无效的。

刑法是人类社会的产物，反映着人类社会的一些基本需求。随着人类社会步入风险社会，人们面对的不确定风险日益增多，风险又催生和放大了人们的不安全感。为了满足人们不安全感的需要，刑法的机能也开始由保护法益向防卫社会逐步转向，

---

〔1〕［德］汉斯·海因里希·耶塞克、托马斯·魏根特：《德国刑法教科书（总论）》，徐久生译，中国法制出版社2001年版，第193页。

〔2〕［日］松原方博：《刑法总论重要问题》，王昭武译，中国政法大学出版社2014年版，第30页。

反映在刑法立法上就是刑法介入社会生活的深度和广度都在扩张。然而，作为社会政策最后手段的刑法如果规范过于膨胀，过于积极介入社会生活，就会压缩国民的自由，不利于人权保障，即会出现“过度刑法化”的病态现象。何荣功教授深刻揭示了“过度刑法化”蕴含着改变公民权利结构，错配国家司法资源，削弱刑法公众认同，阻碍社会创新等社会风险和危害。[1]刑法解释是刑法直接作用于社会生活的必经通道，在刑法立法过度扩张的当下中国，遵循宪法的价值和原则，合理地对刑法进行解释，一定程度上可以抑制“过度刑法化”的弊病，有利于刑法人权保障目的的实现。

第二节　刑法立法解释的宪法规制

我国刑法有权解释包括刑法立法解释和刑法司法解释。根据我国的政体，全国人大是国家最高权力机关，从而作为全国人大常设机构的全国人大常委会拥有法律解释权应该是理所当然的事。然而存在的未必都是合理的，我国刑法立法的一些解释性文件不仅在形式上具备法典的特征，而且其中部分条款在内容上直接与法律冲突，或者创设新的罪刑规范，或者违背立法意图。这种“立法式”解释不仅冲击了刑法的权威，而且也不当扩张了有关机关的权力、限缩了公民的自由，引发了合宪性的问题。

一、刑法立法解释概况

我国历来就非常重视立法解释的作用，在多个规范性文件

---

〔1〕参见何荣功：“社会治理‘过度刑法化’法哲学批判”，载《中外法学》2015年第2期。

中都明确确立了立法解释制度。1955 年全国人大常委会通过的《关于解释法律问题的决议》规定："凡关于法律、法令条文本身需要进一步明确界限或作补充规定的，由全国人民代表大会常务委员会分别进行解释或用法令加以规定。凡关于审判过程中如何具体应用法律、法令的问题，由最高人民法院审判委员会进行解释。"这一规定明确了法律解释的权力由立法机关和司法机关分享，立法解释和司法解释是具有效力的法律解释，成了我国法律解释体制的基础。1981 年全国人大常委会通过的《关于加强法律解释工作的决议》规定："凡关于法律、法令条文本身需要进一步明确界限或作补充规定的，由全国人民代表大会常务委员会进行解释或用法令加以规定。凡属于法院审判工作中具体应用法律、法令的问题，由最高人民法院进行解释。凡属于检察院检察工作中具体应用法律、法令的问题，由最高人民检察院进行解释。最高人民法院和最高人民检察院的解释如果有原则性的分歧，报请全国人民代表大会常务委员会解释或决定。"这一规定继续肯定了原来的立法解释的规定。关于司法解释，保留了法院的司法解释权，同时增加了检察机关的解释权，又针对最高人民法院和最高人民检察院同时享有司法解释权的新现实，设立了一个争端的解决机制："如果最高人民检察院和最高人民法院的司法解释发生原则性分歧时，由全国人大常委会裁决或者进行解释。"2000 年出台的《立法法》第 45 条规定："法律解释权属于全国人民代表大会常务委员会。"第 46 条规定：" 国务院、中央军事委员会、最高人民法院、最高人民检察院和全国人民代表大会各专门委员会以及省、自治区、直辖市的人民代表大会常务委员会可以向全国人民代表大会常务委员会提出法律解释要求。"可以说，《立法法》使得法律解释工作更加规范化，全国人大常委会则成为唯一的立法解释主体。

刑法立法解释是针对刑法适用过程中不明确的规定进行阐明的过程，其存在有一定的现实合理性。具体理由如下：首先，刑法立法解释是符合我国权力构建的一种法律解释。根据《决议》及《立法法》的有关规定，刑法立法解释存在于以下场合：对于本身需要进一步明确界限以及具体含义的刑法条文；刑法制定后出现新的情况，需要明确适用法律依据的；因最高人民检察院、最高人民法院的报请，全国人大常委会就它们作出的具有原则性分歧的刑法司法解释所作的解释。立法解释权在法律和实践中获得强化的趋势不仅是我国政治制度和国家权力架构使然，而且在某种程度上折射出权力机关在政治生活和权力运行中地位的改变。《宪法》第2、3条规定，人民代表大会制度是我国的基本政治制度，人民代表大会产生和监督之下的一府两院制度是我国政治生活和国家活动的基本权力架构。按照这种国家权力结构，立法机关、行政机关和司法机关不是处于同等地位，而是前者高于后两者，立法机关不仅产生、制约和监督行政、司法机关，而且在后者之间产生矛盾、冲突时还要由立法机关协调和裁断。立法机关在国家权力结构中的这种至高无上的地位使得它对审判机关、检察机关的活动进行监督、指导和协调具有了法律上的正当性。具体到法律的解释，由于全国人大常委会不仅是最高国家权力机关的常设机关和护宪机关，而且还拥有部分立法权，由它来解释法律对于法律实施者而言显然具有天然的地位优势和权威性。[1]其次，根据我国现行刑法有权解释体制，最高人民法院和最高人民检察院都拥有刑法解释权，这就意味着两个主体之间的解释结论存在冲突的可能性，实际中也确实多次出现了两个机关对刑法理解不一致的情

---

〔1〕 唐稷尧："事实、价值与选择：关于我国刑法立法解释的思考"，载《中外法学》2009年第6期。

形。因此，在当前最高人民法院、最高人民检察院都享有刑法司法解释权的刑法有权解释体制下，保留刑法立法解释是解决两者原则性分歧必不可少的手段。

在1996年以前，全国人大常委会解释刑法的权力基本处于备而不用的状态，因此，刑法理论界与实务界对其关注甚少。1997年修订的刑法典的颁布实施，迎来了我国刑法立法解释的春天。全国人大常委会于2000年4月29日通过了第一个刑法的立法解释，即《关于〈中华人民共和国刑法〉第九十三条第二款的解释》。迄今为止，全国人大常委会已经做出了13个刑法立法解释。即：自2000年4月至今，针对1997年修订的刑法典，全国人大常委会所作的立法解释有：（1）2000年4月29日的《关于〈中华人民共和国刑法〉第九十三条第二款的解释》；（2）2001年8月31日的《关于〈中华人民共和国刑法〉第二百二十八条、第三百四十二条、第四百一十条的解释》；（3）2002年4月28日的《关于〈中华人民共和国刑法〉第二百九十四条第一款的解释》；（4）2002年4月28日的《关于〈中华人民共和国刑法〉第三百八十四条第一款的解释》；（5）2002年8月29日的《关于〈中华人民共和国刑法〉第三百一十三条的解释》；（6）2002年12月28日的《关于〈中华人民共和国刑法〉第九章渎职罪主体适用问题的解释》；（7）2004年12月29日的《关于〈中华人民共和国刑法〉有关信用卡规定的解释》；（8）2005年12月29日的《关于〈中华人民共和国刑法〉有关文物的规定适用于具有科学价值的古脊椎动物化石、古人类化石的解释》；（9）2005年12月29日的《关于〈中华人民共和国刑法〉有关出口退税、抵扣税款的其他发票规定的解释》；（10）2014年4月24日的《关于〈中华人民共和国刑法〉第三十条的解释》；（11）2014年4月24日的《关于〈中华人民共和国刑法〉

第一百五十八条、第一百五十九条的解释》；（12）2014 年 4 月 24 日的《关于〈中华人民共和国刑法〉第二百六十六条的解释》；（13）2014 年 4 月 24 日的《关于〈中华人民共和国刑法〉第三百四十一条、第三百一十二条的解释》。

1997 年《刑法》颁布之后，刑法立法解释作为刑法渊源开始受到重视。仔细考察以上这些刑法立法解释，可以发现它们除了形式上都使用"解释"这一统一的称谓外，主要还有以下特点：第一，解释启动的被动性。立法解释的出台具有不规则性，一项没有规律性、周期性的行为往往会被人们解释为行为的随意性。刑法作为关涉到国民的重大权益，其立法解释的出台缺乏细致的规划，未免太过草率，而且全国人大常委会作为集立法权与立法解释权于一身的立法角色，这种解释的随机性往往为大部分学者所诟病。例如，2002 年出台的有关《刑法》第 294 条第 1 款"黑社会性质的组织"的立法解释，亦属此类。而且现实中，司法机关也对此作出了司法解释，只是由于最高人民法院与最高人民检察院之间的司法解释权冲突才引起了立法解释权的启动。第二，解释结论的扩张性。全国人大常委会在进行立法解释的时候，多采用扩大解释的解释方法，以寻求符合立法目的之要求，但因为扩大解释本来与类推解释在许多情况下区分甚微，仔细观察，13 个立法解释当中，有些立法解释的规定明显带有类推解释的嫌疑，例如，2004 年对"信用卡"的立法解释，在此立法解释出台之前，理论界强调刑法中的信用卡规定应与所属专业领域的规定相一致，不应该包括借记卡。而且，将借记卡纳入信用卡的含义范围，超出了"信用卡"这一核心用语可能具有的范围，更超出了人们预测可能性的范围。

二、刑法立法解释的宪法疑问

从 1997 年《刑法》制定以来，我国刑法立法实践非常重视刑法立法解释的作用，出台了多个刑法立法解释文件。不过，刑法学界对刑法立法解释的存在则存在不同的看法。有学者对刑法立法解释进行了高度评价，认为刑法立法解释是国家立法机关弥补刑法立法技术不足，明确刑法规范含义的一种良好的模式，是国家向刑事法治化迈出的重要步伐。[1]相反，有学者则认为刑法立法解释是规则中心主义的遗毒，完全没有存在的必要。理由是，法律的不确定性是不可能指望通过立法机关加以彻底解决的，而只能通过司法解释、法律推理和法律人的技能来解决。[2]在笔者看来，刑法立法解释具有现实的合理性，但其应然的合理性还是存在一定的疑问。

（一）刑法立法解释与民主立法

根据权力制约的理论，法的制定者与法律的执行者必须分离，这是防止权力专横和保障民主的有效途径，也是刑事法治原则的内在要求。然而，刑法立法解释却导致了立法者和司法者角色的混同，违背了刑事法治原则的要求。因为刑法立法解释是立法机关在制定刑法后对刑法条文的含义所作的解释，而对刑法条文含义的解释应当属于司法权的内容，即法的裁判者根据立法机关制定的法律规范与案件事实作出裁判。至于立法机关制定的法律是何种含义，应当由司法者依据自己的价值标准对刑法作出合理的解释，不能由法的制定者作出解释。一旦

〔1〕 赵秉志、王俊平："改革开放三十年我国刑法立法的成就与展望"，载《人民检察》2008 年第 21 期。

〔2〕 刘秀："论刑法立法解释的不必要——以法律的不确定性为视角"，载《江西公安高等专科学校学报》2008 年第 6 期。

制定出来，就意味着法律文本与立法者已经无关，如果法的制定者同时也是法的解释者，那么意味着法的制定者介入了司法活动。[1]陈金钊教授就明确地指出："立法权向社会贡献的主要是法律文本（规则），但法律文本一旦由立法者创造出来，从解释哲学的角度看，立法者的使命便已完成，对法律的意义的阐释便只能由解释者来进行。因而，立法机关创立法律后不能经常地对法律文本进行解释，否则便会因破坏法律的稳定性而使法律失去生命。"[2]同样，从权力配置的角度看，即使把法律解释作为一种权力，由立法者来同时行使解释权也是不恰当的。法律解释本身即包含着对法律是否违宪的审查与判定，由立法者来宣布自己所制定的法律是否违宪，这实际上是立法者集运动员和裁判员于一身。

从我国现行立法解释的对象来说，全国人大常委会作为立法解释的主体，不仅要解释自己所制定的"其他法律"，还要解释全国人民代表大会所制定的"基本法律"，然而这种制度设计就符合民主理念吗？全国人大所制定的法律，交由全国人大常委会来进行解释，如同将众多民意代表行使的集体立法权力化约为少数人行使的法律解释权。法律解释毕竟不是立法活动，更不能超越法律。但是，如果承认全国人大的地位高于全国人大常委会，那么立法解释的效力与"基本法律"的效力相当，这是否有违两机关的宪法地位？民主的基本规则是赋予社会主体以普遍的权利，由法官在司法实践中根据个案的具体情况，对法律作出恰当的解释。或许可以认为，全国人大常委会是全国人大的常设机构，它必定会真实地执行全国人大的意志，但

〔1〕 张明楷："立法解释的疑问——以刑法立法解释为中心"，载《清华法学》2007年第1期。

〔2〕 陈金钊：《法律解释的哲理》，山东人民出版社1999年版，第44页。

是，这种观念本身并不存在理论和实践上的理据。《宪法》第62条第11项所规定，全国人民代表大会有权“改变或者撤销全国人民代表大会常务委员会不适当的决定”，这一规定正是出于对全国人大常委会不当行为的防范。况且，从权力本身的角度来看，权力的运作呈自上而下的放射状结构，每经过一层中介，其放射范围就会有所扩大，如果全国人大的权力还要经由全国人大常委会这一中介才能呈现于社会，那么也就难保全国人大常委会不会滥用这种权力。因此，我国现行法律所确定的立法解释体制，既无理论上的正当性，也缺乏制度上的合理性。[1]

此外，制定立法解释与制定法律本来属于不同性质的行为，但是在我国，立法解释的解释方法是抽象式的解释方法，解释结果是与法律性质类似的规范性文件，且与法律本身具有相同的效力，从而立法解释与法律本身没有实质区别。然而，另一方面，立法解释的程序比制定法律的程序简便。例如，《立法法》对法律草案发给全国人大常委会成员的日期以及随后审议的次数、审议的步骤、内容等都有严格规定，但对于立法解释草案则并无相关要求。事实上，立法解释的颁布程序比法律的颁布程序要更为简单、容易。根据《中华人民共和国全国人民代表大会组织法》第32条和《中华人民共和国全国人民代表大会常务委员会议事规则》第12条的规定，对于提出对法律进行解释的议案，委员长会议可以决定提请常务委员会会议审议，或者先交有关的专门委员会审议、提出报告，再决定是否提请常务委员会会议审议。“长期以来，我国缺乏立法解释的程序规范，作为具体的立法解释——刑法立法解释的制定也就没有程序规范予以指导了。引起这种现象的原因主要有两个。一是对

〔1〕 陈丽琴：“质疑立法解释——兼为法律解释正名”，载《法学论坛》2002年第3期。

立法解释程序的重要性认识不够。我国长期以来法治观念尤其是程序观念的缺失状态是引起人们对立法解释程序认识不够的原因。在立法解释中人们往往只注意如何确定立法解释对象的内容和含义而不注意通过何种程序或过程来进行解释并赋予解释结果合法性与正当性。二是受‘成熟一个，制定一个’的立法观念的影响。这一信条曾长期指导着立法以及立法解释的制定，并在一定程度上造成了我国立法解释程序上缺乏系统性和固定性。”〔1〕显然，用一种比制定法律更为简便的程序制作与法律具有相同效力的立法解释，没有充分听取民意，违反了民主立法的原则，必然难以保证立法解释的质量，不利于实现良法之治。

（二）刑法立法解释与法律主义

人们主张立法解释的最大理由在于，刑法是立法机关制定的，当然由立法机关来解释刑法是最妥当的，也是符合罪刑法定原则的。诚然，根据罪刑法定原则，犯罪的行为类型和对犯罪科处何种刑罚只能由立法机关来规定。但是，罪刑法定原则是指犯罪和刑罚由“刑法”规定或确定，而不是由“立法者”“立法机关”规定或者确定，“刑法”与“刑法的制定者”并非浑然一体；刑法一经制定出来，便是独立于立法者之外客观存在的事物，而不是存在于立法者大脑中的内心意思。《刑法》是由文字构成的，通过文字规定什么行为是犯罪，对犯罪如何科处刑罚，故罪刑法定本身就要求对刑法进行客观解释。换言之，立法机关通过文字表述立法意图，司法机关通过文字理解立法意图。由于存在文字的限制，司法机关不能超过文字可能具有的含义适用刑法。于是，司法权受到了适当限制，保障了国民

---

〔1〕 刘艳红：“刑法立法解释若干问题新析”，载《华东政法学院学报》2007年第1期。

的自由。另一方面，由于法律文本记载了法律内容，立法机关也不能超出文字可能具有的含义作出立法解释。这既是罪刑法定主义的内容，也是法治的重要要求。相反，要求立法解释，则可能违背罪刑法定原则。因为人们呼吁立法解释时，常常是由于自己不能作出某种解释，觉得自己的解释超出了刑法用语可能具有的范围因而属于类推解释，违反了罪刑法定原则，才要求立法机关作出解释。换言之，要求立法机关作出某种解释，实际上是想让类推解释合法化。可是，既然是立法解释，也必须遵守罪刑法定原则。如果立法机关事后对成文刑法作类推解释，同样损害了国民的预测可能性，侵犯了国民的人权。即使立法机关的类推解释具有某种根据，也不应当被允许。[1]因此，由立法者解释法律的命题并不具有必然的正当性，刑法立法解释的结论并不属于法律的范畴，事实上我国现有的刑法立法解释确有创设罪刑规范的情形，从而可能违背法律主义的旨趣。

（三）刑法立法解释与禁止事后法

刑法立法解释的时间效力是刑法立法解释基本理论中的重大问题，其涉及罪刑法定原则能否得到最终落实，以及“有利于被告人”原则在司法中的贯彻执行。立法解释自发布之日起生效，还是与所解释的法律的生效时间相同。全国人大常委会迄今为止就《刑法》所发布的13个立法解释，都没有明确注明生效时间以及对解释之前的行为是否具有溯及既往的效力。因而司法机关在适用立法解释时，存在着三种不同的观点：第一种观点认为，立法解释如果没有明确指明生效的具体时间，那么基于罪刑法定原则保障人权的基本价值理念，刑法立法解释

〔1〕张明楷：“立法解释的疑问——以刑法立法解释为中心”，载《清华法学》2007年第1期。

在溯及力问题上也应遵循“从旧兼从轻原则。”[1]第二种观点认为，立法解释是对法律条文的解释，仍然只是一种法律解释，只是对刑法条文含义的阐明，并不创造新的法律规范。在有权解释出台之前，法官、律师、检察官和学者等都已经在对刑法进行解释，后来出台的有权解释从内容上看只是对于学理解释或法官适用法律解释的总结。《刑法》的生效时间为1997年10月1日，因此，立法解释的生效时间也应当与《刑法》等同。[2]第三种观点认为，刑法立法解释的生效时间应根据不同之情况分别处理：（1）一般情况下，刑法立法解释的生效时间应为其公布之日。（2）刑法立法解释的生效时间应根据解释是当然解释还是补充规定而各有不同，若是当然解释则生效时间与《刑法》立法同步，立法解释机关无需再对解释的生效时间做出规定；若是以补充规定的形式对法律本身进行补充，则应当规定立法解释的生效时间。[3]从理论上讲，第二种观点是成立的，这是因为立法解释是立法机关对法律条文在施行中存在的争议所作的解释，它并不涉及对法律条文的修改，如果是对法律条文作出修改，那么就应当以刑法修正案的形式发布。因此，立法解释也就谈不上自发布之日起生效的问题。但是，我们目前出台的部分刑法立法解释在本质上超越了刑法规范，具有了补充立法的性质。具体包括，其一，关于村民委员会等基层组织人员在特定情况下属于《刑法》第93条第2款“其他依照法律从事

---

〔1〕 李希慧、廖梅：“我国刑法立法解释性质问题探讨”，载《法学》2004年第8期。

〔2〕 参见陈兴良主编：《刑法总论精释》（上），人民法院出版社2016年版，第88页；汪治平、范三雪：“司法解释的时效性”，载《人民法院报》2001年12月29日。

〔3〕 钱业弘、赵永红：“《全国人大常委会关于刑法第93条第2款的解释》何时生效”，载《人民检察》2000年第8期。

公务人员”的解释；其二，关于《刑法》第9章渎职罪主体适用问题的解释；其三，有关“信用卡”含义的解释。这些立法性质的刑法立法解释如果和《刑法》立法时间一致的话则必然具有事后法的性质，违背了预测可能性原则，不利于《刑法》对自由的保障。因此，如果按照第二种观点确定《刑法》的时间效力可能侵犯公民的自由。第三种观点的思路是正确的，但内容不太明确。相比较而言，第一种关于刑法立法解释时间效力的见解是可取的，符合《宪法》保障人权的价值取向。

三、刑法立法解释的宪法规制

基于我国严重的刑法司法解释立法化和“两高”司法解释相互冲突的现实考量，刑法立法解释在我国的存在具有一定的现实合理性。然而，其现实合理性并不能论证其存在的正当性。从《宪法》的视角考察，笔者主张对刑法立法解释进行改革，具体可以分阶段进行：第一步是限制刑法立法解释；第二步是取消刑法立法解释，由法官在法律适用过程中对刑法进行解释。

首先，我们应当限制刑法立法解释。因为，从当今其他国家的情况看，像中国立法机关这样除了承担法律的制定、修改、补充、废除等立法任务之外，还承担法律实施过程中的法律解释任务，并不多见。刑法立法解释动用的是立法资源，即立法机构对自身颁行的法条进行解释。滥用立法解释便是浪费立法资源。在我国已经摈弃单行刑法而采取修正案方式来局部修改刑法的今天，立法解释过多最终也可能会使刑法淹没在立法解释之中，如同当年单行刑法导致的刑法膨胀一样。刑法立法解释一定程度上模糊了刑法立法和刑法立法解释之间的界限，如果立法部门埋首于立法解释，忽视应当进行的立法改进，则可能贻误刑法立法工作。[1]针对既有的司法解释，立法解释权的运用应当以监督为准则，即以事后审查和向司法解释机关提出修改、废止议案为主要方式。我国司法解释长期以来都处于活跃甚至泛滥状态，但在司法解释体制上，司法解释权由最高司法机关独家垄断，不承认下级法院和普通法官对法律的理解，这就使司法解释长期处于缺乏审查和监督的状况。事实上，也的确有相当的司法解释不无疑问，甚至存在明显的错误。因此，对司法解释的有效监督，是我国法律解释体制迫切需要解决的问题。在这一点上，立法解释应当有用武之地。[2]因此，随着刑法立法的科学化、法官队伍素质的提高，刑法立法解释，特别是带有刑法立法性质的刑法立法解释，应当尽量少用，不可动辄要求出台刑法立法解释。

其次，我们应当取消抽象式的法律解释方式，将其还原为一种司法技术。刑法立法解释与刑法司法解释除主体不同之外，在解释对象、解释方法方面与司法解释并无本质的差别。刑法立法解释并不具备相较于司法解释的天然优势，更不意味着其解释的结论更加符合立法原意。法律解释是基于法律规范和客观事实之间的距离，法官在法律适用过程中对法律意义的发现和阐明。在其他国家的法律实践中，法律解释是在个案的适用过程中由法官对法律条文的规定进行具体解释的活动。也就是说，法律解释主要是一种法官的司法裁量活动，而不是由权力机关行使的一种权力活动。“法官造法”在“英美法系国家殆视为当然，在大陆法系国家，其判例的效力虽不若英美各国所具

〔1〕 刘丁炳：“刑法立法解释问题探析”，载《国家检察官学院学报》2008年第2期。

〔2〕 唐稷尧：“事实、价值与选择：关于我国刑法立法解释的思考”，载《中外法学》2009年第6期。

权威，惟无可否认，其亦具有造法的功能”。[1]绝对排斥法官解释法律的严格规则主义已经被证明只能是一种难以实现的理想主义，法律适用过程就是法官解释法律的过程已经成为大家的共识。立法机关行使法律解释权会导致制定法律的权限和执行法律的权限合二为一这一尴尬局面，违背了权力分立及制约的原理。因此，笔者主张我们应该取消抽象式的立法解释模式，把法律解释的权限明确交给法官，由法官在案件裁判中实现对法律的解释，立法机关的中心任务还是做好立法这一本职工作。

第三节 刑法司法解释的宪法规制

刑法司法解释是指最高司法机关对刑法规范作出的解释，包括最高人民法院针对审判工作中具体应用刑法问题作出的审判解释和最高人民检察院在检察工作中作出的检察解释。在我国刑法解释的体制中，刑法司法解释具有举足轻重的地位，在实践中发挥着维护国家法制统一的作用。但是，刑法司法解释也因为其存在的诸多问题而备受学界质疑。我们需要从宪法的角度对刑法司法解释进行审视，分析其存在的问题，并提出相应的解决思路。

一、刑法司法解释的宪法规诫

权力的集中和专断是专制国家的特征，而权力的分散与制衡则是民主国家的标志。国家权力在推动社会进步的同时还可能会损害国民的利益。“为了发挥权力的积极作用，防止和抑制权力的消极作用，人们总结了历史经验，即在赋予国家权力时，

---

〔1〕 杨仁寿：《法学方法论》，中国政法大学出版社1999年版，第142页。

对权力进行分工，并对各种权力的使用范围和限度加以界定，使国家权力如同加上笼头的马可以驾驭，如同加上轭的牛可以操纵。”〔1〕为了规范国家权力，世界各国的经验就是制定宪法，推行宪法。因为宪法最基本的精神就是限制国家权力、保障公民的基本权利免受国家权力的不当侵犯。刑法司法解释权可以说是现代国家权力分化的结果，而为了使刑法司法解释权不至脱离法治的轨道，它就不得不接受宪法的规诫。

（一）刑法司法解释的主体法定

我国当下的法律解释体制是以 1981 年 6 月 10 日全国人大常委会通过的《关于加强法律解释工作的决议》为蓝本构建的。该决议规定：“凡属于法院工作中具体应用法律、法令的问题，由最高人民法院进行解释。凡属于检察院检察工作中具体应用法律、法令的问题，由最高人民检察院进行解释。”根据这一规定，我国享有刑法司法解释权的主体是最高人民法院和最高人民检察院，即在我国现行政治体制下，享有刑法司法解释权的主体是二元一级的。〔2〕除此之外，其他任何行政部门、人民团体和下级司法机关无刑法司法解释权。

我国刑法司法解释权的主体二元化是与宪法对于最高人民法院和最高人民检察院的定位和权限密切相关的。《宪法》第 127 条第 1 款规定：“最高人民法院是最高审判机关。”同时，《宪法》第 132 条规定：“最高人民检察院是最高检察机关。”从宪法对于最高人民法院和最高人民检察院的国家权力配置来看，两者同属于国家的最高司法机关且地位平等。因此，在我国目

〔1〕 蔡定剑：《论道宪法》，译林出版社 2011 年版，第 158~159 页。

〔2〕 “二元”是指刑法司法解释权由最高人民法院和最高人民检察院两家共享，排斥其他行政部门和人民团体的刑法司法解释权；“一级”是指刑法司法解释权由最高司法机关专享，排斥下级司法机关和法官的刑法解释权。

前的政治体制下，国家的最高司法权是由最高人民法院和最高人民检察院分享的，作为司法权派生出来的一种权力，刑法司法解释权只能由两家分别行使。正如有学者指出的那样："最高人民法院在司法权威上的非至上性，导致了司法解释权的分割。"[1]同时，出于对下级司法机关和法官的不信任，我国的刑法司法解释体制排除了下级司法机关和法官的刑法司法解释权。

（二）刑法司法解释的限度合理

刑法司法解释涉及国民的自由，如果通过刑法司法解释任意扩大处罚范围则会侵犯国民的自由，从而破坏刑事法治的基础，所以刑法司法解释更应当严格解释。关于法治和法律解释的关系，我国法理学者陈金钊教授曾经提出了"法治反对解释"的命题，认为对于表述清楚的法律条文，只需法官等法律职业者的直接认定，而无须进行意义添加或者减损之解释。对于强制性的法律规定，反对解释；对于明确的法律，必须执行。[2]对此，另一位法理学者范进学教授则针锋相对地主张，"法治反对解释"是一个伪命题。法律解释和法治的关系，不是需不需要解释的问题，而是如何解释的问题。无论是克制主义还是积极主义的解释方法，都是反对过度解释的，所谓"认真对待法律规则"的主张并不能成为反对解释的理由。[3]在笔者看来，两位学者的观点并非是截然对立的，两者都不完全反对法律解释，而是反对过度解释。"法治反对解释"这一命题的提出显然是出于对法律解释特别是过度的法律解释对法治可能的破坏力表现

〔1〕 林维：《刑法解释的权力分析》，中国人民公安大学出版社 2011 年版，第 397 页。

〔2〕 陈金钊："对'法治反对解释'命题的诠释——答范进学教授的质疑"，载《法制与社会发展》2008 年第 1 期。

〔3〕 范进学："'法治反对解释'吗——与陈金钊教授商榷"，载《法制与社会发展》2008 年第 1 期。

出深切的担忧，涉及的深层次问题则是法律解释的限度问题。作为一种法律解释，刑法司法解释不能任意突破刑法规范可能涵摄的范围。因为，“如果在法律解释过程中解释者对所要解释的法律以是恶法的名义而任意地篡改，那么，法律解释就纯粹是一种解释者的主观活动，从而丧失了基本的客观标准。特别是在奉行成文法的国家，更应强调解释者对法典的尊重，否则，法律解释的结果只能增加法律的模糊和混乱，而无法达致法律的清晰和透明”。〔1〕

法律解释的限度涉及具体解释方法的运用，在刑法司法解释中则主要是类推解释和扩张解释。现在，由于我国刑法明确规定了罪刑法定原则，而禁止类推解释则被公认是罪刑法定原则的内容之一，所以我们应当在刑法司法解释的过程中排斥类推解释。如果允许类推解释，则意味着立法者通过文字表述其立法意图成为泡影，而类推解释的结论，必然导致国民不能预测自己行为的性质和后果，要么造成行为的萎缩，要么造成国民在不能预见的情况下遭受刑罚处罚。但是，罪刑法定原则并不禁止扩张解释，理由有：首先，由于扩张解释并没有超出文义的射程范围，所以扩张解释虽然会扩大刑罚的处罚范围，但没有违反国民可预测性原则。其次，刑法同时具有保障自由和保护法益的机能，二者之间必须兼顾，当不进行扩张解释不足以保护法益时，扩张解释具有了充分依据。最后，扩张解释有利于使刑法适应不断变化的社会实践，满足人们的正义需求。〔2〕而一种合理的扩张解释，必须从以下四个步骤进行展开：一是应当判断需要解决的事项是否属于扩张解释的对象；二是需要根

〔1〕 谢晖：“解释法律与法律解释”，载《法学研究》2000 年第 5 期。

〔2〕 张明楷：《刑法分则的解释原理》，中国人民大学出版社 2004 年版，第 16~17 页。

据国民的一般可预测性原则，对刑法条文的通常含义进行正向扩展，然后再根据处罚的必要性进行反向限缩；三是需要通过法律商谈即利益关系不强制、不扭曲的充分辩论来检验解释结论的合理性；四是需要通过一种程序性的方式即通过上级机关的裁定，来消解对实体性问题的分歧。[1]不受约束的扩张解释实质则为“越界”的类推解释，已然丧失了扩张解释的合理内核。

（三）刑法司法解释的程序正义

自1971年美国学者罗尔斯在他的《正义论》一书中提出“纯粹程序的正义”这一概念以来，有关程序正义的理论和学说不断出现，程序的独立价值不断得到人们的重视。罗尔斯从契约性协议的模式出发，在原始状态的描述中设置了一些特定的实质性规范限制，在这些限制之下，自由平等的各方的合理利己主义必定会引向对正确原则的选择。结果的公平正是通过对事先设置的特定程序的遵守而得以确保的。[2]德国当代著名哲学家和社会理论家哈贝马斯在《在事实与规范之间》一书中全面阐释了“社会交往理论”，重申了程序对于构建社会制度的重要性。在哈贝马斯看来，所谓“程序的正义”意味着正义是程序的结果，即正义是通过公民之间的对话、交流、讨论、协商之后所达成的共识决定的，或者是由“多数决定”的民主原则决定的。他明确指出：“实现权利体系所需要的社会基础之建成，既不依靠自发运作的市场社会的力量，也不依靠运作的福利国家的措施，而是依靠产生于市民社会和公共领域通过民主

〔1〕 冯军：“论刑法解释的边界和路径——以类推解释和扩张解释的区分为中心”，载《法学家》2012年第1期。

〔2〕［美］约翰·罗尔斯：《正义论》，何怀宏等译，中国社会科学出版社1988年版，第86~88页。

程序而转化为交往权力的交往之流和舆论影响。”[1]

西方思想家的论断告诉我们，程序正义对建设法治社会具有至关重要的意义，因为科学而又民主的立法程序是我们制定优良法律的前提。只有通过民主的立法程序，才能充分表达民意，并通过各种形式形成符合多数人理性和实际情况的国家意志，产生具有权威性的法律；同时，立法程序的民主性也可以最大限度地排除立法者的恣意、任性和偏执，协调社会各方面利益的冲突，避免利益冲突的激化和矛盾的加剧。[2]我国《宪法》第2条第1款规定：“中华人民共和国的一切权力属于人民。”刑法司法解释作为国家权力的行使，其结果是制定抽象的规范性文件，因此，其制定和发布也应当体现民主原则，体现人民的意志和要求。所以，刑法司法解释的制定需要集思广益，认真听取社会各方面的不同声音，这样做有利于保障大多数国民的利益，也有利于刑法司法解释的科学化。

二、刑法司法解释的宪法质疑

我国刑法司法解释在刑事司法实践中弥补了刑事立法的不足、维护了刑事法治的统一，从而具有“现实的合理性”，但是这并不能掩盖其在法律依据、解释主体、解释内容等诸多方面存在的合宪性危机。

（一）刑法司法解释权

1. 刑法司法解释权宪法根据不足

我国的司法解释权来源于1981年6月10日全国人大常委会

---

〔1〕［德］哈贝马斯：《在事实与规范之间：关于法律和民主法治国的商谈理论》，童世骏译，生活·读书·新知三联书店2003年版，第545页。

〔2〕刘武俊：“立法程序的民主性与公开性”，载《人民法院报》2001年5月29日。

通过的《关于加强法律解释工作的决议》，而 2000 年实施的《立法法》对此没有确认。对此，有学者认为，依据新法优于旧法的原则，《立法法》已经代替此决议，所以，现在的司法解释处于于法无据的尴尬境地。还有学者对此持不同的看法，主张《立法法》只对立法解释作出了具体的规定，而没有涉及司法解释的问题，所以不存在新法优于旧法的问题。司法解释目前仍然还有法律依据。〔1〕在笔者看来，由于《关于加强法律解释工作的决议》没有被有关机关废止，这一宪法性文件仍然具有法律效力，所以认为我国司法解释目前已经完全没有宪法依据的主张是难以成立的。但是，专门规范立法活动的《立法法》没有将最高司法机关的法律解释权予以明确确认，加上《宪法》中也没有司法解释权的明确授权，可以说，最高司法机关的法律解释权包括刑法解释权的宪法依据是不足的。

2. 刑法司法解释主体混乱

根据《关于法律解释工作的决议》的规定，我国享有司法解释权的主体仅限于最高人民法院和最高人民检察院，其他任何单位和个人都无权制定司法解释。但是，目前我国刑法司法解释的制定还比较混乱，没有授权的机关、人民团体参与了刑法司法解释的制定、发布活动。具体情形主要包括以下三种：

（1）无权解释主体发布司法解释。在我国，由于体制和历史等方面的原因，司法解释受制于政治制度以及社会环境，刑法司法解释也是这样，实际上在很长时期内刑法司法解释只不过是一种政策解释，造成司法解释权的扩散和刑法司法解释主体的多元化。事实上，无权主体参与制定刑法司法解释性文件的现象很早就已经存在。如：1950 年 3 月 18 日政务院、最高人

〔1〕 徐岱：《刑法解释学的基础理论建构》，法律出版社 2010 年版，第 187 页。

民法院《关于镇压反革命活动的指示》；1952 年 5 月 23 日最高人民法院、最高人民检察署、司法部、公安部《关于通缉在逃犯问题的联合通知》；1953 年 6 月 11 日最高人民法院、司法部《关于有期徒刑最高年限的批复》等等。1997 年《刑法》制定之后，其他行政机关和人民团体参与发布刑法司法解释的现象仍然得以延续，例如最高人民法院、最高人民检察院、公安部、国家工商行政管理局 1998 年 5 月 8 日联合发布了《关于依法查处盗窃、抢劫机动车案件的规定》和 2000 年 3 月 20 日最高人民法院、最高人民检察院、公安部、民政部、司法部、全国妇联联合发布了《关于打击拐卖妇女儿童犯罪有关问题的通知》等，造成法律解释主体的进一步多元化，其实质就是行政权和其他权力对司法权的侵犯。

由于司法权天生的软弱性，为了增强刑法司法解释的权威性，使其在司法实践中得以顺利贯彻实施，最高人民法院和最高人民检察院在出台司法解释时往往还会联合其他行政部门。然而，司法解释主体的多元化，极大地影响了司法解释的中立性，也使解释内容的部门利益倾向化色彩浓厚。

（2）内部机构发布刑法司法解释。例如，2002 年 9 月 18 日最高人民检察院研究室《关于盗窃骨灰行为如何处理问题的答复》（[2002] 高检研发第 14 号）认为："'骨灰'不属于刑法第 302 条规定的'尸体'。对于盗窃骨灰的行为不能以刑法第 302 条的规定追究刑事责任。"虽然该答复意见的内容并没有违背罪刑法定原则，没有超出刑法用语的文义射程，但是"两院"的研究室只是其内部工作机构，其发布的此类刑法解释属于越权解释。根据《全国人大常委会关于加强法律解释工作的决议》《人民法院组织法》和《人民检察院组织法》等宪法性文件的规定，享有刑法司法解释权的主体是最高人民法院、最高人民检察院，司法解释只能以最高人民法院和最高人民检察院的名义对外发布。最高人民法院内部各业务庭、研究室和最高人民检察院各业务厅、反贪污贿赂犯罪总局、研究室虽然在刑法司法解释的制定过程中发挥着重要的作用，但它们均只是最高人民法院或者最高人民检察院的内部机构，都无权以各自的名义对外发布司法解释性文件。

（3）下级司法机关发布司法解释。在我国实践中，各高级人民法院、各省级人民检察院都或多或少地发布过刑法解释性文件。有些司法解释是根据最高人民法院和最高人民检察院的要求制定的。如1998年最高人民法院和最高人民检察院及公安部联合制定的《关于盗窃罪数额认定标准问题的规定》："各省、自治区、直辖市高级人民法院、人民检察院、公安厅（局），可以根据本地区经济发展状况，并考虑社会治安状况，在上述数额幅度内，共同研究确定本地区执行的盗窃罪的具体数额标准，并分别报最高法院、最高检察院、公安部备案。"有些司法解释则是地方司法机关根据本地区的需要制定的，如2002年1月14日浙江省高级人民法院、浙江省人民检察院、浙江省公安厅三家单位联合发文，对全省组织各类淫秽表演的违法犯罪活动做了详细规定。

由于我国幅员辽阔，各地区经济、文化和社会发展水平不平衡，如果对有关具体应用《刑法》的问题都一律由最高人民法院、最高人民检察院搞"一刀切"式的司法解释，是很难考虑到各地的具体情况的，反而会背离实质正义的要求。正因如此，最高人民法院和最高人民检察院在有的司法解释性文件中将个别财产犯罪的数额标准授权省级的司法机关，由他们对某些问题作出符合本地区实际情况的具体规定。然而，我国《宪法》和相关宪法性文件并没有赋予地方各级司法机关任何形式的包括刑法司法解释权在内的法律解释权。地方各级司法机关发布刑法司法解释显然是越权的，毫无宪法依据，会严重损害刑事法治的统一性。

（二）刑法司法解释的限度

英美法系国家的法律解释是由法官对于法律没有明确规定的规范进行补充，其结果是法官对具体案件的判决。而我国的司法解释是对抽象的法律规范进行阐释，其结果是具有普遍效力的规范性文件。最高人民法院和最高人民检察院所作的司法解释不但对下级司法机关具有约束力，而且在司法实践中，通常可以直接加以运用，即具有了“司法法”的性质。正如张志铭教授指出的那样：“在制度设计上，人们视法律解释为一种单独的权力，一种通过解释形成具有普遍法律效力的一般解释性规定的权力，而不是一种附属于法律制定权和决定权的活动。”〔1〕

同时，考察我国已经发布的刑法司法解释，一个不争的事实是，刑法司法解释的内容经常突破了原有的刑法规范，超出其应有的尺度范围。在我国，刑法司法解释很多时候并不满足于对具体刑法规范的阐明，而是制定出下级必须强制执行的抽象性立法文件。例如，2000 年 11 月 15 日通过的《最高人民法院关于对变造、倒卖变造邮票行为如何适用法律问题的解释》规定：“对变造或者倒卖变造的邮票数额较大的，应当依照刑法第二百二十七条第一款的规定定罪处罚。”即对变造或者倒卖变造的邮票的行为以“伪造、倒卖伪造的有价票证罪”定罪处罚。而“伪造”和“变造”显然在《刑法》中具有不同的含义，因此，这一刑法司法解释事实上就将“变造或者倒卖变造的邮票

〔1〕 张志铭：《法律解释操作分析》，中国政法大学出版社 1999 年版，第 233 页。

的行为”直接予以犯罪化。这无异于在《刑法》既有的规范之外，又重新设定一个新的罪刑规范，因此，这样的解释结论实际上已超出了司法解释的范畴，具有明显的刑事立法性质，其结果就是司法权对立法权的侵越。

（三）刑法司法解释的程序

我国历来都有“重实体、轻程序”的传统，在法律制定时如此，而法学学术研究也未能幸免。对此，有学者对我国法学学术研究的这一倾向进行了明确批判。他指出：“从 20 世纪 80 年代初期开始的人治和法治讨论到最近的权利和义务争议都反映了一种倾向，即在考虑法制建设时，我国法律家更多强调令行禁止、正命定分的实体合法性方面，而对在现代政治、法律系统中理应占据枢纽位置的程序问题则语焉不详。偶有论及者，也并未把程序看作一个具有独立价值的要素。”〔1〕法学理论上研究的薄弱，导致了包括刑法司法解释在内涉及的程序问题集体缺位。

近来，程序问题也不断引起理论界和实务界的重视。为了规范司法解释工作，《最高人民法院关于司法解释工作的规定》和《最高人民检察院司法解释工作规定》都对司法解释制发程序作出了一定的规定，但是，这些规定语言十分简要、内容过于简单。特别是在实践中，司法解释从立项、审核、协调到论证的主要程序都由研究室完成，主要意见都来源于本系统内部，征求其他部门或者广大人民群众的意见不是必经程序。可以说，司法解释的制定是在一种近乎封闭的环境下完成的，公众的知情权、参与权都无法得到切实的保障。〔2〕同时司法解释的发布

---

〔1〕 季卫东：《法律程序的意义——对中国法制建设的另一种思考》，中国法制出版社 2004 年版，第 13 页。

〔2〕 董晓华、苗凤钧：“宪法视野中的宪法司法解释”，载赵秉志：《刑法与宪法之协调发展》（上卷），中国人民公安大学出版社 2012 年版，第 405 页。

程序也不规范，有些公开发布，有些只是在系统内部传达，普通国民难以知晓，甚至从事专门法律工作的其他人员都无法查找某些司法解释文件。这显然违背了法律的公开性原则。

多数人通过的法律，尚且由于可能存在“多数人对少数人的暴政”等原因并不必然具有道德上的正当性，因此并不具有合宪性。少数人在较短时间出台的刑法司法解释更可能代表的是“少数人的偏见”，从而难以保障多数国民的自由，违背宪法保障人权的旨趣，因而就不可置疑地存在着合宪性问题。

（四）刑法司法解释的溯及力

从理论上讲，刑法司法解释本身并不是一种独立的刑法规范，而是对已有刑法规范内涵及外延的阐释，不是为了创制新的刑法规范。因此，刑法司法解释从理论上讲是没有独立的时间效力的。质言之，刑法司法解释的时间效力应当依附于刑法规范。但是，由于实践中刑法司法解释创设了许多新的刑法规范，这就导致刑法司法解释的时间效力，特别是溯及力不无争议。为此，2001 年 12 月 7 日，最高人民法院、最高人民检察院颁发了《关于适用刑事司法解释时间效力问题的规定》（以下简称《规定》）。其中第 2 条规定：“对于司法解释实施前发生的行为，行为时没有相关司法解释，司法解释施行后尚未处理或者正在处理的案件，依照司法解释的规定办理。”按照这一规定，只要是以前没有刑法司法解释且尚未处理或者正处理的案件，刑法司法解释均应适用，这实际上是承认刑法司法解释具有溯及既往的效力。[1]而承认创设新刑法规范的刑法司法解释

[1] 有学者主张，刑法司法解释并没有独立的时间效力，其时间效力依附于刑法规范。这一规定并没有涉及刑法司法解释溯及力问题，只是提示司法工作人员注意，新的刑法司法解释一经发布，司法工作就要根据法律的新的解释和理解来进行，而不能无视新的司法解释的内容。具体参见刘艳红：“论刑法司法解释的时间效力”，载《中国刑事法杂志》2007 年第 2 期，第 13～18 页。但笔者认为，当刑法司

具有溯及力，无疑违反了罪刑法定原则，有侵犯人权之嫌。

三、刑法司法解释的宪法皈依

宪法是在一个主权国家法律体系中具有最高位阶和最高效力的根本法，是一切国家权力包括立法权、行政权和司法权正当性的判断依据。因此，刑法司法解释要取得其宪法上正当性，必须接受宪法的洗礼，实现对宪法的皈依。除了在宪法和立法法中应当明确规定最高司法机关的司法解释权外，我们目前还要特别注意下面的问题。

（一）杜绝无权主体参与刑法司法解释

刑法司法解释的规范化已经成为我国刑事法治建设进程中亟须解决的问题，而这其中遭遇的首要问题便是解释主体混乱的现象。实践中，为了便于刑法司法解释的内容得以顺利推行，最高司法机关采取的通常做法是联合其他行政部门或者其他人民团体共同制发刑法司法解释。这一做法或许可能增加刑法司法解释的权威性，使其在司法实践中得以更加顺利地推行。但是，改革开放后，随着我国的财政制度从计划经济时代大包大揽式的直接拨款制度转变为国家部分拨款加上“部门自养”的分灶式“部门筹款制度”，公共利益部门化的现象逐渐显现并日益突出。在经济社会生活中，政府部门成为日益活跃的行动主体，而部门的活跃往往以国家利益为诉求，以部门利益为动力。因此，公共利益一开始就被代表公共利益的政府部门所吸纳，进而形成公共利益部门化现象。由于政府部门掌握着政策制定

（接上页）法解释只是对刑法规范进行阐明时，其时间效力依附于刑法规范，并没有独立的时间效力问题；但是，当刑法司法解释创设了新的刑法规范时，其并没有所依附的刑法规范，此时，如果适用新的刑法司法解释就等于承认了刑法司法解释具有溯及力。

的权力，甚至会在立法的过程中烙上部门利益的印记，并进而顺理成章地将部门利益推向制度化、政策化甚至法律化的道路。[1]立法部门利益化很容易演化为权力寻租，漠视人民群众的根本利益，从而广受社会公众诟病。因此，我国目前的立法应当特别避免部门利益的渗透。

在目前我国立法领域部门利益倾向化特别严重的政治生态环境下，行政部门参与制发刑法司法解释的活动不可避免地体现一定的部门利益，而利益部门化无疑又使其失去公信力，可谓得不偿失。当务之急是严格刑法司法解释主体，杜绝无权解释主体参与刑法司法解释活动，以保障刑法司法解释权的独立行使。应明确无司法解释权的行政机关、军事机关、人民团体均无权单独或参与制定和发布司法解释，有权主体独立行使司法解释权是宪法的内在要求。[2]对于已经联合其他机关发布的刑法司法解释要进行集中清理、废止，或者以司法解释有权主体的名义重新制发。

（二）严格限缩刑法司法解释的范围

成文法由于具有不可克服的局限性，明智的立法者就不会排斥司法者根据自己的知识和对法律条文的理解对法律规范作出一定创造性的解释。但是，司法者对法律的解释不是漫无边际的，特别是刑法规范关涉到国民的自由等重大利益。因此，刑法司法解释要能够准确、完整地体现和表达刑事立法的基本思想，在不变更现行立法内容并符合立法原则的基础上，充分

---

〔1〕孙力："我国公共利益部门化生成机理与过程分析"，载《经济社会体制比较》2006年第4期。

〔2〕笔者认为，司法解释的应然状态是法官在法律适用过程中对具体案件所作出的个案解释，最高司法机关的规范性司法解释应当取消。当然，受制于我国目前的政治体制和司法现状，最高人民法院的刑法司法解释权具有现实的合理性，而检察权并不具有司法权的本质属性，应当取消最高人民检察院的刑法司法解释权。

反映刑事司法的实际需要，即遵循严格解释规则。所谓严格解释规则，就是要求在进行刑法司法解释时必须严格按照刑法规范的原意进行解释，必须准确、完整地体现和表达刑法的基本思想，应当尽可能地根据刑法语词的通常字面含义，进行不违背社会常情常理的解释。对于刑法司法解释的范围，笔者认为可以从形式和实质两方面进行限定：

首先，从形式上而言，刑法司法解释不能超出刑法规范的文义射程。所谓文义射程就是刑法用语本身涵摄的范围，即刑法用语日常理解的含义。立法者和司法者在法律的运行机制中扮演的是不同的角色，司法权不能任意突破立法权的界限。丹宁勋爵的话可以作为我们对于刑法司法解释范围的参考。他说："如果偶然遇到法律织物上的这种皱折，他们会怎样把它熨平呢？很简单，裁决者必须像立法者那样去做，一个裁判者绝不可以改变法律织物的编织材料，但是他可以，也应该把皱折熨平。"〔1〕

其次，从实质上言，刑法司法解释的结论不得超出刑法目的。在这里，我们必须重申刑法兼具保护法益和保障人权的双重功能以及刑法规范的双重属性。一方面，作为命令规范，其决定了国家对规定在此类规范背后法益保护的绝对权威。其目的在于明确国家将对犯罪行为施加惩戒，体现了刑罚一般预防之功能。另一方面，作为评价规范，它将国家权力限制在法律条文规定之中，不允许国家刑罚权威对存在正当防卫、紧急避险、被害人自陷风险等非犯罪行为任意施加刑罚手段。〔2〕

〔1〕［英］丹宁：《法律的训诫》，刘庸安等译，法律出版社1999年版，第13页。

〔2〕韩啸："刑法解释的边界"，载《中国刑事法杂志》2012年第4期。

（三）构建民主的刑法司法解释程序

程序是构建现代制度的基石，如前所述，我国刑法司法解释并非完全没有程序，只是这些程序过于简单，而且没有经过现代意义上的合理化运行。“现代程序的基本特征是：处于平等地位的个人参加决定过程，发挥各自的角色作用，具有充分而对等的自由发言机会，从而使决定更加集思广益、更容易获得人们的共鸣和支持。这种程序使个人既有选择的自由，同时也为自己的行为负责。”〔1〕通过构建民主的刑法司法解释程序，让多数人的利益诉求得以实现，让少数人的声音得以表达，从而实现在注重保护多数人法益的同时，兼顾少数人的利益。

独断的刑法司法解释可以起到维护社会稳定的作用，但它却容易侵犯公民的权利，从而背离宪法的人权保障目标。而民主的程序则可以限制恣意和专断，实现选择的理性化，保证刑法司法解释的客观公正。目前，我国刑法司法解释的结论实质上往往就是刑法立法，它和普通的刑事立法一样，可以决定刑罚的启动和范围，而刑罚则直接关系到公民的生命、自由和财产，关系到宪法人权保障目标的实现。目前最优的程序应当是经过专家认真论证并充分征求广大人民群众意见，然后再由有权机关通过和发布相关刑法司法解释。因此，为了达至人权保障这一目标，我们应当在刑法规定的范围内，通过各方的理性交流与对话，达成对刑法的理解，在交流与对话中形成刑法司法解释。

（四）逐步确立案例指导制度

由于惩治犯罪的需要，一些刑法司法解释已经不仅仅局限于对刑法条文字面上作一般性的阐释，而是超出了刑法规范的

〔1〕季卫东：“程序比较论”，载《比较法研究》1993年第1期。

文义射程，创设了新的刑法规范。此时如果继续主张刑法司法解释具有溯及力，无疑会破坏国民的可预测性原则。对此，应当从避免司法解释的扩大化着手，对于急需法律调整而现有刑法条文还没有规范的问题，以刑法修正案的立法方式来填补空白，而不是以司法解释的方式在性质上对原有犯罪构成作根本性的扩大，从解释方法上超出人们预测的可能性。

但是，同时也应该看到，刑事立法具有相对稳定性，司法机关在适用相对稳定和抽象的法律来处理当今社会快速变动下出现的纷繁复杂的案件时，不可避免地会对刑法规范进行创造性的发挥，这是因为如果不通过理论和实践对法律加以阐释，不通过扩张方式解释刑法规范的内容，大量案件将无法处理。面对司法实践中的两难选择，2010 年最高人民法院和最高人民检察院分别颁布了《关于案件指导工作的规定》，尝试引入案例指导制度。案例指导制度，是指由最高人民法院、最高人民检察院确定并统一发布对全国审判、检察工作具有指导作用的指导性案例的制度。对于案例指导制度，我国著名刑法学家陈兴良教授认为，其实质上就是具有中国特色的判例制度，指导性案例的性质是司法机关创制的司法规则，属于广义的法律。[1]笔者认为，案例指导制度其实质是法官释法，是承认法官享有司法解释权的有益尝试。案例指导制度有利于弥补立法漏洞，有利于总结司法裁判规则，有利于解决司法实践中出现的新情况、新问题，一定程度上可以避免刑法司法解释的流弊。

[1] 陈兴良："案例指导制度的规范考察"，载《法学评论》2012 年第 3 期。

第五章 刑罚方法的宪法维度

第一节 死刑的宪法维度

“宪法对人民基本权利，以在为公共利益的需要为前提下，许可国家以订立法律之方式来限制之。这种基本权利的可限制性之目的，并非因为国家可以在法律上，有概括的优于人民的优越地位，故许可国家以法律来限制的基本权利，毋宁是以宪法肯定基本权利的存在为前提的。”〔1〕死刑是一个充满争议性的话题，但是在目前我国刑事立法还保留死刑的语境下，死刑也是一个无法回避的话题。死刑涉及伦理学、心理学、社会学、法学等诸多方面的知识，从宪法的视角考察，生命权的剥夺问题主要涉及死刑制度的合宪性判断，即剥夺生命权的死刑制度是否符合宪法精神。

一、死刑的立法现状

在人权保障思潮的影响下，死刑作为一种以剥夺人的生命

〔1〕 陈新民：《德国公法学基础理论》（增订新版·上卷），法律出版社 2010 年版，第 388~389 页。

为内容的极端刑罚制度不断受到质疑，废除死刑逐渐成为世界各国保障人权在刑罚制度改革领域的重要举措。截至2009年4月30日，在法律上或事实上废止死刑的国家已多达138个，而在法律上保留死刑并在实践中适用死刑的国家现在仅为59个。〔1〕可以说，目前世界上大多数国家法律上或者事实上废除了死刑，废除死刑在国际社会已经成为一种不可逆转的趋势。

“保留死刑，严格控制和慎重适用死刑”是我国历来的死刑政策，并且这一死刑政策将在较长时间内继续得以保持。我国刑法关于死刑的立法虽然中间有过起伏，但大体而言还是认真遵循并集中体现了这一死刑政策。1979年《刑法》中规定了28个死刑罪名，体现了严格限制适用死刑的立法思想。然而从1983年开始严打后，重刑主义思想开始抬头，死刑立法在重刑主义的影响下得以大量增加，以至于1997年修订刑法时已经有了68种死刑罪名。近年来，受到人权保障浪潮的洗礼，我国又走上了缩减死刑罪名的道路。2011年5月1日实施的《刑法修正案（八）》取消了13个经济性非暴力犯罪的死刑，并且原则上取消了审判时已满75周岁老年人的死刑。2015年11月1日实施的《刑法修正案（九）》又取消了9个罪名的死刑。到目前为止，我国《刑法》中存在死刑的罪名共有46个。

这些被取消死刑的罪名具有两个显著的特点：首先，废除死刑的罪名以非暴力犯罪为主。《刑法修正案（八）》取消的13个死刑罪名都属于经济性非暴力犯罪的范畴，而《刑法修正案（九）》取消的九个死刑罪名中，五个罪名属于破坏经济秩序类犯罪。联合国《公民权利和政治权利国际公约》第6条第2款规定，“死刑只能是作为对最严重的罪行的惩罚”，即在保留

---

〔1〕 高铭暄：“新中国死刑立法的变迁与展望”，载《文史参考》2010年第20期。

死刑的国家，死刑只适用于性质最为严重的犯罪。这里的“最严重的犯罪”应当理解为一般具有剥夺他人生命或者已经产生其他严重后果的暴力犯罪。首先我国废除非暴力经济性犯罪的死刑是主动和公约对接的举措。其次，这些犯罪的死刑多属备而不用、备而少用。我国刑法中的死刑罪名根据适用的频率可以分为三类：一是经常适用的死刑罪名，二是偶尔适用的死刑罪名，三是备而不用的死刑罪名。[1]例如，走私核材料罪、阻碍执行军事职务罪、造谣惑众罪的死刑基本上是备而不用，而走私武器、弹药罪，走私假币罪等其他犯罪的死刑则属备而少用。采取先废除备而不用和偶尔适用死刑罪名的渐进式立法策略，可以减少死刑废除对社会带来的冲击，符合中国死刑司法改革的实际要求，容易得到社会各界的理解和支持。

总之，从我国死刑制度改革路线观察，严格限制死刑适用和逐步废止死刑无疑是大的发展方向。今后，我国必将不断加强人权保障，有步骤地推动死刑制度改革的深入，以顺应国际社会人权保障的主题，逐步实现我国刑罚制度的轻缓化和人道化。但是，可以预计的是，我国死刑的废除仍然是一个较为漫长的过程，而且在死刑废除的道路上可能并不会一帆风顺，甚至还会有反复。

二、死刑合宪性的理论分析

生命权是公民最基本和最重要的权利，是公民行使其他权利的基础。宪法是人权的保障书，保护生命权是宪法人权保障价值的题中之意。作为最严厉的刑罚方法，死刑恰恰以剥夺人的生命为内容，即允许国家通过合法的方式剥夺公民的生命权。

---

〔1〕 陈兴良：“减少死刑的立法路线图”，载《政治与法律》2015 年第 7 期。

那么，死刑是否违背宪法保护生命权的意旨？关于死刑的合宪性问题，学者们主要有以下两种截然对立的立场：

（1）死刑违宪论。该种立场的学者认为，国家有义务保护所有公民的生命权，对生命的价值给予高度的重视。因为即使死刑制度的实体和程序再完备，也会不可避免地出现误判的情况，对已执行死刑的个体生命不管给予多大的补偿，最终都无法恢复生命权的价值。目前，我国还不具备废除死刑的条件，但这一事实并不说明死刑制度具有宪法基础。在我国现行刑法中对非暴力犯罪行为适用死刑，实际上是以财物的价值来衡量人的生命价值，这不仅贬低了人的生命价值，而且也与《公约》所倡导的公民生命权至高无上的主旨极不协调。死刑制度与宪法上的民主有着千丝万缕的联系，虽然这种联系有时候不是必然的，却是真切的。发展宪法上的民主，尊重民意，普及人道和人权观念，树立生命权神圣的理念，都要求废除死刑。〔1〕

（2）死刑合宪论。该种立场的学者则主张，生命权并非绝对的权利，生命权也是可以合法地予以剥夺的。这是因为，生命权的存在需要两方面的证明：一方面，需要国家的事先证明，国家应当事先保护人的生命权，也就是说，在人尚不具有法定的参与社会交往的能力之前，国家应当事先把人拟定为具有生命权的存在，并且，通过法律保护，来有力地证明这种由国家事先保护的拟定生命权；另一方面，需要生命个体的事后证明，也就是说，在人具有法定的参与社会交往的能力之后，人必须通过自己的行为证明自己值得拥有生命权。如果一个被国家事先拟定为具有生命权的人在事后通过自己的行为证明自己不值得拥有生命权，那么，国家就可以在必要的时候剥夺他的生命

〔1〕陈雄：“死刑制度与宪法民主”，载《苏州大学学报（哲学社会科学版）》2014年第5期。

权。根据在行为中表现出来的法感情，行为人可以分为犯罪人和敌人。敌人不应该在现实社会中享有人类尊严，也不拥有现实社会所保障的基本人权。为了实现合法的目的，在采取剥夺生命的方法是最有效的手段时，可以对敌人动用死刑。[1]

死刑违宪论者主张死刑剥夺公民的生命权，而生命权对个人而言具有最高价值，从而死刑也就违背了宪法保障人权的价值取向。从国家尊重和保障人权的宪法条款，应该可以推导出我国宪法中的人权包括生命权，即生命权是宪法应当保障的一项基本权利。但是并不能说一个国家保障生命权，就必然表明这个国家要废除死刑。各个国家的法律与制度在不同时代都存在着解释的空间和余地。[2]目前，在我国刑法理论界，死刑应当被废除已经成为共识，存在争议的只是废除死刑的具体步骤。虽然废除死刑已经成为大多人的共识，但是关于死刑是否合乎宪法理念和宪法规范，仍然存在不少的疑问。

（一）死刑是否侵犯公民的生命权？

生命权是公民个体首要的权利。从“天赋人权”的观念来看，生命权是与生俱来的，是不能被剥夺的自然权利，那么死刑制度的存在是违宪的。但是，从生命权存在的实际形态来看，作为宪法框架中的基本权利，根据宪法和法律的规定对生命权进行限制甚至予以剥夺是完全可能的。我国宪法没有明确规定生命权，但其中存在“国家尊重和保障人权”的条款，而生命权又属于人权的重要内容。因此，保护生命权也是我国宪法的当然使命。但是，国家保障生命权也并不必然表明这个国家要废除死刑，各个国家的法律与制度在不同时代都存在着解释的

---

〔1〕 冯军：“死刑、犯罪人和敌人”，载《中外法学》2005年第5期。

〔2〕 刘仁文：“死刑的宪法维度”，载《国家检察官学院学报》2013年第4期。

空间和余地。我们在宪法上承认“人人都有生命权”，主要在于宣扬生命权的宪法价值，要求其他部门应当加强对生命权这一基本权利的保障，与我们立马废除死刑并不存在必然的联系。

随着人类文明的发展与进步，重视人权日益成为国际社会致力追求的目标，生命权作为最基础性的人权更是得到了国际公约明确的确认。1948 年《世界人权宣言》第 3 条规定：“人人享有生命、自由和人身安全。”这一规定对生命权的强调为限制和废除死刑奠定了坚实的法理基础。及至近年，联合国极力推动了成员国死刑的废除工作，并通过一些决议呼吁那些暂时还不具备废除死刑条件的国家暂时停止死刑的执行。但是，美国和韩国等国宪法法理并不认为死刑在宪法中难以容身，相反地，在宪法和法律允许的范围内，对严重侵害法益的犯罪，以及人身危险性极高的罪犯处以死刑则是实现社会正义的必要手段，死刑的保留与生命权的保障并不存在法律上的冲突。日本最高裁判所也认为：“《宪法》第 13 条中，生命受到尊重的前提，同样是在违反公共福利时，也能够基于立法而受到限制或者剥夺；同时，《宪法》第 31 条规定，依法定程序可以剥夺一个人的生命，可见，宪法本身预先设定了剥夺生命的刑罚，因而死刑合宪。”〔1〕由此可见，西方发达国家并没有得出死刑违宪的结论。即可以说，宪法对生命权的确认并没有判处死刑的“死刑”。

（二）死刑是否侵犯人性尊严？

人性尊严是指人具有的不可侵犯、不可剥夺的人格精神和主体地位。保障人的尊严，在德国等国家是被作为宪法的一项基础性价值原理来看待的，我国《宪法》第 38 条也明确规定：

〔1〕［日］川出敏裕、金光旭：《刑事政策》，钱叶六译，中国政法大学出版社 2016 年版，第 57 页。

"中华人民共和国公民的人格尊严不受侵犯。"可以说，人性尊严是人权的核心内容，保护人性尊严也是我国宪法的重要内容。人性尊严是最基本的人权，若没有人的尊严，人权则无从谈起。但与人的尊严受到宪法的绝对保护不同，个人的人权并非不受任何限制。为了保障公共利益和他人权利，宪法和法律可以对个人权利进行适当的限制，只要这一限制不导致人的尊严受到伤害。〔1〕因此，宪法对人性尊严的保障也并不否认死刑的存在，死刑会剥夺一个人的生命，却未必触及人的尊严。

德国宪法理论一般认为，在法学意义上确立的人性尊严不可侵害原则意味着国家公权力对于任何个人人性尊严的保护都具有双层次的含义，即在积极面上负有防御侵害的保护义务，在消极面上则非经法定程序并有充足理由不得侵害。目前，我国还存在着许多严重的暴力犯罪，这些暴力犯罪极端蔑视了人类的生存秩序，践踏了善良公民的人性尊严。因此，国家发动刑法对严重侵害社会生存秩序的犯罪施以死刑也应当属于维护人性尊严的必要手段，这和宪法保护人性尊严的旨趣并不对立。犯罪是个人基于自己理性选择实施的行为，对严重践踏人类生存规则的犯罪施以死刑，在哲学层面上是对人的理性能力和自由的尊重，人的尊严从根本上为死刑提供了正当性来源。〔2〕人性尊严要求，人的自身就是目的，不能将人视为实现目的的工具，进而，"死刑，便只为了一个理由，重大犯罪人必须在伦理上实现终极的自我承担。死刑也同时证实了人的自主性：自己

〔1〕 陈征："从宪法视角探讨死刑制度的存废"，载《华东政法大学学报》2016年第1期。

〔2〕 范进学、张洁玉："论我国死刑的宪法正当性"，载《苏州大学学报（哲学社会科学版）》2014年第5期。

思索、自己做主、自己负责、走自己的路”。[1]

(三)死刑是否违反民意?

在民主国家中，人民是国家的主人，对于社会生活中的重大事项也应当由人民来决定。因此，民意认同是死刑正当性和合法性的支撑，死刑的废除也离不开民意的认同。韩国宪法法院曾分别于1996年11月、2010年2月做出了死刑不违宪的判决，而我国台湾地区也曾以“大法官会议解释”的形式阐明死刑并不违宪，在刑法中保留死刑与宪法要求并不冲突。其中，他们所提到的很重要的一个理由就是，死刑的保留符合社会民众的道德情感，而民众的道德情感是“社会现实价值”的影像，从而死刑在宪法上就获得正当性。死刑的存废当然要考虑世界各国刑罚的发展趋势，但是死刑的存废本质上仍然是一个国内法的问题，必须由国内民众的意见决定，而不能够随波逐流。根据相关机构的民意调查，当前我国绝大多数公众仍然支持保留死刑。[2]法律毕竟是生活的现实反映，可以说，我国民众对死刑的态度仍然是强烈而明确的支持，这是我们仍然保留死刑的正当性依据。

部分西方国家废除死刑运动之所以能够顺利推进，与这些国家的宗教传统密不可分。长久以来基督教文明的熏陶，使普罗大众产生了一定的宗教意识和宽恕精神，这使得他们内心的报应观念不再那么强烈。在我国，“杀人偿命”的观念在普通民众的心中根深蒂固，是他们最朴实“公正”的观念体现。这一观念问题显然属于认识领域的范畴，无法作出单一维度的价值

---

[1] 林东茂:《一个知识论上的刑法学思考》(增订第3版)，中国人民大学出版社2009年版，第267页。

[2] 陈兴良、周光权:《刑法学的现代展开Ⅰ》(第2版)，中国人民大学出版社2015年版，第334页。

评判。而一个国家要推动废除死刑，民意是无法回避的重要因素，只有在“死刑可以废除”得到了绝大多数国民的支持时，国家推动这件事情才能获得国民的认同。限制与废止死刑已成为死刑变革的国际潮流，也是我国人权保障、法治文明发展的必然要求。但是，支持死刑之民意是我国国情的体现，反映了民众的死刑观念。基于当下社会的国情和民意基础，我国立即废止死刑的条件并不具备，限制死刑并分阶段地废除死刑才是我国死刑改革的现实选择。总之，对于死刑改革我们不能盲目照搬西方经验，甚至用西方的经验评判我国的死刑改革，而应当依据我国的现实情况，对民意进行积极的引导，逐步实现废除死刑的目标。

从前面论述来看，死刑立法并不违反宪法的规定，保护生命权、保障人性尊严的宪法要求并不能推导出废除死刑的结论。可以说，我国目前保留死刑，仍然存在宪法上的正当性。因此，那些主张以死刑违宪为理由废除死刑的见解是难以成立的。所以，我们可以从应然性的角度得出死刑应当废除的结论，但是从我国的宪法规范和现实国情并不能得出立即废除死刑的依据。

三、我国死刑立法合宪性的现实考量

基于主客观各方面的原因，废除死刑在我国仍然需要一个漫长的进程，因此，保留死刑，严控死刑就是我国目前最为现实的选择。不过，死刑毕竟是最严厉的刑罚方法，且具有出错难纠的特点。因此，从人权保障的角度出发，我们需要对照宪法的价值严格控制死刑的立法，使其不脱离宪法控制的轨道。根据宪法的要求，我国死刑立法在立法主体、立法内容、执行程序等方面还存在不符合宪法的做法。

（一）死刑立法主体的合宪性

基于刑事立法涉及公民的基本权利，1982 年《宪法》将制定和修改刑事基本法律的权力授予全国人大，并明确规定在全国人大闭会期间，全国人大常委会可对全国人大制定的基本法律进行部分补充和修改，但是不得同该法律的基本原则相抵触。这从宪法上确立了全国人大在刑事立法上的主导地位和全国人大常委会的辅助地位。

但在立法实践中，自 1982 年《宪法》扩大全国人大常委会的职权之后，全国人大常委会不仅享有了立法权，而且在立法数量以及立法权限等方面有时超出了其宪法界限，现实运作中常委会修改基本法律的界限也被悄然打破。在具体的死刑立法过程中，全国人大常委会有时突破宪法设定的界限，在死刑立法的重大问题上发挥实质性的主导作用，削弱了全国人民代表大会在刑事立法权上的主导地位。无疑，在 1997 年《刑法》修订前，全国人大常委会 12 次通过出台条例、规定和决定增设了 47 个死刑罪名，超越了其立法权限，有违宪之嫌。如上所述，死刑罪名的增设属于“制定法律”的范围，1981 年全国人大常委会通过“法令”来增设了 12 个死刑罪名，显然无论在内容上还是在形式上都有违宪之嫌。没有严格遵守宪法有关立法权限的规定及精神进行立法，是我国死刑罪名的立法失控，特别是自 1979 年《刑法》制定后至 1997 年修订前死刑罪名立法膨胀的一个重要原因。[1]《刑法修正案（八）》和《刑法修正案（九）》取消了 22 个经济性非暴力犯罪的死刑，这也涉及对死刑立法体系的重大调整。从结果来看，死刑罪名的减少符合尊重生命权的宪法精神，但从宪法确立的全国人大与全国人大常委会的宪法关系来看，全国人大常委会实际上取代了全国人大在死刑立法上的宪法地位。正如有学者指出：原本由代表人民

〔1〕 韩大元：“死刑立法的宪法界限”，载《国家检察官学院学报》2014 年第 5 期。

的三千多名代表制定的刑法，后来由其中的一部分人决定其含义。这不仅与《宪法》第62条有关全国人民代表大会有权改变或者撤销全国人民代表大会常务委员会不适当的决定'的规定相矛盾，而且难以使法治建立在民主基础之上。[1]

（二）死刑立法内容的合宪性

1979年刑法典中规定了28种死刑罪名，1997年刑法典修订后，刑法典分则规定了多达68种死刑罪名，占罪名总数的16.9%。即使《刑法修正案（八）》和《刑法修正案（九）》取消了22个死刑罪名后，我国仍有46个死刑罪名。我国现存的死刑立法也不符合比例原则，主要表现在两个方面：（1）绝对死刑。例如，杀害被绑架的人质和过失致被绑架人质死亡，行为人的主观恶性是不一样的，但按照刑法的规定都应当适用死刑。[2]（2）选择性罪名。例如组织、强迫卖淫罪，主观恶性也是不一样的。组织卖淫的，完全可能是在卖淫者自愿的前提下实施的，其社会危害性与强迫卖淫显然是不一样的。[3]在死刑仍将在我国长期保留的情况下，如何对其内容进行合宪性控制，以达到减少死刑、控制死刑，最终为废除死刑创造条件是需要思考的重要理论问题。

死刑宽泛的适用范围对公民的生命权构成过度限制。基于死刑的严酷性和不可逆转性，为避免对公民的生命权构成过度限制，我国刑法总则将死刑只限定于“罪行极其严重的犯罪分子”。但在实践中如何把握“极其严重”是体现宪法价值的核心

---

〔1〕 张明楷：《罪刑法定与刑法解释》，北京大学出版社2008年版，第180页。

〔2〕 立法者已经注意到了这一问题，《刑法修正案（九）》删除了加重绑架罪“致人死亡”的情节，同时还为加重绑架罪配置了无期徒刑和死刑两种法定刑。

〔3〕 刘仁文：《死刑的温度》，生活·读书·新知三联书店2014年版，第232页。

问题。由于缺乏对宪法价值的充分考量，无论在立法解释还是司法实践中，总体上对刑法分则规定的“罪行极其严重”的理解与解释过于宽泛，将死刑适用于各种不同性质的犯罪行为。在我国刑法分则保留的死刑罪名中，不仅包括暴力犯罪，如故意杀人罪、故意伤害罪、强奸罪、抢劫罪等，还包括诸多非暴力犯罪，如贪污罪、受贿罪等。我国刑法将死刑适用于非暴力犯罪，尤其是适用于经济性非暴力犯罪，虽然有客观的理由与必要性，但这种死刑理念在宪法上的确存在是否对公民的生命权构成过度限制的合理怀疑。特别是在经济类非暴力犯罪中，国家剥夺罪犯的生命并不是预防经济犯罪的根本的和唯一的防范手段。

（三）死刑执行程序的合宪性

立即执行死刑的方式，我国的刑事诉讼法明确规定了枪决或者注射两种方式。这一规定的目的一方面在于推进执行方式尽量的人道化，另一方面在立法当时采取注射方式还不成熟的地方，可以把枪决作为一种过渡措施采用。但是，这两种方式造成的实际痛苦程度是不同的，而联合国《保障面临死刑的人的权利的保障措施》要求，应当以尽量减轻痛苦的方式执行死刑。枪决的场面阴森恐怖，充满血腥味，死刑犯和家属的痛苦都比较大。相比枪决，注射死刑方式更文明、更人道，能减少死刑犯的痛苦。此外，刑事诉讼法同时规定枪决和注射两种执行方式。相比较而言，注射方式比枪决方式更人道，但是这种立法上死刑执行方式二元化导致死刑执行的不平等，主要表现在以下三个方面：（1）身份不平等，即职务犯罪的高官和有影响的大案的死刑犯多采用注射，而一般死刑犯多采用枪决；（2）罪刑不平等，即非暴力犯罪案件死刑犯适用注射较多，恶性暴力案件死刑犯更多适用枪决；（3）地区不平等，即经济发达省市采用注射死刑较多，贫困落后地区仍多采用枪决。[1]这种实务中执行的不平等造成了危及法律面前人人平等基本原则的实际后果。因此，从人道主义的角度出发，我国应当取消枪决，全部采用注射方式执行死刑，即实现死刑执行的方法唯一化。

由于死刑案件在程序上持续的时间较长，死刑犯罪嫌疑人从被刑事拘留到被执行死刑，一直处于焦灼的等待结果的过程中，在这个漫长的过程中，不能排除到执行死刑时，有的囚犯的精神状态出现了问题。如果犯罪嫌疑人在等待死亡的期间出现了精神问题，那么，将要面临死刑执行的罪犯，就没有刑罚执行能力。死刑的执行就没有意义。按照死刑适用的人权法标准：死刑不适用于处于精神障碍状态的人；对被认定智障的人不适用死刑；保护精神病人以及智力障碍或智力受特别限制的人不适用死刑。因此，刑事诉讼法有必要赋予执行法院在签署执行死刑命令之后执行之前对执行对象进行精神鉴定的义务。

四、死刑的宪法调适

我们当下讨论死刑问题需要面对的一个法律现实就是，宪法并未规定废除死刑，刑法仍然保留了不少死刑罪名。一个国家的刑罚制度不得违背该国的宪法规范，绕开宪法讨论刑罚手段的正当性就会违背法治国家存在的基础。但是，刑罚宽缓化是当前国际社会的主题，保障人权已经写入我国宪法，作为最为严厉的刑罚方法，死刑距离宪法的要求仍然存在值得改进之处。

（一）平等原则要求统一死刑适用标准和执行方式

我国《宪法》第33条规定："中华人民共和国公民在法律

---

〔1〕 参见刘春花、范国强："死刑违宪新论——以宪法上的平等权为视角"，载《江苏大学学报（社会科学版）》2014年第1期。

面前一律平等。”死刑案件除了需要经过一审和二审外，还需要经过一个特别的程序即死刑复核程序，事实上，死刑案件在我国执行三审终审制。过去死刑核准权的下放造成死刑核准的主体多元，导致各个地方的死刑适用标准相差很大，造成了死刑案件的不公正。2007 年 1 月 1 日最高人民法院收回了死刑核准权，较好地实现了死刑适用标准的统一，真正落实了三审终审制。然而有学者指出，最高人民法院其实并没有彻底收回死刑的核准权。理由是，我国的死刑包括死刑立即执行与死刑缓期两年执行两种执行方式，死刑缓期二年执行的核准权现在仍然由省一级高级人民法院行使，只能说最高人民法院收回了一半的死刑核准权。既然死缓只是死刑的一种特殊执行方式，那么只在最高人民法院同时收回死刑立即执行核准权和死缓核准权的时候，我们才能说最高人民法院收回死刑的核准权。[1]我们认为该学者这一观点是非常有见地的，为了统一死刑的适用标准，最高人民法院应当适时收回死缓的核准权。

与平等原则有关的另一个重要问题就是关于死刑的执行方式。不同的死刑执行方式对死刑犯造成的痛苦程度是不一样的。今天，死刑的合法性已经遭遇到越来越大的挑战，如果还要在死刑执行方式上区别痛苦程度，就会使民众对死刑的平等也产生质疑，那就更加会让民众加入到死刑废除的阵营中去。在我国较长时期内不能废除死刑的情况下，讨论死刑执行方式的改进还是有必要的。死刑执行方式的二元制反映了死刑执行的不平等，违背法律面前人人平等的原则，因此，我国应该尽快取消枪决的死刑执行方式，统一采用注射的死刑执行方式，以实现死刑执行方式上的一致性和平等性。

---

〔1〕 刘仁文：“死刑的宪法维度”，载《国家检察官学院学报》2013 年第 4 期。

（二）人性尊严不受侵犯要求更为人道地对待死刑犯

人性尊严不受侵犯虽然不能得出废除死刑的结论，但是人性尊严不受侵犯要求保障死刑犯的人性尊严。只要我们承认死刑犯仍然是公民，他们就应该享有基本的人权，他们的人性尊严就要受到保障。联合国有关囚犯待遇的公约中，对于未决和已决囚犯的人性尊严方面规定得非常细致，比如转移囚犯时，要尽量避免使其出现在公共场合，避免使其感到脸上无光。

但是，我国目前相关立法和司法实践对死刑犯人性尊严的保护还有很大的提升空间。现在一些地方对死刑犯还存在着公捕公判大会的现象，这是有悖于联合国有关保障囚犯人性尊严的公约的。所以我们的法律与司法实践在这方面还应该融入更多的人性关怀。因此，我们的法律在设计与实践时可以尽量满足人性中这样的一些基本需求，即使是被判处死刑的人也应当有会见亲属的权利，应当避免在没有通知家属的情况下就对死刑犯执行死刑。死刑犯在被执行死刑之后也还有一些问题值得重视，如死刑犯的遗物和骨灰应当以比较恰当的方式转交给家人。

（三）应当赋予死刑犯申请赦免死刑的权利

在我国目前还不能立即废除死刑的前提下，应当更多设立一些减少死刑执行的渠道。死刑赦免是指国家对符合一定条件的被判处死刑的人予以免除或减轻其罪或刑的制度，具有限制死刑的执行量、保障死刑犯的人权及促进死刑最终废止等积极作用。[1]人的生命只有一次，对于自然人个体而言，生命具有最高的价值，从严格保护生命权的高度上来讲，死刑犯应当有申请赦免的权利。我国古代存在留存养亲的制度，对于身犯死

---

〔1〕 赵秉志："当代死刑改革争议问题论要"，载《法律科学》2014 年第 1 期。

罪，父母、祖父母陷入绝嗣和无人赡养者，让他们暂留在家养老送终后再执行死刑。我们完全可以吸收这一制度的合理内核，对于具有特殊情况的死刑犯可以实行特赦。此外，联合国的《公民权利和政治权利国际公约》第6条第（四）项规定，应当给予被判处死刑的人申请赦免的权利，对一切判处死刑的案件要给予赦免或减刑。可以说，死刑犯有申请赦免的权利已经成为国际人权保护的一项重要内容。我国已经签署了《公民权利和政治权利国际公约》，并正在积极创造条件，争取尽快批准该公约。因此，构建死刑赦免制度是弘扬我国传统优秀法律文化和履行国际公约义务的要求。

我国的《宪法》第67条规定，全国人大常委会有“决定特赦”的权力；第80条规定，国家主席有根据全国人大常委会的决定“发布特赦令”的权力。这些现有的规定都为我国设立死刑赦免制度奠定了良好的基础。但是，现有的立法规定只是为死刑赦免的制度设计提供了一种可能，离真正具体制度的确立还有很长的路要走。毋庸讳言，我国刑法对赦免没有明确的规定，具体的制度设计更是雾里看花，作为更加微观层面的死刑赦免制度则更加遥不可及。同时，我国赦免制度是自上而下的，由党和国家主动行使的一项权力，并且每次特赦的对象都是成批的罪犯，而《公民权利和政治权利国际公约》里的赦免制度是自下而上的，申请赦免是死刑犯的一项具体权利，是通过死刑犯自己申请来自下而上启动的。因此，我国应当加快死刑犯申请赦免制度的顶层设计，赋予死刑犯申请赦免死刑的权利，同时明确死刑赦免的事由、对象、程序及相关配套措施等内容。

五、余论

生命权是人最为宝贵的权利，具有最高的价值，在一般情况下国家是不能限制或剥夺的，即使进行限制时也要严格地规定限制的形式与界限。在解释死刑制度的合宪性基础时我们需要探讨生命权的相对性与限制标准的合理性之间的关系问题、死刑制度与国家的生命保护义务之间的关系等问题。在死刑立法具有合法性的背景下，我们也可以从理念的角度讨论死刑存废问题，但更现实的选择是积极发挥刑法解释的功能，通过解释从严把关死刑的适用，并在死刑的刑法解释中灌输宪法精神，从有利于实现人权保障的角度减少死刑，严格死刑程序，特别防止死刑上的“冤案”和“错案”，以实现死刑立法的宪法化。

首先，全国人大应当积极履行死刑立法的权力。在1997年《刑法》修订之前，全国人大常委会12次通过出台条例、规定和决定的方式增设47个死刑罪名。全国人大常委会通过补充规定和决定等方式增设死刑罪名，有超越《宪法》第62条和第67条关于全国人大常委会的立法权限规定之嫌，建议全国人大常委会今后不再采用该做法，不再超越立法权限增设死刑罪名。目前，我国刑法修改的主要方式是制定刑法修正案。按照现行立法权限的划分，刑法修正案制定权应当由全国人大行使。而现实中，全国人大并没有行使这一权力，而是由全国人大常委会予以代替。这显然违反了宪法的规定，也架空了全国人大修正刑法的立法权，实质导致全国人大刑法立法权的旁落。由全国人大常委会行使刑法修正案的制定权不仅存在结构性缺陷和制度性障碍，违背了法治的精神和原则，而且也与其他国家由最高立法机关行使刑法修正案制定权的做法不一致，其结果可能会带来严重的刑法适用危机。[1]因此，我们必须改变这一现状，将刑法修正案的制定权由全国人大常委会收归全国人大，

---

〔1〕 参见姜涛：“谁之修正——对我国刑法修正案制定权的反思与重构”，载《中国刑事法杂志》2011年第5期。

以克服刑法制定危机和实现刑法立法的宪法控制。

其次，在宪法中明确规定生命权。生命权作为人类生存本能和存在目的的基础，是一种自然法上的权利，构成宪法规定的基本权的前提，生命权毫无疑问是绝对的基本权利。我国死刑立法存在广泛的社会心理基础，死刑适用的一条重要的适用标准就是民意，在宪法中明确规定保护生命权有助于唤醒国民对生命的崇敬，为死刑在我国的限制适用和最终废除提供宪法上的价值指引。目前许多国家的宪法以各种方式规定了生命权，为了彰显对生命的尊重，我国也应当效仿外国，在宪法中明确规定国家保护公民的生命权。有学者认为，不仅应将生命权写入宪法，而且应在宪法中表明国家对死刑的态度，明确规定对死刑的判处和执行应加以限制。我们可以借鉴《公民权利和政治权利国际公约》的有关规定，在宪法中明确规定："任何人不得被任意剥夺生命。死刑只能由法律规定用于惩罚故意侵害生命的特别严重犯罪。"理由是：目前我国尚未真正建立起宪法解释制度，通过宪法解释的方式明确生命权的可行性不大。虽然我国宪法明确规定全国人大常委会负责解释宪法，但我国的宪法解释机制尚未真正启动，全国人大常委会从来都没有正式解释过宪法。(2) 通过修宪明确规定生命权，更有利于督促国家机关履行宪法义务。在我国，宪法是部门法的立法基础和依据的观念比宪法是限制国家权力的根本法的观念更能为人们所接受，并已成为人们的共识。在此背景下，在宪法中明确规定生命权，显然有助于国家立法机关积极立法，尽快修改刑法，限制死刑，保护公民的生命权。〔1〕

最后，准确把握死刑的宪法标准。死刑的适用标准是我们

〔1〕 参见上官丕亮："废除死刑的宪法学思考"，载《法商研究》2007年第3期。

要重新审视宪法与刑法关系，强化宪法对刑法的价值控制，将死刑的刑事政策上升为宪法问题，从宪法上为死刑的标准找到注解。美国最高法院就曾根据《宪法第八修正案》为死刑立法确立了严格的标准。在1976年的“Greggv. Georgia”案中，最高法院指出，死刑的适用要严格限于特定的重罪，不能被恣意甚至恶意适用于满足报复和威慑的目的。各州死刑法律的内容至少要满足以下两项原则：（1）必须明确客观的标准来指导和限制在量刑中死刑的适用，所有死刑案件必须经过上诉法院的复审，从而确保这些标准的客观性；（2）必须要求法官和陪审团考虑被告人的主观恶性和历史记录。此死刑立法原则在最高法院之后的死刑判决中得到进一步发展和细化。而从我国的司法实践看，虽然《刑法》第1条规定“本法是根据宪法规定”，表达了规范层面的效力，但在价值层面上，刑法并没有有效地贯彻宪法精神，在秩序维护与人权保障上缺乏体系化的判断标准与理念支撑。我国也有学者主张，根据正义性报应的理论，死刑的规定和适用只能以故意杀人罪为基本标准。原则上说，没有故意造成他人生命丧失的行为，就不应当受到死刑的惩罚。采用正义性报应理论支持中国目前的死刑政策，不违反国际允许保留死刑的界限，同时，这个理论很好地符合中国社会对死刑的认识，也与目前国际上公认的允许适用死刑的标准和世界各国保留死刑的一般状况基本相符合。[1]笔者认为在保留死刑的前提下，这一标准既符合了报应的观念，又保证了死刑适用对象是性质最严重的犯罪，具有一定的合理性。根据这一标准，我们还要大力削减非暴力犯罪的死刑罪名。不过在当前我国反腐败斗争和毒品犯罪形势还相当严峻的形势下，主要需要做的

〔1〕王世洲：“关于中国死刑制度的反思”，载《北京大学学报（哲学社会科学版）》2005年第3期。

工作就是全面废除经济犯罪的死刑罪名。

第二节　终身监禁的宪法维度

《刑法修正案（九）》在《刑法》第383条中增加一款规定，对犯贪污、受贿罪，被判处死刑缓期执行的，人民法院根据犯罪情节等情况可以同时决定在其死刑缓期执行2年期满依法减为无期徒刑后，终身监禁，不得减刑、假释。这一规定意味着我国刑法针对重大的贪污受贿罪设立了终身监禁刑，但是刑法理论界对于终身监禁的法律性质及合理性都存在较大的争议。

一、终身监禁的法律性质

考察终身监禁制度的发展历史可以发现，终身监禁制度肇始于刑事古典学派学者贝卡利亚对死刑制度的批判。为了支持废除死刑的主张，贝卡利亚认为终身监禁比死刑更能有效打击犯罪，从而主张用时间上具有延续性的终身监禁来替代心灵上具有强烈性的死刑。贝卡利亚指出："无论某个犯罪可能多面有利可图，现在没有人经过认真思考后能够为它而选择彻底并丧失自己的自由。因此，取代死刑的终身受役具有足以使任何已决的意志回心转意的强度。"[1]然而，现代意义上的终身监禁最初却并非以死刑的替代措施出现，而是为了实现刑事近代学派学者所提出的社会防卫思想而设计的刑罚方法。为了达到防卫社会的目的，近代刑法学派的学者认为可以对人身危险性重大的罪犯适用终身监禁，以便对他们进行隔离而排除他们继续危

---

〔1〕［意］切萨雷·贝卡利亚：《贝卡利亚刑事意见书6篇》，黄风译，北京大学出版社2010年版，第22页。

害社会的条件。当前，终身监禁在国外大多被作为独立刑种进行适用，我国《刑法修正案（九）》在刑法分则第383条也首次明确规定了终身监禁。但是，就我国刑法规定的终身监禁的具体性质，学者们则主要有以下两种不同的看法：

第一，终身监禁死刑论，即认为终身监禁是死刑的一种执行方式。有学者指出，针对贪污、受贿罪规定的终身监禁虽然在结局上是一种可能终身剥夺犯罪分子人身自由的自由刑，但是从本质上看其属于死刑，适用终身监禁以犯罪分子被判处死缓为前提，只是相对可以减刑、假释的死缓而言刑期更长，所以应当认为终身监禁是介于死刑立即执行与纯粹的死缓执行之间的中间刑罚。[1]具体而言，主要有以下三点理由：（1）终身监禁制度依附于死刑缓期执行制度。终身监禁适用的首要前提是行为人因犯贪污罪、受贿罪被依法判处死刑缓期执行。（2）终身监禁的确定发生在审判活动中，而不是在执行过程中，从而不属于刑罚执行措施。终身监禁不是在死缓执行完毕之后确定的，而是在死缓判决确定的同时决定的。（3）人民法院作出终身监禁的决定，依据的是行为人被判处死缓之前刑事责任的大小，而不是依据行为人在死缓考验期间的具体表现来决定是否适用该制度。[2]这一观点主要是考虑到我国终身监禁制度的主要目的在于限制死刑，终身监禁是作为死刑的替代刑罚而登场的，反映了立法者希冀通过加重生刑而达到减少死刑适用的立法愿望。

第二，终身监禁无期徒刑论。有学者认为我国终身监禁应当视为无期徒刑的一种执行方式。理由如下：（1）这一定性明

---

〔1〕 黎宏："终身监禁刑的法律性质及适用"，载《法商研究》2016年第3期。

〔2〕 赵秉志、商浩文："论死刑改革视野下的终身监禁制度"，载《华东政法大学学报》2007年第1期。

确了终身监禁的内容性：终身监禁虽然不是独立的刑种，但是以限制剥夺人身自由为基本内容，这一点与无期徒刑一致。（2）这一定性体现了终身监禁的从属性：我国的无期徒刑与终身监禁不是并列的关系，也不是包含与被包含的关系，而是依附与被依附的关系，从属于无期徒刑的具体执行过程。[1]这一观点显然是从终身监禁执行的内容来考察其性质的，从最终的执行内容来看，终身监禁是对犯罪分子剥夺终身自由。

以上两种观点的共同点是均认为我国刑法规定的终身监禁并非一种新的刑罚，而只是现存刑罚方法的具体执行方式，应当说它们的立场从刑法解释论的角度而言是成立的，是符合刑法的现有规定的。因为刑罚种类应当由刑法总则进行规定，此次刑法修改并未对刑法总则中刑罚种类部分进行修改，如果认为是一种刑种，就违背了罪刑法定原则的要求，因此，必然的结论就只能是终身监禁不是一个独立的刑种。而且，司法实践中，人民法院并不能直接对犯罪分子判处终身监禁，这并不符合独立刑种的特征。但是，在笔者看来，上述见解貌似合理，实际上是难以成立的。具体理由是：首先，终身监禁不是死刑的执行方式。因为我国刑法明文规定的死刑执行方式只有死刑立即执行和死刑缓期二年执行两种方式，如果认为终身监禁是死刑的第三种执行方式显然是没有法律依据的。其次，终身监禁也不是无期徒刑的执行方式。我国刑法规定，被判处无期徒刑的罪犯通过减刑假释后实际执行的刑期是不少于 13 年，即意味着被判处无期徒刑的罪犯最少可能只被执行 13 年左右的有期徒刑。虽然在司法实践中，被判处无期徒刑的罪犯实际执行的刑期没有具体的数据，但大多数人认为一般服刑 15 年左右就可

〔1〕 赵赤：“《刑法修正案（九）》中的终身监禁制度探析”，载《净月学刊》2016 年第 3 期。

以释放。可以说，我国的无期徒刑实际上名不副实，不能减刑和假释的终身监禁显然是不同于无期徒刑的，其严厉性是无期徒刑望尘莫及的。因此，笔者的结论为：终身监禁是《刑法修正案（九）》新创设的性质上不同于死刑和无期徒刑的一种独立刑罚方法，即终身刑。

二、终身监禁的宪法诘问

与死刑的命运相同，终身监禁作为一种刑罚方法同样不断地受到人们的质疑。我国刑法学者张明楷教授就旗帜鲜明地指出，终身监禁本质上是一种比死刑更残酷的刑罚，严重侵犯了人性尊严，不具备报应犯罪的正义性和预防犯罪的合目的性，因而不应当成为我国的一项刑罚措施。[1]那么，终身监禁在我国刑罚体系中的命运究竟何去何从呢？这一问题的回答取决于终身监禁是否在宪法上存在正当性理由。

（一）终身监禁是否违背平等原则

刑法平等原则要求对所有的主体应当一律平等对待，这是宪法中法律面前人人平等原则的具体化。传统理论认为，法律面前人人平等仅仅是法律适用的平等，而不包括立法上的平等。现在，宪法保障人民平等权利的重心，已经由法律适用的平等，转到法律制定的平等之上。“这个重心的转移，也印证出国家迈向法治国家的过程，立法者负担形成的、主导国家法律及政治生命的重责大任。以平等权来拘束立法者的法律制定形成权，也意味着立法者必须斟酌社会现实事务的本质，权衡宪法全盘之价值体系，才能予其立法行为规范同与不同的法律后果，有合宪性的正当性理由。因此，就法的理念观察，对平等权有较

---

〔1〕 张明楷：“死刑的废除不需要终身刑替代”，载《法学研究》2008 年第 2 期。

大意义，是环绕在立法者的诸多后果决定的正义程度如何之问题。”[1]陈兴良教授等刑法学者也明确指出，刑法平等原则应当包括立法平等和司法平等，因为刑法立法是刑法司法的前提，刑法司法是刑法立法规范的具体适用，没有平等的刑法立法，平等的刑法司法的实现只能是虚幻的口号。[2]作为部分死刑立即执行的替代措施，我国终身监禁的适用对象为应当依法判处死刑立即执行，但基于严格控制死刑政策的考量，判处死刑立即执行略显偏重，而判处死刑缓期执行则又略显偏轻的重大贪污、受贿犯罪分子。从国外规定看，终身监禁适用对象主要包括严重侵害人身权利的暴力犯罪、危害公共安全的犯罪、危害人类和平和国家安全的犯罪以及其他严重犯罪。国外刑法之所以要对这几类犯罪规定终身监禁，是因为这几类犯罪侵害的法益往往关系到国家安全和生命权等重大法益，涉及社会存在的基础。一般来说，最严厉的刑罚也应当是在犯罪行为严重侵犯社会公共利益或他人人身权益的情况下才得以适用。而反观我国，针对贪污、受贿犯罪这两类特殊主体的职务犯罪却增设了终身监禁，即对具有特殊身份的个体进行了优先考虑。立法者设立终身监禁的意图应当是加大对贪腐犯罪的惩罚力度，但是在我国目前还存在对普通罪犯适用大量死刑立即执行的司法现状下，终身监禁刑无疑好像贪污、受贿罪的犯罪分子的免死金牌，会带来刑法立法不平等的质疑。申言之，在我国，即使要将终身监禁作为死刑替代措施以废除死刑，也不应首先对贪污、受贿犯罪设置终身监禁，这一规定违反了刑罚设置的平等原则。

---

〔1〕 陈新民：《德国公法学基础理论》（增订新版·下卷），法律出版社 2010 年版，第 397~398 页。

〔2〕 陈兴良主编：《刑法总论精释》（第 3 版）（上），人民法院出版社 2016 年版，第 52 页。

同时，根《刑法》第 383 条第 4 款的规定，终身监禁的执行必须以“死刑缓期执行二年期满依法减为无期徒刑”为前提，即终身监禁可以因为在死缓期间“确有重大立功表现”被减为有期徒刑 25 年而不复存在，而且终身监禁存在与否完全取决于重大立功表现的时间节点。正如学者指出的那样，终身监禁者的重大立功表现能否改变终身被监禁的局面，取决于其重大立功表现的时间节点：若在死刑缓期二年执行期间重大立功表现的，2 年期满经依法裁定直接执行 25 年有期徒刑，该重大立功表现使死缓直接过渡到有期徒刑就具有了阻却终身监禁刑执行的功能；若在死刑缓期二年执行期满依法减为无期徒刑后有重大立功表现的，则依然需要执行终身监禁刑。[1]可以说，由于刑法总则和刑法分则规定缺乏必要的衔接，实际上大大减轻了终身监禁的威慑效果，导致了刑罚不确定的结果，难言公平。

（二）终身监禁是否违背人道主义原则

人道原则是指刑法的规定不得违背人的本性。根据林山田教授的见解，刑罚人道原则主要包括以下三个涵义：一是人性尊严应予保证。刑罚不能轻易损害犯罪人的人性尊严，以造成其反社会的犯罪性格。二是禁止以人作为达到刑罚目的的工具。国家不得为了达到杀鸡儆猴的目的违背罪责原则而加重犯罪人的刑罚。三是禁止使用残酷而不人道的法律手段。[2]从表面来看，与死刑这种以剥夺人的生命为内容来报应犯罪的刑罚相比，以保留人的生命、剥夺人的自由为内容的终身监禁，没有血淋淋的行刑场面，似乎更显人道。然而事实真如支持终身监禁刑

〔1〕 黄永维、袁登明：“《刑法修正案（九）》中的终身监禁研究”，载《法律适用》2016 年第 3 期。

〔2〕 林山田：《刑法通论》（增订第 8 版）（上册），台大法学院图书部 2011 年版，第 90~91 页。

的学者设想的那样吗？人天生是社会性动物，每个人都有渴望与他人交往的心理需求。不得减刑、假释的终身监禁刑虽然赋予犯罪人以“生”的权利，却断绝了犯罪人回归社会的希望，使犯罪人只能在绝望中悄然离去。监狱的禁锢犹如“活死人墓”一般把死刑犯隔离在社会之外，这种虽生犹死的生活对人性是一种极大的摧残，在事实上废除死刑的韩国出现的“死囚现象”正是对终身监禁弊病的真实反映。有韩国学者指出，一些被宣告为死刑的罪犯为了躲避死刑的恐惧感，抑或是出于对过去行为的忏悔或是出于对现实的排斥等原因，企图自杀的很多。这些被判处没有假释可能的终身刑的罪犯，在精神上和情绪上均处于高度恐慌的状态，再加上对不能重归社会的绝望，他们中不少人宁愿选择死刑。〔1〕应当承认，韩国之所以会出现上述“死囚现象”，这与该国实际上并未完全废除死刑制度具有直接关联，但其也在一定程度上反映出适用不得减刑、假释的终身监禁刑给受刑人带来的极端痛苦，映射出此种刑罚对人性的极度摧残。对一种刑罚是否应予采用是对各项因素加以综合判断的结果。不得减刑、假释的终身监禁刑固然有其相当程度的威慑力，但此种威慑却是以摧残人性的方式实现的。

死刑被认为是残酷的，是违背人性尊严的。所以，大力削减甚至是废止死刑就成了我们刑罚改革的目标，死刑的废除也就被视为现代社会进步的象征。但是终身监禁代替死刑就意味着刑罚的进步吗？答案是否定的。从防卫社会的角度考察，终身监禁和死刑都属于对犯罪分子永久隔离，消灭犯罪分子再犯能力的严厉刑罚措施，只不过是否为肉体消灭的方式不同而已。

---

〔1〕［韩］赵炳宣：“实质性死刑废除困于希望与绝望之间——韩国死刑问题分析”，载赵秉志主编：《死刑改革的域外经验》，中国法制出版社 2011 年版，第 131～132 页。

西方有学者明确指出了终身监禁对监狱系统和罪犯个人的消极影响：首先，终身监禁会导致监狱环境的恶化。终身监禁会使那些感到无望甚至绝望的犯人逐渐增多。在绝望中，他们为了脱逃而使用暴力再次谋杀，即使脱逃未遂，也无法被加重刑罚处罚。随着这些人在监狱系统中的增多，暴力就成为更经常的事情。为了保持控制就需要特殊的强制措施，从而将导致监狱环境恶化。其次，终身监禁将给犯人造成感情上、精神上、甚至身体上的损害。这种损害既会促进犯人暴力倾向的发展，又可能导致犯人在某种程度上丧失信念和脱离社会。[1]终身监禁是在断绝了罪犯的未来和希望后，慢慢地葬送一个人的生命，失去希望的生命无异于行尸走肉，根本就没有存在的社会意义。这样的犯罪分子往往都会失去继续认真改造的动力，对他们进行改造的难度也是可想而知的。基于对人性的尊重，终身监禁并非替代死刑的最优选项，即便是在废除死刑制度之后，也不应采取带有鲜明泯灭人性、摧残人权特征的不得减刑、假释的终身监禁刑。因此，可以毫不夸张地说，用终身监禁代替死刑，无疑是才赶走老虎又迎来豺狼。

（三）终身监禁是否违背罪刑法定原则的要求

根据罪刑法定原则的要求，终身监禁作为一种刑罚方法应当在刑法总则中作出一般性的规定，但是令人遗憾的是刑法总则并没有明确规定，这导致了其合法性存在疑问。有学者指出，从刑法总则关于死刑制度和减刑、假释等相关制度的规定来看，刑法总则并没有将终身监禁作为一种刑种加以规定。正如管制、拘役、有期徒刑、无期徒刑、死刑、剥夺政治权利、罚金和没收财产等任何一种刑罚种类及其执行制度都必须在刑法总则中

---

〔1〕［加］理查德·M. 朱布里克带：“加拿大的长期监禁”，林遐译，载《环球法律评论》1985年第6期。

加以明确规定一样，《刑法修正案（九）》在刑法分则中径行规定终身监禁是对刑法总则的违反。因此，在刑法总则没有规定“终身监禁，不得减刑、假释”的情况下，对贪污罪和受贿罪的犯罪分子终身监禁的分则规定是刑法分则“超越”刑法总则关于“刑罚”的明确规定的结果，进而这种刑法分则规定对刑法总则规定的“超越”就违反罪刑法定原则。[1]笔者认为，该学者的批评意见值得引起立法者重视。从刑法总则和刑法分则的关系而言，刑法总则是对犯罪、刑事责任和刑罚的一般性规定，而刑法分则对各种犯罪的构成要件和刑罚作出具体规定，刑法总则统帅刑法分则，刑法分则不得违反刑法总则的原则。而终身监禁的设立显然违背了这一要求，带来刑法总则和刑法分则之间内容上的抵牾。

当前，在风险社会和转型社会双重特性的时代背景下，基于法益保护和民众安全感的现实需求，我国刑法的修订已经日益频繁化和规模化。但是，由于我国刑法修订过多地考虑了社会的现实需要而缺乏体系性的细致考量，引发了刑法规范之间的矛盾和冲突，造成了刑法司法适用过程中的诸多困境。刑法修订的体系化是刑法立法理性化的客观需要，是刑法立法科学化的必然选择。因此，立法者在刑法修订过程中，应当全面协调刑法总则与刑法分则的关系，切实消除刑法条文之间的矛盾。基于此，我们需要深刻认识到，《刑法修正案（九）》创设终身监禁的意义不仅仅是贪污、受贿犯罪刑罚配置的立法变更，更是对整个刑罚体系的一次重大调整。因此，在今后的刑法立法活动中，刑法总则应当适时增设有关终身监禁制度的相关规定，理顺刑法总则和刑法分则的关系。

---

〔1〕 魏东：“刑法总则的修改与检讨——《以刑法修正案（九）》为重点”，载《华东政法大学学报》2016年第2期。

三、终身监禁的宪法改造

终身监禁毫无疑问会提高刑罚执行的成本和对于罪犯的改造难度，因此，学者们对终身监禁的质疑声也不绝于耳。如有指出，终身监禁型死缓的功效，只能满足于报应和特殊预防，而其一般预防功能有限。在不适用死刑立即执行的情况下，实际执行期限的增加会呈现边际效用递减的情况，对于潜在的犯罪人而言，实际执行期限的增加，也不会形成相应的有效威慑。[1]但是，不管我们对终身监禁持怎样的立场，终身监禁成为我国一个新的刑种已经是一个不争的现实。在立法已经肯定了终身监禁的前提下，我们较为现实的选择就是按照宪法的价值要求对其进行合理改造。

（一）调整终身监禁的罪名适用范围

《刑法修正案（九）》在考虑到反腐需要以及民众反响等因素的基础上，选择了司法实践中实际执行死刑较少但犯罪率较高的贪污、受贿犯罪作为终身监禁的罪名。在反腐工作如火如荼的背景下，这种做法确实可以实现对废除死刑的舆论引导。但是，这导致了法定刑配置的不平衡，其结果是普通民众实施的严重犯罪被处以死刑立即执行，而具有特殊身份的国家工作人员由于存在终身监禁而逃脱了死刑的处罚。正如有学者指出的那样，在我国，即使要通过终身监禁作为死刑替代措施以废除死刑，也不应首先对贪污、受贿犯罪设置终身监禁，这一增设违反了刑罚设置的科学性和罪刑均衡原则。[2]因此，在肯定

---

〔1〕 时延安："死刑立即执行替代措施的实践与反思"，载《法律科学》2017年第2期。

〔2〕 王志祥："贪污、受贿犯罪终身监禁制度的立法商榷"，载《社会科学辑刊》2016年第3期。

终身监禁制度的前提下，为了实现刑法平等原则，应当允许其他关涉暴力的犯罪行为等可能被判处死刑的罪犯适用终身监禁。从我国此次有关贪污、受贿犯罪的改革试点来看，我国立法机关对死刑废除采取了极为审慎的态度，在保留具体罪名死刑可能的背景下仅以死刑缓期执行作为实验基点。依此思路展开，将终身监禁适用于其他罪名也不会引起太大的民意反弹。因为，此种模式并非直接废除死刑而以终身监禁作为替代，其是在保留死刑的背景下进行的终身监禁。而且，《刑法修正案（八）》中业已规定对于因累犯或者系因实施八种严重暴力犯罪而被判处死刑缓期执行的犯罪分子可以限制减刑，对于具备该情形而被判处十年以上有期徒刑、无期徒刑者禁止假释。此规定也为终身监禁罪名适用范围的转变奠定了基础。此外，考察国外已经废除死刑的国家，其终身监禁作为死刑废除后的最严厉刑罚，也大多仅适用于叛国罪、故意杀人罪等性质严重的犯罪。因此，我们当务之急就是对刑法中可以被判处死刑的罪名进行通盘考虑，适当扩展终身监禁的适用罪名。

（二）改造无期徒刑以涵盖终身监禁

学者们关于终身监禁的性质争论不休的原因在于我国刑法对其性质定位不清，从而引发了一些不必要的理论纷争。因此，我们应当对终身监禁进行恰当定位，并作好相应制度设计。如前所述，笔者认为根据我国刑法的立法规定，终身监禁是一种刑罚方法，但是，将其定位为独立的终身监禁制度可能会导致我国刑罚体系的混乱。结合我国实际情况，将终身监禁改造为无期徒刑可能更为合适。事实上，终身监禁不过是通过限制减刑、假释或者延长服刑期限而对无期徒刑进行的改造而已，从实际执行内容上而言其与无期徒刑并无本质区别，因此，将终身监禁以既有的无期徒刑为建构基础可能更为符合我国实际。

目前，我国的无期徒刑大多名不副实，在实践中执行的时间过于短暂，刑罚的严厉性也大打折扣，才出现学者们口中所称的“生刑过轻”的现象。事实上，这一问题可以归因于无期徒刑执行的随意性。一些被判处无期徒刑的贪官们往往会利用手中尚未完全失效的权力，进行权力“寻租”，从而获取不正当的减刑、假释。这就导致在实际执行过程中无期徒刑有名无实，无期徒刑有期化，即被判处无期徒刑的罪犯实际上仅受十几年的牢狱之刑，有的甚至更少。由此导致严惩、严判重大贪污、贿赂犯罪的初衷无法在执行环节得以实现，这就使得某些民众产生了“生刑过轻”的感觉，进而开始呼吁应当对贪污、贿赂犯罪适用终身监禁刑，以实际提高腐败犯罪分子生刑的刑期。〔1〕为了弥补我国无期徒刑执行方面的这一缺陷，我们可以将终身监禁作为无期徒刑的一种执行方式，对这类罪犯规定更加严格的减刑假释条件，以适当延长无期徒刑的实际期限。如此可以在保持既有刑法体系稳定性的同时涵盖终身监禁的相关举措，也可弥补我国无期徒刑名不副实的缺点。

（三）构建终身监禁赦免制度

赦免制度由于破坏了刑罚的确定性而有违刑法公正受到不少学者的批判。然而，在笔者看来，对于那些绝对的刑罚方法，刑法应当为其提供必要的救济途径以应对一些特殊的情况，达到人权保障的目的。基于不得减刑、假释终身监禁的绝对性和残忍性，应该为其提供一定的救济措施，不至于完全断绝了犯罪人的希望。设立终身监禁赦免制度，赋予犯罪人有申请赦免的权利，无疑是一种较为现实的救济途径。具体的理由如下：首先，构建终身监禁赦免制度符合刑罚人道的要求。终身监禁

〔1〕 刘宪权：“刑事立法应力戒情绪——以《刑法修正案（九）》为视角”，载《法学评论》2016年第1期。

以剥夺犯罪分子终身行动自由为内容，从剥夺个体人身自由这个角度而言，终身监禁具有绝对性。而从刑罚人道的角度出发，对于具有绝对性的刑罚方法应当给予一定的救济渠道，我们可以借鉴古代“存留养亲”等制度，赋予犯罪分子有申请赦免的权利，可以顾及犯罪分子一些特殊情况，诸如罪犯有年迈的直系亲属需要赡养、罪犯自身身体患有严重疾病等，以彰显刑罚的人道性。其次，国家根据犯罪分子的人身危险性的变化而决定对犯罪分子进行赦免，有利于实现刑罚目的。对于人身危险性已经消除的犯罪分子继续进行关押，从预防犯罪的角度而言已经毫无意义，通过赦免恰好可以破解这一困局。最后，构建终身监禁赦免制度符合国际公约的要求。《公民权利和政治权利国际公约》第 6 条第 4 项规定：“任何被判处死刑的人应有权要求赦免或减刑。对一切判处死刑的案件均得给予大赦、特赦或减刑。”因此，给予被判处死刑等重刑的罪犯以赦免请求权是履行国际公约义务的要求。同时，构建终身监禁赦免制度也必将对我国赦免制度的发展完善有所助益。

同时，对于被适用终身监禁的犯罪分子，在对其决定刑罚的时候也要进行相应的经济考量。可以预计的是，终身监禁设立的必然结果就是导致监狱的在押人数大大增加，造成监狱人满为患，这肯定会大大增加国家的刑罚执行成本。根据我国《刑事诉讼法》第 254 条的规定，对被判处无期徒刑的罪犯，只有属于怀孕或者正在哺乳自己婴儿的妇女的情形才可以暂予监外执行，这意味着法律关闭了终身监禁罪犯通过暂予监外执行回归社会的通道。也就是说，按照现行法律的规定，被终身监禁的罪犯将没有机会走出监狱的大门，国家也将承担这些罪犯的医疗、养老等问题，这无疑是增加了国家不必要的财政负担。因此，我们完全可以赋予犯罪人以赦免请求权，以此来避免

“终身监禁”成本高昂的弊端。

《刑法修正案（九）》在刑法分则中设置不得减刑、假释的终身监禁刑一方面是为了减少死刑的适用，希望用终身监禁代替死刑立即执行的适用，另一方面又力求回应民众从严惩治贪腐犯罪的需求，意图取得一石二鸟的效果。不过，国家在发动刑罚的时候应当牢记“惩罚是同人类天性禀赋不相容的一种不得已的痛苦”。〔1〕西方哲人的这一规诫揭示了一个浅显的道理：惩罚的本质是一种痛苦，国家只有出于维护社会利益的需要并且在迫不得已的时候才能动用刑罚。同时，为了保障人性尊严，我们还要禁止酷刑、残忍的刑罚的适用。一项新刑罚方法的确立应该考虑其与其他刑罚的内在联系，保持整个刑罚体系的自洽性。客观地说，这一刑罚制度的设立还欠缺全局性的考量，不但引发了刑法总则和刑法分则之间的冲突，而且还带来了刑罚体系的混乱。新刑种的设立应当考虑我国现有的刑罚结构，注意刑种之间的相互衔接性。与美国、韩国等国在自由刑体系中并未设置刑期较长、处罚力度较大的无期徒刑所不同的是，我国现行刑罚结构已经包含了剥夺犯罪人人身自由期限较长的自由刑，其处罚足以达到抗制犯罪人重新犯罪的强度。尽管我国在司法实践中确实可能出现“生刑过轻”的问题，但这并不是因为刑事立法中规定的自由刑刑期过短造成的，而是由于刑事执法不严格所导致的，应当在刑事执行过程中予以解决。〔2〕我们建设法治中国的目的是构建一整套适合中国社会风土人情的法律制度体系，这就决定了这项工作是一项开创性的工程，

---

〔1〕［英］威廉·葛德文：《政治正义论》（第2、3卷），何慕李译，商务印书馆1980年版，第560页。

〔2〕韩雪：“质疑与反思：不得减刑、假释的终身监禁刑的设置与死刑废除的关系探析”，载《福建警察学院学报》2016年第2期；王志祥：“死刑替代措施：一个应当警惕的刑法概念”，载《中国法学》2015年第5期。

而不能照搬西方的现成经验。今后，对于国外理论和制度的引进一定要先立足我国的具体情况，做好相关的制度配套，以防止“南橘北枳”的现象。

刑罚人道化是刑罚制度的发展趋势，从应然的角度，死刑的废除并不需要终身监禁来进行替代，终身监禁断绝了犯罪分子回归社会的希望，是一种残忍的刑罚方法。世界上废除死刑的国家都不存在不可以假释的终身监禁，德国和法国刑法都规定被判处终身刑的罪犯经过一定的期限可以假释，即将“名义上”的终身刑事实上转变为了有期自由刑。出于维护刑法稳定性的考虑，在短期内不宜立马取消终身监禁，当下的权宜之计是立法机关为其制定更具操作性的标准。当然，如果要想根本解决终身监禁目前存在的问题，则需要对终身监禁进行重新定位，从立法上对法律条文进行再设计，改变其在适用条件上对死缓的依附，规定其具体的适用对象和适用条件。

第三节　剥夺政治权利刑的宪法维度

剥夺政治权利是剥夺犯罪分子参与国家管理和政治活动权利的刑罚方法。作为我国刑法明确规定的唯一资格刑，刑法学界在剥夺政治权利设置的合理性、剥夺内容、剥夺对象、适用方式等问题上都存在较大的争议，而这些争论问题的实质都涉及了剥夺政治权利的合宪性。

一、问题的提出：政治权利能否被剥夺？

政治权利是公民参与政治活动权利和自由的总称。在民主国家，公民的各项政治权利一般都是由宪法确认的，是一个国家民主化程度的标志。我国宪法规定，公民依法享有选举权和被选举权等各项政治权利，而享有政治权利是公民参与相关政治活动的前提。但是，剥夺政治权利正是剥夺犯罪人参加管理国家政治活动的资格，使犯罪人无法利用这种资格继续从事相关的犯罪活动。那么，对于宪法中规定的公民政治权利，刑法能否设立一定的刑罚方法加以剥夺呢？这一问题的回答涉及剥夺政治权利的合宪性。

对于剥夺政治权利是否符合宪法的规定，学界存在两种对立的立场。有学者认为，政治权利不是基于人的自然属性而是基于社会属性而享有的重要权利，从而对它的剥夺既不像对生命的剥夺、肢体的毁损与肉体折磨那样构成对人自然权利的侵害，也不像对人格的毁损那样构成对人作为社会意义上的人的资格的剥夺，因此，剥夺政治权利并不违背刑罚人道主义的要求。〔1〕与此种观点相反，有学者从西方的宪法观念出发，认为政治权利是公民的基本权利之一，是天赋的和固有的，是抽象意义上的人之所以成为人所必需的要件。因此，作为公民基本权利之一的政治权利是不能被剥夺的。〔2〕以上两种观点都承认政治权利是公民的基本权利，但对于能否剥夺政治权利则得出截然相反的结论。那么究竟哪一种观点更合理呢？在笔者看来，剥夺政治权利并不违背宪法的规定。具体的理由是：

第一，基本权利并非不能通过法律予以剥夺。抽象意义上的权利是不存在的，而现实权利的“合法性”来源于法律的确认与保障，因此，权利在本质上具有世俗的性质。基本权利对于个人而言，毫无疑问具有极其重要的价值，关涉到公民重大

---

〔1〕 邱兴隆：《刑罚理性评论——刑罚的正当性反思》，中国政法大学出版社1999年版，第177页。

〔2〕 刘飞宇：“对于刑法中剥夺政治权利的宪法学思考”，载《法学家》2005年第5期。

的生存和发展。但是，基本权利同样是人类社会中不断形成和发展的权利，而权利是相对存在的，从维护每个社会成员的合法权益和社会整体利益的立场出发，完全可以对权利予以剥夺。刑罚的本质属性是其惩罚性，刑罚的惩罚性正是通过对犯罪分子某些基本权利的剥夺来体现的，如果主张基本权利一概不能剥夺，那么刑罚就没有制裁的内容，刑罚这种对付犯罪的制裁方法也就失去了存在的基础。一个不争的事实是，作为世界各国刑罚体系中的主要刑罚方法，自由刑就是以剥夺或限制犯罪分子自由为内容的。

第二，西方大多数国家刑法中目前仍然存在剥夺政治权利等资格刑的规定。《德国刑法典》在“刑罚”中设置了三种资格刑，即禁止驾驶，担任公职资格，被选举权与选举权的丧失。《瑞士联邦刑法典》共设置了 4 种资格刑，包括不得担任公职、剥夺抚养权和监护权、禁止执业或禁止经商、禁止进酒店。剥夺担任公职的权利和剥夺选举权及被选举权无疑与我国刑法中剥夺政治权利具有相同的法律性质。20 世纪 80 年代以来，人类社会已经步入了全球化的历史进程。全球化的深入发展，无疑会对以民族国家为核心的法律结构产生巨大的冲击和影响，而这种冲击和影响的表现，就在于它们在以民族国家为核心的法律结构中引入了“普适性”的价值因素。〔1〕的确，在全球化的背景下，各国的刑事法律在价值取向和具体制度上也兼收并蓄。作为宪法观念的发源地，资格刑在西方国家仍然是对付犯罪的重要方法，西方国家的刑法中也存在与剥夺政治权利相类似的刑罚方法，这也从一个侧面证明剥夺政治权利存在的合理性。

---

〔1〕 邓正来：《谁之全球化？何种法哲学？——开放性全球化观与中国法律哲学建构论纲》，商务印书馆 2009 年版，第 70 页。

剥夺政治权利通过剥夺犯罪分子的特定资格，在一定程度上可以达到特殊预防的刑罚目的，因此，剥夺政治权利作为一种刑罚方法继续保留仍然有相当的合理性。只不过，我们仍然应当本着刑法谦抑主义的意旨，只能在最合理及最低限度范围内适用剥夺政治权利刑。

二、剥夺内容：是否超出宪法的规定?

根据我国《刑法》第54条的规定，剥夺政治权利是指剥夺犯罪人的以下权利：（1）剥夺选举权和被选举权；（2）剥夺言论、出版、集会、结社、游行、示威自由的权利；（3）剥夺担任国家机关职务的权利；（4）剥夺担任国有公司、企业、事业单位和人民团体领导职务的权利。由于我国《宪法》第34条明确规定选举权和被选举权作为一种政治权利可以剥夺，而担任国家机关职务的权利和国有公司、企业、事业单位和人民团体领导职务都属于参与政治活动的方式，刑法学界对于将这些权利作为剥夺政治权利刑的内容争议不大。但对言论、出版、集会、结社、游行、示威自由能否作为政治权利予以剥夺，则在学界存在较大的争议。

由于我国宪法对于政治权利采取的是概括式的立法方式，并没有具体列举规定政治权利的具体内容，学界对于政治权利的内容存在不同的解读，而对政治权利的不同理解则直接导致对剥夺政治权利内容合宪性的争议。对于“六大自由权”的剥夺，学界争论的焦点主要集中在两个问题：

第一，“六大自由权”是否属于政治权利范畴的问题。有学者认为，政治权利包括以下三类权利：第一类是选举权与被选举权；第二类是表达自由，包括言论、出版、集会、结社、游行、示威的自由；第三类是诉愿权，即公民享有的批评权、建议权、申诉权、控告权、检举权和取得赔偿的权利。[1]按照这种见解，剥夺“六大自由权”显然没有超出政治权利的范围。然而，有学者从宪法规范的视角出发，认为宪法文本中的公民“政治权利”实际仅仅是指公民的“选举权”和“被选举权”，而非其他权利，刑法剥夺的公民政治权利已经远远超过了宪法的范围，将宪法中未经许可的权利加以剥夺是不妥当的。[2]应当说，政治权利是一个内涵和外延都非常丰富的概念，笔者并不想在此探讨政治权利的具体含义，这并非本文的主旨。但笔者的一个基本判断是，言论、出版、集会、结社、游行、示威这六大自由并非都属于政治权利的范畴，因为公民在行使这些自由权时均可以不涉及政治。这些自由可以作为政治表现的自由，即表现自己的政治意愿以参与国家的政治生活，但在市场经济的条件下，其更为主要的是作为一种商业性表达非政治表现的自由而存在。在国外的宪法学中大多将六大自由作为一般的表达自由或者表现自由列入精神自由的范畴之中，将选举权与被选举权、担任国家公职的权利、监督权等参与国家政治生活的权利界定为政治权利。因此，政治权利不能涵摄全部的“六大自由权”，或者说“六大自由权”主要不是政治权利。

第二，即使承认“六大自由权”属于政治权利，也存在能否被剥夺的问题。即使承认“六大自由权”属于政治权利，也并不意味着它们能够被剥夺，如宪法规定了言论自由权利，未加其他限制，则不能随意剥夺。如果超出宪法的授权范围，剥夺了言论、出版、集会、结社、游行、示威自由的权利，那就是对人权的侵犯，不利于实现宪法的基本价值。为了破解这一

---

〔1〕 肖蔚云等：《宪法学概论》，北京大学出版社2005年版，第195~203页。

〔2〕 刘松山：“宪法文本中的公民‘政治权利’——兼论刑法中的‘剥夺政治权利’”，载《华东政法大学学报》2006年第2期。

困局，有学者主张把言论、出版、集会、结社、游行、示威自由等表现自由的权利分为政治性和非政治性的，而剥夺的内容应当限制在政治性自由的范围之内，对于非政治性自由则不属于剥夺政治权利的范围。[1]在笔者看来，对这六种自由作政治性和非政治性的划分，虽然理论上可行，但在实践中真正操作却十分困难，不要说这项工作任务繁重，而且标准不易掌握。如果处理不好，无限上纲，容易侵犯公民的人权。加之，对“六大自由”事前无法通过适当的方式予以剥夺。因此，剥夺政治权利应当以剥夺公职资格为主，褫夺个人政治权利为辅，我国应当参照《公民权利与政治权利公约》的规定，将言论、出版、集会、结社、游行、示威自由排除在剥夺政治权利刑的内容之外。[2]

总之，言论、出版、集会、结社、游行、示威自由的权利是公民日常生活中最基本的权利，很多时候表现为公民的社会、经济权利，同时实践中也无法剥夺。因此，在注重人权保障和刑法谦抑的现代社会，笔者主张剥夺政治权利中删除有关剥夺言论、出版、集会、结社、游行、示威自由的内容，这样可以实现在刑法文本上与宪法文本上的一致性，维护宪法的权威和根本性地位。

三、适用对象：是否明确及必要？

刑法是通过限制或剥夺犯罪人的生命、自由和其它权利来保护法益的，过度扩张的刑罚势必会侵犯公民的权利。而宪法是公民人权的保障书，正义的刑法必然受到宪法的制约，因此，

---

〔1〕 马克昌主编：《刑罚通论》，武汉大学出版社 1999 年版，第 231~232 页。

〔2〕 江国华：“论‘四项基本权利’及其刑罚向度”，载《武汉大学学报（哲学社会科学版）》2013 年第 6 期。

刑罚的发动必须是必要的、适度的，刑罚权的滥用导致对基本权利的侵犯必然会出现刑法的“合宪性”危机。根据我国《刑法》第56条和第57条的规定，剥夺政治权利刑的适用对象范围比较广。从宪法的视角来分析，笔者认为刑法关于剥夺政治权利适用对象的规定主要存在以下三个问题。

（一）对严重破坏社会秩序罪的适用对象规定不明确

从剥夺政治权利刑的演变历史考察，在其最初确立阶段，打击范围仅限于反革命分子，后来则在刑法立法中呈现出不断扩张的趋势，逐步拓展到一般的刑事犯上。[1]但是，从刑法的现有规定看，对一般刑事犯的适用对象也不明晰。按照刑法规定，“对于故意杀人、强奸、放火、爆炸，投毒、抢劫等严重破坏社会秩序的犯罪分子，可以附加剥夺政治权利”，前面列举的六种犯罪不难掌握，但对于“等严重破坏社会秩序的犯罪分子”，具体指哪些犯罪分子，则是不明确的。例如，有学者认为，对严重经济犯罪分子，严重的贪污、贿赂犯罪分子，严重的渎职犯罪分子，也可以附加剥夺政治权利。[2]由于刑法对严重破坏社会秩序罪的犯罪对象规定不明确，导致司法操作上存在着困难，而从保护人权的角度出发，刑法规范应当具有明确性，以防止刑罚权的恣意性。因此，这样的规定并不符合宪法的要求，而且还会造成司法过程中的不统一，导致同样的犯罪在有的地方适用了剥夺政治权利刑，有的地方却没有适用。同时，对于严重危害破坏社会秩序的犯罪，一般都设置了死刑或

---

〔1〕《中国人民政治协商会议纲领》第9条规定：“中华人民共和国必须镇压一切反革命活动，严厉惩罚一切勾结帝国主义、背叛祖国、反对人民民主事业的国民党反革命战争罪犯和其他怙恶不悛的反革命首要分子。对于一般反动分子、封建地主、官僚资本家在解除其武装消灭其特殊势力后，仍须依法在必要时期被剥夺他们的政治权利。但同时给以生活出路，并强迫他们在劳动中改造自己，成为新人。”

〔2〕张明楷：《刑法学》（第5版），法律出版社2016年版，第539页。

无期徒刑，由于刑法已专门规定对于被判处死刑、无期徒刑的犯罪分子必须剥夺政治权利，因此这里所指的是那些未被判处死刑、无期徒刑的情况。这些犯罪虽然从性质上讲属于严重破坏社会秩序的犯罪行为，但因达不到判处死刑或无期徒刑的程度，从危害后果上看已不是十分严重，也就没有必要都附加剥夺政治权利。因此，笔者建议：一是取消刑法关于对严重破坏社会秩序的犯罪分子附加剥夺政治权利的规定，从而消除对“等严重破坏社会秩序的犯罪分子”难以统一掌握的弊端；二是如果认为对于这类犯罪分子，其罪行即使未达到判处死刑、无期徒刑的程度，也有必要给予剥夺政治权利的处罚，则应直接在刑法中列出具体的罪名，不要再使用“等”之类的笼统规定，以保证刑法的统一适用，实现量刑均衡。

（二）对死刑立即执行的犯罪分子适用本刑存在刑罚过剩的问题

根据刑法的规定，对于被判处死刑和无期徒刑的犯罪分子应当附加剥夺政治权利。但问题是，对于被判处死刑立即执行的犯罪分子，生命已不存在，剥夺其政治权利终身是否还有必要？对此，我国刑法理论通说认为主要有三大理由：首先，为了对其实现政治上的否定评价，以表示政治上对其谴责和否定。其次，为了防止犯罪分子被赦免或者假释后再次利用政治权利犯罪。最后，有利于处理与罪犯有关的一些民事法律关系。剥夺这类罪犯政治权利终身，就可以禁止其亲属代行相关的民事权利。〔1〕笔者认为，这些理由有值得商榷之处。《刑法》第 54 条规定应予剥夺的各项权利中，除第二项的出版权外，其余所有权利都依附于生命权，以生命的存在为前提，随着死刑犯被处决，这些权利亦随其生命而一同消失。亦即当法院作出一项

〔1〕 高铭暄、马克昌主编：《刑法学》（第 7 版），北京大学出版社、高等教育出版社 2016 年版，第 243 页。

死刑判决时，其判决本身已经包含了对罪犯有关政治权利的剥夺，体现了对罪犯政治上最严厉的否定，没有必要在形式上再适用剥夺政治权利刑。至于出版权问题，并非全然是政治权利，涉及政治性的内容，在我国也不会得到出版部门的批准，因此出版权不应纳入剥夺之列。就第二点来看，虽然我国宪法中有关于特赦的规定，但过去也仅仅对国民党、伪蒙、伪满洲国的战犯和参加过保家卫国战争的特殊群体适用，就算将来可能会出现特赦的情况，可以预计的是涉及的范围也会很窄。何况对这些群体实施特赦意味着这些罪犯已经不具有人身危险性。因此可以说，需要对某些特赦犯剥夺政治权利的可能性是微乎其微的。至于第三点理由则更是站不住脚的，因为刑罚的目的在于预防犯罪，如果民事权利与犯罪本身没有关联，禁止公民行使民事权利是毫无依据的。

（三）对于未成年人适用本刑存在刑罚过严问题

根据我国刑法规定，对于危害国家安全罪和被判处无期徒刑的未成年犯应当附加剥夺政治权利。对于这一规定，有学者提出了质疑。认为对未成年犯罪人不应适用剥夺政治权利，因为 14 岁以上不满 18 岁的犯罪人，实际上尚未享有我国宪法赋予的政治权利，剥夺本来就不享有的权利，没有任何实际意义。而且在判决时，法院无法对未成年人将来利用政治权利进行犯罪的可能性进行预测，因而作出剥夺政治权利的决定也是没有现实依据的。[1]笔者赞同这一意见，认为对未成年犯罪人适用剥夺政治权利刑不符合宪法的要求。首先，根据我国宪法的规定，只有年满 18 周岁的公民才能享有选举权和被选举权，而如果不享有选举权和被选举权，则《刑法》第 54 条中规定的第

〔1〕 陈兴良主编：《刑种通论》，中国人民大学出版社 2007 年版，第 409 页。

（三）（四）项权利也不能实现。这样就产生一个问题，如果机械地适用《刑法》第 56 条和第 57 条，对未成年犯判决剥夺其政治权利，显然是空判，其实是剥夺根本不存在或暂时不享有的权利，丝毫不具有实际的法律意义。其次，我国对违法犯罪的未成年人实行“教育、感化、挽救”的方针，而剥夺政治权利具有严重的社会非难性，对未成年人犯罪适用这种刑罚，与我们党和国家对未成年人实行特殊保护的政策不吻合，也不利于对未成年犯的教育改造。其实出于对未成年人的特殊保护，刑法已经取消未成年人累犯，那么为什么不能考虑取消剥夺政治权利的规定呢？

四、适用方式：是否合乎比例原则？

剥夺政治权利刑的适用方式，便是指对该刑种所含的各项权利全部剥夺还是部分剥夺的问题。关于这个问题，各国刑法采取的做法总的可分为两种情况：一是概括剥夺制，即一旦法院作出剥夺政治权利的判决，所有的政治权利都要剥夺；二是选择剥夺制，即法院根据犯罪主体身份情况及所犯罪行性质不同分别剥夺相应的权利。上述两种做法中，第一种规定明确，但可能会造成刑罚过剩。由于各项权利间并无必然联系，对有些犯罪人来说全部加以剥夺毫无实际意义，而且有悖刑罚个别化原则和刑法谦抑精神。相对来看，后一种作法较为可取，采用分项分类适用的方式，有利于发挥刑罚特殊预防的作用，增强刑罚目的性和针对性，取得刑罚适用的最佳效果。我国刑法采用的是第一种立法例，即犯罪分子一旦被剥夺政治权利，就意味着上述四项权利的悉数剥夺，也并非是具有可选性的择其中之一或者择几项权利内容来加以剥夺。至于为何要采用概括剥夺制，理由是，“刑法规定的剥夺政治权利的四项内容，性质非常接近，联系极为紧密，根据宪法规定的精神，只能从整体上剥夺全部政治权利，不可能部分剥夺政治权利”。[1]

《刑法》第54条所列举的四项权利全部都要剥夺，这种刑罚适用方式，值得重新审视。比例原则是当代宪法所承认的一项重要原则，是要防止国家的任意行为。比例原则是指当一个国家有意直接干预诸如隐私权、宗教、表达和集会自由一类的权利时，不仅必须有采取行动的正当理由，事实上还必须证明其干预为保护相应的利益是必要的。[2]在比例原则下，严格禁止一切为达目的不择手段的国家行为，国家经由某一措施限制人民自由权利，此一措施是否合乎比例性，除了比较因该措施对人民的直接损害及对国家的直接受益外，亦应考虑该项措施是否对人民带来利益，或对国家带来损害。从我国刑法剥夺政治权利的适用方式来看，很难说是合乎比例原则的。刑法规定的各种刑罚方法，有的是可分的，如管制、拘役、有期徒刑、罚金、没收财产、剥夺政治权利等，有的是不可分的，如无期徒刑。对于可分的刑罚，刑法一般都规定了可以选择一定的刑期、金额适用，那么剥夺政治权利为完全可以采用分项选择适用的方式。事实上，《刑法》第54条规定的各项权利并没有形成一个紧密相连、密不可分的整体，各项政治权利间是相对独立的，这一情况本身就对该刑种分项适用提出了要求。而剥夺政治权利刑的不分项适用，客观上就会造成多余的刑罚，出现刑罚过剩，不符合人权保障的要求。由于选择剥夺制符合比例原则，有利于司法者根据犯罪人的具体情况作出不同的处理，

---

〔1〕 高铭暄：《中华人民共和国刑法的孕育诞生和发展完善》，北京大学出版社2012年版，第236页。

〔2〕 ［奥］曼弗雷德·诺瓦克：《国际人权制度导论》，柳华文译，北京大学出版社2010年版，第57页。

因此，笔者建议我国刑法参照有关国家的做法，采用剥夺政治权利刑的选择剥夺制，根据犯罪分子所触犯的罪名剥夺其相应的政治权利，从而加强该刑罚手段的针对性，罚当其罪，以期达到最佳的刑罚适用效果。

第四节　没收财产刑的宪法维度

没收财产刑是我国刑罚体系中和罚金刑并列的一种财产刑，涉及对犯罪人合法财产的剥夺。近年来，我国刑法学者对于没收财产刑研究颇多，分析了其利弊得失并进而引申出没收财产刑在刑法中的去留问题。但很少有学者从宪法的角度进行深入的分析。因此，我们有必要从宪法的视角解读没收财产刑，探究其优劣并将其纳入宪法的规制范围。

一、一个前置性问题：没收财产刑是否侵犯公民的财产权

没收财产刑是以没收犯罪行为人的财产或者没收犯罪行为人特定物品为内容的刑罚方法。根据没收财物的范围，没收财产刑可以分为一般没收和特别没收，一般没收的没收对象是犯罪行为人现有合法财产的全部和一部分，而特别没收的没收对象是犯罪行为人的特定物品。我国刑法中的没收财产刑，是一种将犯罪人个人财产的一部或者全部无偿收归国有的刑罚方法，没收的对象是犯罪人个人私有的、与犯罪行为无关的一般财产，因而属于一般没收。然而，财产权属于公民的基本权利，合法的财产权应该受到法律的严格保护。我国 1982 年《宪法》第 13 条规定："国家保护公民的合法收入、储蓄、房屋和其他合法财产的所有权。"2004 年《宪法（修正案）》第 22 条规定："公民合法的私有财产不受侵犯。国家依照法律规定保护公民的私

有财产权和继承权。”作为宪法的下位法，刑法的规定必须与宪法规定相符。那么，刑法中的没收财产刑是否违背宪法保护公民财产权的规定呢？

宪法明确宣称保护公民的财产权，而刑法则设置了刑罚剥夺犯罪行为人的合法财产，这是否属于一个明显的法律冲突呢？对此，有学者认为，依照宪法规定，“国家为了公共利益的需要，可以依照法律规定对公民的私有财产实行征收或者征用并给予补偿”。即国家只能是为了公共利益的需要，才能剥夺公民合法的财产，而且应该对公民进行补偿。但是，刑事立法上规定的一般没收是对公民合法财产的无偿剥夺，这显然不符合宪法的规定。同时，废除一般没收制度与国际刑事立法的主潮流相符。当今世界上，大多数国家都废除了一般没收制度，只保留了特别没收这一规定。即便是在刑法典中保留没收制度的，一般也以犯罪所得、犯罪工具等与犯罪有关的财物为限。〔1〕还有学者认为，没收财产刑可能剥夺犯罪人与犯罪并无关联的合法财产所有权，而与国家对公民私人财产权的保护之间存在着重大冲突，从而不具备合宪性。并且从我国刑法分则对没收财产刑的规定来看，大部分是作为无期徒刑和死刑的附加刑规定的，对一个判处死刑的犯罪人没收其个人所有财产，无异于剥夺其配偶子女的继承权。〔2〕

在笔者看来，上述学者的观点是难以成立的。诚然，作为公民的一项基本人权，财产权应当受到宪法统率下所有部门法的保护。但是，刑罚作为国家对付犯罪行为的一种方法，其本

---

〔1〕 龙长海：“一般没收财产刑：俄罗斯经验与中国现实”，载《社会科学》2013年第2期。

〔2〕 万志鹏：“没收财产刑废止论——从历史考察到现实分析”，载《安徽大学学报（哲学社会科学版）》2008年第5期。

质是对犯罪人的一种惩罚，其内容肯定是对犯罪人合法权益的剥夺，从这点而言，没收财产刑和其他刑罚方法的存在具有相同的理由，只要相关具体规定不违背宪法的一些基本原则，用刑罚的手段剥夺犯罪人一定的财产权并不违反宪法的规定。因此，我们不能因为宪法中存在保护公民财产的规定而否定没收财产刑的合理性。我国也有学者指出："没收财产刑和私有财产神圣不可侵犯原则并不相抵触。从刑罚的权利属性来看：刑罚就是剥夺犯罪人的合法权利。死刑剥夺的是生命权，自由刑剥夺的是人身自由权，我们不能因为法律保护公民的人身权利，而否认生命刑、自由刑的合法性。"[1]事实上，如果主张没收财产刑与宪法保护财产权的规定冲突，就会推论出所有的刑罚方法都是违宪的，因为宪法中同样存在着对生命权和自由权的保护规定。按照此种逻辑，整个刑罚制度都会失去存在的正当性。

二、没收财产刑的宪法规训

刑罚是以剥夺公民的基本权利为内容的，而这些基本权利都是由宪法所保护的，通过法律所确认的。于是，刑罚设置与适用应该秉持高度的谨慎态度，要特别防止这一权力滥用而导致对基本权利的侵犯，从而违反宪法的精神和原则。因此，刑法对公民权利的剥夺不可能是无边界的，而应该有一个合理的界限，应当符合宪法的基本精神和原则。

（一）没收财产刑应当符合明确性原则

明确性原则是出于保障人权需要而发展出来的一个重要法律原则，一般认为这一原则蕴含在宪法的依法治国原则和人民主权原则之中。明确性原则要求，法律规定的内容应当尽量清

---

〔1〕 马登民、徐安柱：《财产刑研究》，中国检察出版社 2004 年版，第 257~258 页。

晰明了，让国民具有理解的可能性和预见的可能性。理解的可能性是指法律规定的构成要件及法律效果必须能为普通民众所了解；而预见的可能性是指法律规定的构成要件及法律效果必须明确具体，能使普通民众从中预见到自己行为的法律后果。而对法律条文进行解释时，不能超越法律条文的范畴，也不能超出文字所包含的意义，解读法律条文只能以日常生活中的用语含义为基准。

由于立法的粗疏，没收财产刑适用对象的范围、数量都不甚明确。我国《刑法》第59条规定："没收财产是没收犯罪分子个人所有财产的一部或者全部。没收全部财产的，应当对犯罪分子个人及其扶养的家属保留必需的生活费用。在判处没收财产的时候，不得没收属于犯罪分子家属所有或者应有的财产。"但何谓"犯罪分子个人所有的财产的一部分"？何谓"必需的生活费用"？"何谓犯罪分子家属所有或应有的财产"？刑法对此并未明确规定，而在这个问题上刑法留下了"灰色地带"，这种模糊的规定可能会殃及无辜，波及罪犯的亲属、朋友。在现实生活中，家庭成员共同生活，财产也应为家庭成员共同共有。所以，姑且不说刑法对上述问题没有明确的规定，即使有明确的规定，哪怕只是剥夺犯罪分子的个人财产，也必然会侵犯其他家庭成员对家庭共有财产所享有的权利。作为人类最为重要的行为规范，法律的内容必须明确、具体，如果守法者不能从中知晓自己所作所为的法律性质与法律后果，其必定会陷入"无所措其手足"的困境。

（二）没收财产刑应该符合比例原则

宪法的比例原则的公民与国家之间权利义务的对称性，其检验的是法律所追求的目的与国民因此而遭受的损失之间是否存在合理的比例关系。我国刑法明确将罪责刑相适应原则作为刑法的三大原则之一，要求根据犯罪分子应承担刑事责任的大小来具体适用不同的刑罚，体现了比例原则的要求。然而毋庸讳言，我国刑法对没收财产刑的规定事实上与刑事责任的轻重有不少背离之处。尽管我国刑法将没收财产刑区分了全部没收和部分没收，但在立法上并未对数量规定限度，没收的绝对数字是由法官自由裁量的。此情况并不符合针对不同的犯罪情况处以相应轻重刑罚的原则。正如李洁教授批评的那样："刑法总则第 59 条规定：没收财产是没收犯罪分子个人所有财产的一部或者全部，分则再无量的规定。一部或全部，显然是一种量的规定，而量的规定应该是实现刑事责任之刑罚的必然要求。不过，我国刑法这种量的规定是过于概括的，它只是用宣言的形式，规定没收财产有量的要求，不是没收部分财产就是没收全部财产。但这个部分是多大，则没有进一步的规定，完全委之于司法机关的自由裁量。"〔1〕

从我国刑法各罪对没收财产刑的规定来看，大部分是作为无期徒刑和死刑的附加刑来规定，即在对犯罪分子判处死刑和无期徒刑的同时，附加没收其个人所有财产的全部或部分。这是严重违反均衡原则的。没收财产刑既没有上限的规定也没有下限的规定，人们无法根据其构成要件与法律效果来了解它，更谈不上用它作为评价自己行为的标尺了，这导致了在判案过程中法官对没收财产刑的适用拥有极大的自由裁量权。这种立法的模糊，带来的弊病是实践中缺乏正确执行和准确把握的法律标准，具有很大的随意性，容易影响执法的统一性和严肃性，甚至此立法漏洞有可能给司法腐败带来机会。而且犯罪人本身的财产状况也有不同，有家财万贯者，也有一贫如洗者，对不

〔1〕 李洁："论一般没收财产刑应予废止"，载《法制与社会发展》2002 年第 3 期。

同的犯罪人科处没收财产，最终达到的效果也是不同的。

（三）没收财产刑应该符合正当程序原则

作为一项重要的宪法原则，正当程序原则的历史可以追溯到中世纪的欧洲。《自由大宪章》第39章规定：“任何自由人，如未经其同级贵族之合法裁决或依国法判决，皆不得被逮捕、监禁，没收财产，剥夺法律保护权，流放或加以任何其他损害。”而让正当程序原则大放异彩并进一步将之推向世界的则是《美国宪法》。《美国宪法第五修正案》规定：“未经正当法律程序，不得剥夺任何人的生命、自由或财产。”经过不断改造，正当法律程序原则，其意义已不仅仅在于剥夺公民或法人的人身权、自由权或财产权要经过“正当程序”，而在于人身权、自由权或财产权是受宪法保护的权利，对限制公民权利的立法所要达到的目的进行“合宪性”审查。可见，正当程序能够有效地控制国家权力并保障公民的财产权，正当程序能够实现形式的正义，进而努力实现实质的正义。因此，在没有经过必要的、正当的程序之前，在没有给予将被限制与剥夺财产之人以某种形式的听证机会之前，此人所有的财产都是合法的财产，是不能被限制与剥夺的。

据此审视我国关于没收财产刑的规定，就会发现存在以下两个问题：首先，在审判的过程中对没收财产这种附加刑没有给予像主刑一样的重视，既未设计给予被没收财产的犯罪人陈述、申辩之权利与机会的程序，也没有要求法官在具体适用没收财产刑时说明理由；其次，缺乏具体执行程序和相关人员权利救济程序的规定。没收财产刑开始执行后，对法律规定的执行方式具体按照什么程序执行，法律也未作规定。执行程序规范的缺乏造成执行工作的盲目无章。另外，财产刑具体应当在什么情况下中止执行，中止执行后如何恢复以及罪犯服刑期满后如何执行都处于法律的空白中，使得一部分财产刑的执行并未纳入执行部门的工作机制当中。因此，没收财产刑既不利于保护犯罪分子及其家属的合法权益，也体现不出司法判决的权威性、严肃性，严重违反了正当程序原则。

三、没收财产刑的宪法回归

宪法强化对特定公民基本权利的保护，以排除刑法对这些基本权利的肆意剥夺，从而为刑事立法确定合理的界限。对照宪法精神和原则的要求，我国关于没收财产刑的刑事立法还存在一定的不足。因此，我们必须按照宪法的原则完善没收财产刑的相关刑事立法。

（一）明确没收财产刑的范围

正如前文所述，法律明确性原则要求一项法律必须明确、具体，否则就会使国民无法对自己行为的法律后果进行事先预测，从而选择适法的行为。我国关于没收财产刑的具体范围的规定是不太明确的，导致行为人无法准确预测自己可能遭受的刑罚处罚，裁判者也无法科学地决定没收财产的数量。因此，我们有必要对其范围作一个明确的界定。在国外，关于没收财产的范围，多数国家除笼统规定没收犯罪分子个人所有的财产外，对哪些财产不得没收多有具体规定，如《俄罗斯刑法典》第 52 条第 3 款规定："被判刑人以及被供养人所必需的财产，依照俄罗斯联邦刑事执行立法规定的清单，不得予以没收。"《蒙古刑法》中对不得没收的财产也进行了一一列举，其中被判刑人及其家属定居的必要的住宅以及他们所必需的家具、器具和衣物、食品、金钱及生产工具等不得没收。我们可以借鉴国外的做法，将可没收的财产范围限定于合法收入和可能赃物，而将基本生活资料和生产材料排除在外。[1]因为财产是个人在现代社会生存的物质保障，其中，基本生活资料是一个人生存的必需品，排除在没收之外不符合保障罪犯人权的需要，而为犯罪人保留一定的生产资料无疑有利于犯罪人回归社会。虽然，相关司法解释中明确了“生活用品和生产工具”不得没收。但这样的立法很不够，因为房屋和原材料仍在可没收的范畴内。事实上，房屋是人类居住的生活必需品，原材料是生产必备的要素，如果罪犯出狱后连居住的空间都没有，连从事生产的基本资料都没有，很难想象其在刑满释放后能像正常人那样生活和工作。因此，我国刑事立法应当明确：住宅和谋生使用的交通工具等保障生活的财产不应当予以剥夺，防止犯罪行为人刑满释放后失去生活的基本物质保障，从而难以适应正常的生活。同时，我国刑法虽然明确规定没收财产时不得没收属于犯罪分子家属所有或者应有的财产，但是对于何为犯罪分子家属应有的财产与所有的财产并没有具体的界定，从而可能在实际执行过程中伤及无辜。因此，我们应当对此加以细致规定：“尤其是犯罪分子家属‘应有’的财产，应当明文规定包括犯罪人对其未成年子女或者丧失独立生活来源的其他家庭成员应尽的抚养或者赡养义务而支出的财产；规定裁定没收财产时，应给以犯罪分子的经济收入为生活来源的犯罪分子家庭成员的生活留有余地。”[2]

（二）废除全部没收制，实行比例没收制

就各国立法而言，没收财产数量均规定为“没收一部分或

---

〔1〕 高长富：“没收财产刑改良论”，载《四川理工学院学报（社会科学版）》2007年第5期。

〔2〕 陈兴良：《刑法哲学》（修订第2版），中国政法大学出版社2000年版，第536页。

全部”，具体数量交由法官裁量。不同的是有的在刑法总则中规定，如我国、俄罗斯等大多数国家刑法皆是采用这种方式；有的在刑法分则中明确。如《罗马尼亚刑法典》第 165 条规定：“破坏国民经济罪，处 5 年至 15 年监禁，禁止行使一定权利和没收财产，如果对国民经济造成了严重损害的，处死刑，没收全部财产。”事实上，“没收一部分或全部”的立法是与宪法中比例原则的要求相背离的。具体的理由是：首先，“全部没收”是以国家刑罚权剥夺罪犯家属财产继承权，有悖于刑罚的正义价值观，同时剥夺犯罪人的全部财产并不利于犯罪人重新回归社会；其次，“部分没收”对于没收财产的数量并没有具体规定，有违罪刑法定原则和罪责刑相适应原则的要求。所以，笔者建议废除我国刑法关于“全部没收”的规定，“部分没收”实行比例没收制。取消“全部没收”，是为了让犯罪人刑满释放后，还能有一定的物质基础立足于社会，不会因生活无所依靠而再度犯罪，最大限度地尊重和保护犯罪人之合法继承人的财产继承权，体现刑罚人道主义精神。实行没收财产刑比例制则是为了使得没收财产刑在刑罚的配置上做到罪责刑相一致，合理控制法官的自由裁量权，避免司法上的专断。具体没收财产的数量应当根据犯罪人刑事责任的大小和预防犯罪人再次犯罪为必要，因为剥夺犯罪人合法财产权益，作为对犯罪人所犯罪行的惩罚，具有赎罪的意义，另外，也具有预防犯罪的作用。

（三）建构没收财产刑的执行程序

我国《刑事诉讼法》第 220 条规定，没收财产的判决应由人民法院执行。1998 年 9 月 8 日起施行的《最高人民法院关于执行〈中华人民共和国刑事诉讼法〉若干问题的解释》第 358 条规定：“发生法律效力的刑事判决、裁定和调解书中涉及财产内容需要执行的，由原审人民法院执行。”根据《刑事诉讼法》

和司法解释的规定，没收财产刑的执行机关是人民法院，但是关于没收财产的具体程序，相关刑事立法和司法解释却缺乏明确的规定。依据宪法的正当程序原则，有必要对其设计相应的程序。没收财产刑在执行中的难题主要存在于两个方面。第一是无法完全确定犯罪人的全部财产。被判处没收财产的犯罪人及其家庭成员，为了减少财产损失，可能转移、隐匿财产数量或者把犯罪人所有的财产故意说成是其他家庭成员的财产，因而可能给没收财产刑的执行造成障碍。第二是当犯罪人与他人共有财产时，无法从中分割犯罪人所有的财产。在犯罪人的家庭中，各家庭成员的财产一般并未分开，而是共同享有。没收犯罪人的财产，很可能导致其他家庭成员所有的财产也被没收。要克服这两个难题，我们可以建立犯罪人财产的调查和异议制度，以明确执行中犯罪人财产的范围和数额，防止罪及无辜。

首先，建立财产调查制度。由于对没收财产刑判决的执行程序缺乏整体设计，刑事立法没有明确规定侦查机关对可能被判处财产刑的犯罪嫌疑人的财产状况有侦查的职责，在侦破案件时，侦查机关一般不将犯罪嫌疑人的财产状况列为侦查内容。同时，法律也未规定检察机关对其指控的被告人的财产状况有证明的职责，以至于案件进入审判阶段后，审判人员无从查清被告人的财产状况。而没收财产刑的执行既要防止犯罪人及其家属恶意隐匿财产、逃避刑罚处罚，又不能将他人的财产作为犯罪人的财产加以没收，从而罪及无辜。因此，我们有必要构建财产调查制度。具体的做法是：如果犯罪嫌疑人涉嫌罪名有可能被判处财产刑，侦查机关在侦查阶段就应当责令其本人或家属提供犯罪嫌疑人的个人财产状况，并展开相关调查，调查的内容包括犯罪嫌疑人的个人存款、股票、证券、固定资产等，并登记造册，登记的内容包括个人财产的名称、数量、质量、权属证明、财产存放地点和财产保管人及相关信息，对于有可能被转移、隐匿、变卖甚至毁损的犯罪嫌疑人的个人财产，可由侦查机关对其财产先行查封、扣押，调查结果和财产登记册以及查封、扣押财产作为案件的主要证据材料移送起诉部门审查起诉。对犯罪嫌疑人财产状况的全面了解为法院适用和执行没收财产刑打下了坚实的基础。

其次，建立没收财产执行的异议制度。人权保障是检验一项法律制度的标尺，保障相关人员合法权益也是财产刑执行中需要认真考量的问题。异议制度的设立正是为了确认没收财物的所有权，防止侵犯其他公民组织的合法权益。这一制度具体的做法是，人民法院应当在执行前向全社会发出公告，并设立一定的异议期间，在异议期间内财产权利人可以向财产执行的人民法院提出申请，由人民法院根据实际情况裁定，在确定财产所有权归属的基础上决定是否执行该财产。建立执行异议制度既有利于没收财产执行的顺利实施，也有利于防止侵犯他人的合法财产权。

第六章 刑法适用的宪法控制

第一节　口袋罪的宪法规制

口袋罪是我国刑法中的一种独特现象。由于捉摸不定的入罪标准，口袋罪明显违反了罪刑法定原则明确性的要求，可以说，口袋罪与罪刑法定原则之间存在着天然的紧张关系。同样，由于入罪标准的不明确，司法者可以任意扩张口袋罪的涵摄范围，从而压制和限缩了国民的自由，有侵犯人权之虞。基于此，口袋罪这一术语自诞生以来就是作为贬义词存在的，备受刑法学界的诟病。因此，我们需要从宪法的高度对口袋罪进行反思，以决定其在刑法中的命运。

一、口袋罪的立法概况

“口袋罪”这个概念是刑法理论对刑法立法中构成要件欠缺明确性罪名的学术概括。口袋罪中的不确定性概念或弹性条款，使得口袋罪具有极大的包容性，一个罪名里面可以包含诸多行为方式，内容极其复杂甚至庞杂，且伴随着政治、经济、文化发展以及人们思想观念的变化，口袋罪属性的有无以及范围的大小也是处于变动不居的状态中。

1979年《刑法》是新中国恢复法制之后第一批制定的七部法律之一，当时国家刚经历拨乱反正，百废待兴，急需要摆脱过去“无法无天”的混乱状态。正是在此背景下，新中国第一部刑法应运而生。由于时间紧急，立法经验严重不足，1979年《刑法》不到200个条文中，共规定了130多种罪名，其中投机倒把罪、流氓罪、玩忽职守罪，因立法笼统，内容宽泛，而被誉为“三大口袋罪”。在刑法制定之初，立法者担心立法疏漏会造成打击犯罪不力，主要考虑的是如何满足惩治犯罪的需要，而很少考虑副作用，因此起草条文时提出了“宜粗不宜细”的原则，这一点立法者也不讳言。全国人大常委会副委员长王汉斌在《关于中华人民共和国刑法修订草案的说明》中指出：“制定刑法时对有些犯罪行为具体分析研究不够，规定得不够具体，不好操作，或者执行时随意性较大，如渎职罪、流氓罪、投机倒把罪三个‘口袋’，规定得都比较笼统。”〔1〕

1997年《刑法》废除了类推制度，明确规定了罪刑法定原则。基于罪刑法定原则的要求，1997年《刑法》对三大口袋罪进行了适当的分解，除了保留玩忽职守罪的罪名以外，流氓罪与投机倒把罪这两个罪名都被取消。然而，口袋罪的问题在我国刑法中并没有彻底解决，非法经营罪、寻衅滋事罪、以危险方法危害公共安全罪等罪名又被认为是新的口袋罪。于志刚教授指出，由于历史遗留问题、社会背景的变化和司法理念的滞后等原因，导致原来的口袋罪并没有被彻底消解，其他一些罪名也呈现出了“口袋化”的倾向。首先，传统口袋罪的分解和遗留。修订刑法时在废除了三个口袋罪的同时，为了确保刑法规范能保证一定的普适性，满足制裁新生犯罪的需要，依然设

〔1〕 王汉斌：“关于中华人民共和国刑法修订草案的说明”，载《人大工作通讯》1997年第71期。

置了一些弹性条款，最为典型的就是非法经营罪。非法经营罪和寻衅滋事罪本来是为分解传统的投机倒把罪、流氓罪罪名，减少罪名的口袋化现象而出现的。然而，两罪预留的弹性条款和与生俱来的口袋化倾向，导致“旧的口袋罪虽然消失了，但新的口袋罪又产生了。大的口袋罪虽然没有了，小的口袋罪却仍然存在”，并且两罪的“口袋化”正在增大，俨然成为刑法中投机倒把罪和流氓罪的衣钵继承人，实现了“瘦身”之后的成功转型，成了新时期经济领域和社会治安领域的口袋罪。玩忽职守罪的分解虽然明显，但是，分解后的玩忽职守罪仍然是一个说不清大小的“口袋”，毫无疑问仍然是一个口袋罪。其次，普通罪名转化为新生口袋罪。1997 年《刑法》虽然力求做到条文明晰化，防止司法机关利用不明确的规定扩张犯罪圈的范围。然而，由于司法观念、社会转型等方面的原因，导致司法机关在定罪量刑时往往受政策因素、社会效果因素的影响，无视罪名打击半径的固定长度，对于某些行为进行扩大解释甚至类推解释来满足定罪量刑的需求，直接推动了以危险方法危害公共安全罪，组织、领导、参加黑社会性质组织罪和破坏计算机信息系统罪等一些普通罪名进入口袋罪的行列。〔1〕

二、我国口袋罪的存在原因

口袋罪历来备受学界诟病，被视为缺乏明确性的典型刑法立法。“口袋罪”固然为司法者处理一些法律界限不清、罪行性质复杂的案件提供了方便的法律工具，但也带来了执法的随意性和侵犯公民权利的危险性，它的存在为国家刑罚权的扩张提供了方便之门，从而使口袋罪与生俱来就带有了贬义的色彩。

---

〔1〕 于志刚：“口袋罪的时代变迁、当前乱象与消减思路”，载《法学家》2013 年第 3 期。

当然，口袋罪的形成有着深刻的原因，具体而言，主要包括以下几个方面：

第一，立法方面的原因。口袋罪首先是作为一种立法现象存在的，故此，口袋罪的产生与我国的刑法立法有直接关系。立法方面的原因包括立法理念和立法技术两个层面。首先，口袋罪的产生与刑法立法理念有关。刑法控制社会的作用在我国历来受到国家的推崇，刑事法网越大，国家利用刑法打击犯罪也就越便利。口袋罪有利于保持刑法的稳定性和适度的张力，为弥补刑法条文的局限性留出了一定的空间和余地，契合了执政者扩张刑罚权力的意图。同时，口袋罪的产生还与立法技术有关，刑法立法中存在诸多含义不清的用语。有学者指出，导致非法经营罪成为口袋罪的直接原因是该罪采取了空白罪状和弹性条款相结合的高度抽象的罪状规定模式。《刑法》第 225 条第（四）项表述为“违反国家规定，有其他严重扰乱市场秩序的非法经营行为”。但是何为“其他扰乱市场秩序的行为”则是不明确的。这种罪状规定模式与罪刑法定主义所要求的刑法条文内容应具有明确性明显不符。刑法条文内容不明确，罪与非罪的界限模糊不清，将导致一般国民对条文含义的不理解，甚至法官在适用刑法条文时也会出现不同的意见。做不到裁判的统一，也就不能达到防止刑罚权恣意行使和保护国民自由的目的。[1] 由于立法技术的原因，口袋罪的构成要件并没有为我们提供明确的行为类型，这为司法解释留下广阔的发挥空间。

第二，司法方面的原因。在笔者看来，口袋罪主要是由于司法权运行过程中出现问题，是司法权过度扩张的结果。一般来说，对于刑法条文少许的抽象性和概括性，只要司法机关严

〔1〕 高翼飞：“从扩张走向变异：非法经营罪如何摆脱‘口袋罪’的宿命”，载《政治与法律》2012 年第 3 期。

格遵循罪刑法定原则，就可以避免被无限地扩大解释，能够保证罪名的相对明确性。我国刑法中有很多“其他”字样的兜底性条款，“其他”内容的含糊性是列举式加概括式立法的通病，但是不采用列举式立法更容易出现口袋罪，所以条文字面的含糊并不足以导致口袋罪的出现，是否成为口袋罪的关键在于司法中如何理解“其他”的范围，如何信守罪刑法定原则，如何根据条文的内在涵义和逻辑进行解释。[1]司法权的本质是裁判权，具有事后性、消极性、中立性、终局性等特征，从而司法权对于社会生活的干预应当是被动的。在我国，由于司法权天生的不足和行政权的强势，司法权往往难以坚守其自身的属性而在实际运行过程中承担了过当的社会管理职能。刑罚权属于司法权，当刑事司法被赋予太多的行政管理职能，其就不得不扩张其势力范围，对社会生活的干预也变得积极主动。苏力教授指出，“中国的司法必须回应中国的问题，当代中国的司法必须有效回应当代中国的问题，即使司法有难处，即使以前缺乏经验。任何国家的司法都必须分担一定的治理国家和社会的政治责任，这是无法逃避和放弃的。”[2]面对社会转型期犯罪率的高涨，面对社会强烈惩治犯罪的呼声，刑事司法面对维护社会治安的政治任务，不再淡定，而是主动扩大了口袋罪的适用范围以维护社会稳定。正如有学者指出的那样：“面对压力，我们的司法开始出现了‘能动’的倾向，在罪名之间、法律依据之间左右摇摆，进行主观选择。”[3]

第三，语言用语本身的模糊性。由于立法语言的模糊性，

---

〔1〕 孙万怀：“以危险方法危害公共安全罪何以成为口袋罪”，载《现代法学》2010年第5期。

〔2〕 苏力：“关于能动司法与大调解”，载《中国法学》2010年第1期。

〔3〕 江国华、梅扬：“论‘口袋罪’的治理——以寻衅滋事罪为例”，载《桂海论丛》2014年第3期。

"模糊性以及因模糊性而产生的不确定性是法律的基本特征。虽然并非所有的法律都是模糊的，但是在不同的法律制度中必然包含模糊的法律。当法律模糊的时候，其结果是人们的法律权利、义务和权力在某些案件中（并非在所有案件中）变得不确定。"[1]刑法条文的载体是文字，不管具体文字所包含的字、词、句等要素是多么明确，但是它们终究存在一定程度上的模糊地带。一方面，文字之间的界限不可能百分之百的廓清，任何具体文字充其量只具有相对的区分度和确定性；另一方面，随着时代发展，文字本身的含义也会发生变化，甚至会时过而境迁。可以说，模糊的法律规定，为口袋罪的存在在语言学上提供一定的合理性依据。

法律规范用语越精确，意味着法的概括程度越低，其涵摄的范围也就越狭窄。这就需要立法者制定更多的法律条文去规定相关事项，提高立法成本。通观寻衅滋事罪、非法经营罪以及以危险方法危害公共安全罪等立法上产生的口袋罪名，它们将很多客观上普通罪名无法囊括，而事实上又具有严重社会危害性的行为，用较有弹性的语言进行归纳和概括，这在某种程度上确定可以防止挂一漏万的现象和情况，达到立法节俭的目的。只不过这些弹性规定刚好又被司法者扩张解释甚至类推解释而成为危及国民自由的口袋罪。

第四，社会方面的原因。近年来，随着风险社会问题渐显，以及民众对安全和秩序要求的提高，犯罪构成要件具开放性、模糊性的堵截式罪名和具有堵截式条款的以危险方法危害公共安全罪、寻衅滋事罪、非法经营罪等罪名逐渐显现出口袋罪的倾向，实务中扩张适用此类罪名的趋势明显，常有根据处罚必

---

〔1〕［英］蒂莫西·A.O.恩迪科特：《法律中的模糊性》，程朝阳译，北京大学出版社2010年版，第1页。

要性决定是否定罪、根据刑罚处罚轻重的需要决定犯罪性质和罪名选择等主张和做法。近年来公共交通、食品安全等领域的恶性案件频发，每一个案件爆发的背后都有强大的严厉追责的民意要求。为了回应民意，司法者被动地扩张口袋罪的适用范围。立法者对一些典型的犯罪类型进行了明确规定，对于一些非典型犯罪类型以及目前尚未出现过但是预期将来可能发生的对社会安全和秩序具有比较严重威胁的危害行为，立法者做了技术性处理和口袋性规定。我国同时处于黄金发展期和矛盾凸显期，出于维稳和规避极端事件的考虑，我国站在结果无价值和秩序中心主义的立场，还出台了一些诸如“抓小、抓早”、重刑主义等刑事政策，刑法工具主义和国权主义成为刑事政策的症候，也为口袋罪提供了依据并对其起着扩展的作用。口袋罪的立法包括司法实践加大了惩治和预防犯罪的力度，对社会的稳定起到了一定的固化和实化的效果。有学者指出，“口袋罪”的存在具有一定程度的合理性，与当下我国转型社会相契合，是对社会秩序与公民权利之间的紧张关系的一种平衡，更是社会秩序稳定的有力工具。所以理论上虽然不断有学者从各个方面对“口袋罪”的不足进行指责，可是，各“口袋罪”的适用步伐并没有慢下来，而是借助社会政策与现实需要的推动，不断在扩展适用范围。〔1〕

三、口袋罪的宪法反思

口袋罪已经成为我国刑法领域中一个引人关注的现象。口袋罪的存在虽然有立法、司法、社会现实和语言等诸多方面的原因，但是这并不意味着它的存在就是合理的。从宪法的角度

---

〔1〕 赵运锋、赵亚梅：“‘口袋罪’的背景分析、价值探讨及应对机制”，载《河南警察学院学报》2015年第3期。

进行考察，其主要存在以下一些问题。

第一，违反明确性原则。根据刑法规范的指引，在通常情况下，社会公众对其行为是否构成犯罪都有较为明确的预期。日本刑法学者山口厚指出，刑法法规的不明确，实质就是违背罪刑法定原则，从而也就间接地违反宪法的要求。他写道："虽存在罚则但若内容不明确，何为犯罪暧昧不清（这和犯罪的内容事前并未法定是一样的），何为具体的犯罪就需要由法律的适用者事后决定（这和犯罪并未由立法者决定没什么两样），因此，这就违反了法律主义以及禁止事后法。在这个意义上，不明确的罚则实质上违反了罪刑法定主义，是不被允许的。"〔1〕所以，在刑事法治的语境下，刑法规范的明确性非常重要，既可以起到制约司法权力的作用，还可以最大程度地保障公民的自由和权利。但是，"口袋罪"的出现却打破了这种平衡与和谐。在"口袋罪"的刑法规范中，语词的内涵属性有了流动性，语词的逻辑结构也较为复杂。于是，刑法规范的规制范畴往往变得不很清晰，且具有相对性，规范之间的边界也不再明确。具体到实践当中，就是本来并非触犯刑法的行为可能会被涵盖到"口袋罪"的规制范畴，本来属于轻罪的行为也会被认定为属于重罪的"口袋罪"。

鉴于"口袋罪"的抽象性与模糊性特征，实践中司法机关通常难以抑制扩张刑罚权的冲动，借助"口袋罪"有意地扩张刑法的适用范围，而这样的做法严重伤害公民的行为预期，限缩了公民的行为范围。在法治社会里，任何公民在实施行为时都有权知道其行为的法律性质和法律后果，以决定其选择实施的行为。但是，"口袋罪"的存在却改变了这种预期，它将公民

〔1〕［日］山口厚：《刑法总论》（第2版），付立庆译，中国人民大学出版社2011年版，第17页。

行为的合法与否置于不确定的状态下，继而让公民行为的基本权利变得不可捉摸和变化不定。这显然违背刑事法治的要求，更不符合法治社会下社会大众的法感情、法认同和法信仰。何荣功教授指出："在特定社会中，国家刑罚权与公民权利与自由之间的关系，犹如'蛋糕'之两半。法治社会的理想状态是：国家刑罚权与公民自由能够处于平衡状态，两者能够合理、平等分得各自份额的'蛋糕'。国家刑罚权一旦扩张，就意味着国家分得的'蛋糕'份额会相应扩大。在国家'蛋糕'总量不变情况下，公民'蛋糕'份额就不得不减少。"〔1〕所以，口袋罪扩张国家的刑罚权必然是以压缩公民的自由为代价的，口袋罪也就成了压制自由和人权的"恶法"，背离宪法保障人权的要求。

第二，"口袋罪"的适用违反立法民主原则。在法治社会中，权力分散且相互制衡是通行的原则，因此，立法权和司法权应当分别由不同的主体来行使，立法权是代议机关的使命，司法权则是司法机关的职责。立法的过程是一个民主的过程，法律文件的产生体现的是多数人的意志。从立法主体的产生，到法律规范的产生，都蕴含着民主的价值。司法则是一个独断的过程，这个过程是法官发现法律规范的过程，这个过程不可避免地渗入法官的正义观、文化观等主观因素。但是，法官发现法律规范首先必须以成文法为首要的来源，这就是成文法对法官的拘束力，即在形成及发展个案规范时，法官必须接受法律所确定的目的、法律所包含的评价、法律体系及其思维模式的拘束，〔2〕否则，就会出现法官造法或者司法立法的现象。

---

〔1〕 何荣功：《自由秩序与自由刑法理论》，北京大学出版社 2013 年版，第 97 页。

〔2〕 陈金钊："司法过程中的法律发现"，载《中国法学》2002 年第 1 期。

分析“口袋罪”的司法适用过程可知，其间经常能发现司法主体将其个体意志转化为立法意志的情况。司法主体却通过扩大“口袋罪”的适用范围继而将上述行为纳入到刑法的规制范畴。这已经不是在行使司法权，而是在实施立法权，是对社会行为赋予新的法律属性，结果是在司法程序中完成法律创制。于是，在这个过程中，法官对个案的裁判就缺少了规范性意蕴，呈现出实用主义色彩。更有甚者，通过立法完成的法律创造，若法律有缺陷或者滞后，则可以通过立法修正完成对规范的修改和完善。然而，就司法立法而言，由于缺乏法定的监督机制和应对措施，很难对该种准立法形式做到合理、合法的监督与纠错。导致的结果就是，司法权对立法权的侵越，违背了法治原则，带来了侵犯人权的风险。

四、口袋罪的限制路径

口袋罪违反了刑事法治的要求，有侵犯人权的风险。为了实现宪法保障人权的要求，解除口袋罪的合法性危机，我们有必要对其从立法和司法等方面进行限制。

第一，尽力追求刑法立法的明确性。“刑罚法规的内容必须清晰明确，必须让国民容易理解，这也是罪刑法定主义的实质性内容。”〔1〕不明确的刑法法规会剥夺国民对自己行为的预测可能性，压缩国民的行动自由。因此，明确性虽然是一个难以实现的目标，但为了保障国民的自由，这也应当是立法者永恒的追求目标。从立法上解决“口袋罪”问题，从罪名与罪状两个角度入手，即对“口袋罪”的罪名进行细化，收窄其涵盖行为领域的广泛性；对“口袋罪”的罪状进行具体化，减少弹性条

〔1〕［日］西田典之：《日本刑法总论》，刘明祥、王昭武译，中国人民大学出版社2007年版，第41页。

款的立法规定，或者对弹性条款进行解释。立法机关要尽量缩小“口袋罪”的范围，使得“口袋罪”尽量变成罪状和范围明确的罪名，尽量缩小其弹性限度。

第二，严格“弹性条款”的解释空间。对于刑法条文中实际存在着的弹性条款，司法机关必须遵循罪刑法定理念进行解释，控制扩张解释的幅度，不能超越刑法条文可能的语义范围而成为类推解释，免兜底性的弹性条款成为滋生口袋罪的温床。对于弹性条款的解释应当兼顾体系性解释，不能不顾刑法罪名体系的内在逻辑关系而肆意解释。对于兜底性条款的解释必须考虑其在罪名体系中的位置，兜底性条款虽然往往以“其他”的形式出现，但是不能将“其他”随意解释为其他任何事物，应当注意到“其他”之前存在的与其相对应的行为模式，即兜底性条款中的“其他”与其对应的行为模式应当具有同质性，即在行为性质特征、危害结果特征、行为与危害结果的关系特征等方面属于同一类型。〔1〕陈兴良教授明确指出限制口袋罪的入罪条件应当采取同类解释的方法，解释的对象应当与法律文本具体列举的人或物属于同一类型。“同类解释是体系解释的一种具体规则，体系解释强调将对象置于整个法律文本体系中进行情境化的理解，对于解读‘其他规定’等这样一些盖然性规定尤其具有方法论的意义。”〔2〕

第三，恪守刑法谦抑性的理念。刑法谦抑性，也称刑法谦抑主义，是指“刑法不应该以所有的违法行为、所有的有责行为为当然的对象，只限于在必要的、不得已的范围内才应该适

---

〔1〕 于志刚：“口袋罪的时代变迁、当前乱象与消减思路”，载《法学家》2013年第3期。

〔2〕 陈兴良、周光权：《刑法学的现代展开Ⅱ》，中国人大学出版社2015年版，第174页。

用刑罚”。[1]刑法具有保障法和事后法的性质，只有当其他的社会调控手段无法发挥作用的时候，国家才能迫不得已发动刑罚。“科以刑罚乃是国家最为严厉的反应方式，而且最为严重地干涉到了公民的（为基本法律所保障的）自由，因此，刑法就面临着特别巨大的正当性压力。在这里，也就需要论证举止规范和制裁规范何以是正当的。一方面，需要论证，究竟可以允许哪些举止规范被纳入刑法上制裁性质规范的（惩罚）圈内？另一方面，需要证明，为了惩罚对于举止规范的违反，为什么公正和合适的制裁手段是刑罚？”[2]面对民众安全的需求，我们一方面应当及时进行刑法立法，回应社会需求。另一方面，我们应当保持刑法应有的谦抑性，防止刑罚权的扩张。

“口袋罪”是我国刑法适用中的隐患和痼疾，与刑事法治的本质背道而驰，违反了宪法保障人权的价值取向。从短期来看，“口袋罪”的扩张对社会秩序维护或许具有一定的意义。但从长期看，“口袋罪”的泛滥对公民权利保障极为不利，是对法治根基的侵害，也是对法治成果的蚕食。由此，对“口袋罪”应该持坚决且理性的拒斥态度，并构建合理的应对机制，以缓解因“口袋罪”的适用而带来的权力扩张与权利萎缩之张力，并尝试控制因“口袋罪”适用而带来的各种风险和危机。

第二节　言论刑法规制的宪法边界

基于言论自由对于民主政治、思想创新和个人发展等诸多

---

〔1〕［日］大塚仁：《刑法概说（总论）》（第3版），冯军译，中国人民大学出版社2003年版，第24页。

〔2〕［德］乌尔斯·金德霍伊泽尔：《刑法总论教科书》（第6版），蔡桂生译，北京大学出版社2015年版，第23页。

方面的重要意义，世界各国的宪法均明确将言论自由规定为公民的一项基本权利。然而作为现实的、法律意义上的权利，言论自由的行使并非毫无边际，它必然要受到法律上的拘束，从而当言论作为一种犯罪行为的面貌出现时，其必然会受到刑法的制裁，这就出现了作为基本权利的言论和作为犯罪行为的言论两者之间的紧张关系。因此，厘清刑法规制言论的边界，对于避免刑法侵犯公民言论自由方面的权利就具有重要的意义。

一、言论自由及言论的性质

言论自由已经成为国际人权公约和宪法载明的一项基本权利。《公民权利和政治权利国际公约》在第19条中重申了《世界人权宣言》关于保障公民言论自由的内容。《美国宪法第一修正案》规定："国会不得制定关于下列事项的法律：确立国教或禁止宗教活动自由；限制言论自由或出版自由；剥夺公民和平集会和向政府请愿申冤的权利。"我国《宪法》对言论自由权利也有明确规定，主要有第35条中的"中华人民共和国公民有言论、出版、集会、结社、游行、示威的自由"，第41条中的"对于任何国家机关和国家工作人员，有提出批评和建议的权利；对于任何国家机关和国家工作人员的违法失职行为，有向有关国家机关提出申诉、控告或者检举的权利"，第47条中的"公民有进行科学研究、文学艺术创作和其他文化活动的自由"。

我国宪法明确规定了言论自由是公民的一项基本权利，但是，对于言论自由的性质，当前宪法理论存在着两种不同的立场：一是政治自由说。当前通说认为《宪法》第35条所保护的言论自由是政治自由，其保护范围仅限于政治性言论。政治自由说的学者通常以《宪法》第35条的立法原意及该条款将言论与出版、集会、游行、示威并列的句式表达作为论据，证明该条款旨在保障政治性言论，并进而从言论自由与民主政治的关系出发，主张《宪法》第35条所保障的言论自由是政治自由。[1]二是个人自由说。有学者指出，言论是指口头意见的表达，而此种口头意见表达的自由便是言论自由。随着社会的发展，新型的社会生活方式给了人类更多的言论表达的机会和平台，言论也具备了更广阔的表现领域，诸如利用书写、出版、广播媒体、网络形式甚至艺术与科学、教学与科研等过程中表现的言论，也被认定为可以给予自由保护的言论。[2]英国的《牛津法律大辞典》则认为言论和表述自由为："主要的公民自由权之一。其含义是指公民在任何问题上均有以口头、书面、出版、广播或其他方法发表意见或看法的自由。"笔者认为，政治自由毫无疑问是言论自由的内容，它是民主社会公民管理国家事务的重要方式，但是，言论自由不应当限于政治自由，意见表达、科学研究、艺术创作等活动对个人和社会发展同样具有重要意义。因此，言论自由应当包括但不限于政治自由。

犯罪的基底是行为，"无行为则无犯罪"是现代刑法确立的一项基本准则，任何人都不应当因为行为以外的因素而受到刑罚处罚，从而言论进入刑法的规制范围必须首先确立言论的行为性质。言论的行为性并非不言自明的，原因在于言论具有丰富的内涵及广阔的外延。

从各国的理论及司法实践状况看，关于言论与行为之间的关系主要存在以下三种不同的观点：

(1) 言论非行为论。这种观点认为，言论本身不是行为，发表言论的举动才是行为。发表言论行为中的言论，实质上是行为的工具或手段，如同杀人行为使用的刀枪棍棒。我们不能

---

〔1〕林来梵：《宪法学讲义》（第2版），法律出版社2015年版，第372页。

〔2〕胡锦光主编：《宪法》，北京大学出版社2013年版，第163页。

说刀枪棍棒本身是行为，只能说使用刀枪棍棒的杀人举动是行为。同样，我们不能说言论本身是行为，只能说发表言论的举动是行为。[1]我们在论述言论是否是行为时经常引用的孟德斯鸠的那段论断事实上也是这种观点。“言语并不构成‘罪体’。它们仅仅栖息在思想里。在大多数场合，它们本身并没有什么意思，而是通过说话的口气表达意思的。常常相同的一些话语，意思却不同，它们的意思是依据它们和其他事物的联系来确定的。”[2]在这里，孟德斯鸠把言语和行为区分开来，认为言语本身不构成“罪体”，言语要和行为结合起来才能具有该行为的性质，使用了语言的行为才是可以构成犯罪的、应受处罚的。

（2）言论即行为。我国有学者指出，所谓言论，是指发表谈话和书写文章，广义地说还包括图画。因此，它们都是主观见之于客观的东西，具备危害行为的事实特征，即心素和体素。至于言论是否属于危害行为要具体分析，关键是看其言论是否对外界产生影响。如果某人发表言论或书写文字，是作为实现自己犯罪的手段，具有广泛传播和影响他人的性质，则就具有社会危害性，自然也构成危害行为。反之，如果某人仅仅是通过语言、文字、图画将自己的思想记载下来或者单纯地流露出来，例如在日记中书写反动言论，或者对别人说“我想去杀人”等，其言论既不是为了扩散，也不是为了影响他人实现自己的意图，更没有为此而采取其他具体行动。因此，不具有社会危害性，不能构成危害行为。[3]从上述表述可以看出，论者认为言论本身是行为，具备行为的一切特征，至于是否是危害行为，

---

〔1〕张明楷：《刑法格言的展开》，法律出版社1999年版，第132页。

〔2〕［法］孟德斯鸠：《论法的精神》（上册），张雁深译，商务印书馆2004年版，第234页。

〔3〕参见熊选国：《刑法中行为论》，人民法院出版社1992年版，第51～52页。

还需根据其对外界的影响来具体判断。

（3）折中论。我国有学者认为抽象地讨论言论是否属于行为没有意义，只有对言论进行规范性的、实质性的分析，才能准确判断言论是否具有危害行为的性质，合理划定犯罪与言论自由的界限。对某种言论事实是否属于实行行为的判断，除了从行为外观上看其是否在形式上是犯罪构成的客观行为外，更重要的还须在实质上进行法益侵害危险性的评价。具体如何判断言论的性质时则主张引入客观归责理论来作为标准，即对于言论的行为性的评价应当依据其是否会制造、实现法律上重要的风险而进行的实质的、个别的具体判断。[1]

在笔者看来，上述三种观点并没有根本的分歧，它们都主张并非所有的言论都需要用刑法予以规制。第一种观点的立足点显然是为了将思想和行为区分开来，以防止“思想犯”的出现。第三种观点主张用实质的标准来判定行为，但是这一标准并不明确，从而第二种观点是可取的。事实上，刑法在多重意义上使用“行为”这一范畴，具体可以归纳为以下三个层次：（1）最广义的行为，即泛指人的一切行为；（2）广义的行为，即“犯罪”这种行为；（3）狭义的行为，即危害行为。[2]言论应当属于广义的行为的范畴，但并不一定是危害行为。理由是：首先，言论是身体的一种外部动作。它是通过人的发音器官的振动或手的运动等来完成的物理过程，有着客观的物质内容，可以听见或看见，可以用物理指标测定等，而不是一种看不见、摸不着的观念。其次，言论是思想的直接现实，是思想的物质

---

〔1〕 参见唐煜枫、王明辉：“刑法中言论的行为性辨析——以言论自由的界限为视角”，载《法学评论》2006 年第 3 期。

〔2〕 参见高铭暄、马克昌主编：《刑法学》（第 7 版），北京大学出版社、高等教育出版社 2016 年版，第 64 页。

外壳和外部形式。虽然言论是一定思想、想法的语言或文字性质的表达，但作为主观见之于客观的事物，这种表达本身就是行为。离开言论，思想就失去了自己的载体，不因其是思想的一种表达方式和思想交流的必要手段就发生改变。这种由主观形态转化为客观现实的过程决定了言论的行为性质。也只有作为人的一种外在行为，才可以完成这一复杂过程。刑法中的行为是由人的意识所支配而实施的表现于外部的具有一定意义的身体动静，是心素、体素和社会意义的集合体。言论具有行为的要素，应当属于行为。作为刑法中的行为，言论一旦其超出法律界限，产生了社会危害性，就要受到刑法制裁。

二、言论刑法规制的原则

言论自由显然已经成为宪法载明的一项基本权利，但是滥用言论自由的权利必然会危及公共利益和他人利益，达到应受刑罚惩罚的社会危害性而进入刑法的规制范围。但是言论具有多样性。例如，张明楷教授根据宪法与刑法的关系，以及言论的社会价值与刑法的具体规定，将言论分为四类：（1）宪法不保护且刑法所禁止的言论。（2）刑法不禁止且宪法所保护的言论。（3）宪法不保护但刑法未禁止的言论。（4）需要具体判断宪法是否保护及刑法是否禁止的言论。[1]因此，刑法介入言论应当遵循一定的原则，为言论自由和言论犯罪之间划出清晰的界限。对此，域外经验可以为我们提供有益的借鉴。

（一）公共事务言论和私人事务区分原则

在民主国家里，任何公民都拥有自由政治讨论的权利，拥有对政府批评建议的权利，以使政府能够广泛倾听民众的声音，

---

〔1〕张明楷：“言论自由与刑事犯罪”，载《清华法学》2006年第1期。

避免犯一些专断性的错误。因此，就公共事务发表意见的言论，一般不应当受到法律的限制。美国联邦布坎南大法官在“纽约时报诉沙利文”一案中阐述了这一原则。他在判决书中写道：“我国曾对一项原则做出过深远承诺，那就是：对公共事务的辩论应当不受抑制、充满活力并广泛公开，它很可能包含了对政府或者官员的激烈、刻薄、甚至尖锐的攻击。本案中那则广告，抗议的是我们所处时代的主要公共议题，它显然有权得到宪法的保护。”〔1〕布坎南大法官的判词确认了公共事务言论免于责任的法理基础，即对公开事务的讨论不只是一种自我表达，更是人民自治的基础，人民对政府的任何评论都享有免责权。

但是，涉及公共事务的言论也并非一律不受刑罚处罚。在美国，当公共事务言论具有“明显而现实的危险原则”，言论一样可以被认定为犯罪，这一原则来源于“申克案”。1919 年出现了有名的“抵制征兵第一案”（Schenck V. U. S.），该案的被告查里斯·申克（Schenck）是美国社会党总书记。在该党散发的传单中，号召美国公民索求自己的权利，指责美国政府无权把美国公民送往国外去枪杀其他国家的人民。联邦政府认为申克在鼓动抵制征兵，因此根据《反间谍法》对他进行指控。在地区法院审讯后，大陪审团裁决被告有罪。申克认为《反间谍法》违背了第 1 条《宪法修正案》对言论自由的保护，上诉到联邦最高法院。联邦最高法院一致认定申克构成犯罪。霍姆斯法官（J. Holmes）为最高法院首次确定了“明显而即刻的危险”的司法原则。他在解释高等法院作出这一判决的理由时指出：“我们承认，被告传单所说的一切，若在平时的许多场合，都属宪法所保障的权利。但一切行为的性质应由行为时的环境来确

〔1〕［美］安东尼·刘易斯：《批评官员的尺度——纽约时报诉警察局长沙利文案》，何帆译，北京大学出版社 2011 年版，第 181 页。

定。即使对自由言论最严格的保护，也不会保护一人在剧院谎报火灾而造成一场恐怖。它甚至不保护一人被禁止言论，以避免可能具有暴力效果。每一个案件中，问题都是，在这类环境中所使用的那些言论和具有这种本性的言论是否造成了一种明显和即刻的危险（Clear and Present Danger），以致这些语言会产生国家立法机关有权禁止的那些实质性罪恶。它是一个准确性和程度的问题。"〔1〕霍姆斯认为，当一个国家处于战争状态时，许多在和平场合可以说的话就会对它的努力构成如此的障碍，以至于只要人们还在战斗，他们的意见就不会受到容忍，而且任何法庭都不会把它们看作是受宪法权利保护的。即如果这些言论被证明会对征兵产生一种实际妨碍效果，那么，对于导致这种效果的言论可以追究法律责任。

（二）真实与虚假区分原则

对真善美的追求是人类的至高追求。真实的言论可以揭露真相，鼓励人们不断探求真理，而对真理的探求则是一个民族不断前行的永恒动力。因此，一般而言，真实的言论应当受到保护。就刑法效果而言，真实的言论可以降低言论行为的违法性或者阻却行为人的责任成立。在言论自由与名誉保护的衡平中，《美国诽谤法》发展出了确有恶意规则：当言表者的公益或者公共事务言论诽谤政府官员或者公众人物时，受害者须以"清晰无误、令人信服"之证据证明言表者"明知言论不实或者罔顾真相"。〔2〕

在刑事诽谤案的裁判中，日本、我国台湾地区司法实践发

〔1〕 Wayne Overbeck, *Major Principles of Media Law*, Harcourt Brace College Publishers, 1997, pp. 46~47.

〔2〕 参见吴永乾："美国诽谤法所称'真正恶意'法则之研究"，载《中正大学法学集刊》2004年第15期。

展出了合理确信规则。根据《日本刑法典》第230条之二的规定，言表者出于公益目的，指摘与公共利害有关的事实，当该事实为真时，不罚。即在满足了事实的公共性和目的的公益性要求之后，真实性是司法过程中必须考察的消极构成要件。这种真实应当包括“客观真实”和主观真实。首先，这里的“真实”是指“客观真实”，即当行为人事实陈述的主要或者重要部分在客观上是真实的，就不应当受到刑法处罚。同时，由于行为人在证据收集能力上显然比不上司法机关，为了保障言论自由的目的，应该减轻行为人的证明责任，行为人只要对其事实陈述的主要或者重要部分客观真实进行证明，有足以判断其为真实的相当证据即可，而无须达到“排除合理怀疑”程度的证明。〔1〕其次，言论自由的宪法规定效力射程及于客观虚假但“主观真实”的事实言论。在日本，披露事实者基于确实的材料、根据，存在相当的理由误信某事实是真实的，即使该事实客观上并非真实或者最终未能成功证明该事实的真实性，仍可免责。〔2〕在我国台湾地区，“惟行为人虽不能证明言论内容为真实，但依其所提证据材料，认为行为人有相当理由确信其为真实者，即不能以诽谤罪之刑责相绳”。〔3〕据此，合理确信规则将真实性证明中的“真实”由客观真实转变为了“主观真实”，只要言表者合理确信自己的事实言论真实，即使客观虚假，也不受处罚。然而，在“行为当时并无主观相信，但事后证明为客观真实”的情形中，本来在将“真实性证明”中的“真实”

〔1〕 参见陈子平：《刑法各论》（上），元照出版有限公司2013年版，第301页。

〔2〕 参见［日］大谷实：《刑法讲义各论》，黎宏译，中国人民大学出版社2008年版，第153~158页；［日］大塚仁：《刑法概说（各论）》，冯军译，中国人民大学出版社2003年版，第167~171页。

〔3〕 林山田：《刑法各罪论》（上册），北京大学出版社2012年版，第179页。

理解为客观真实时，可以排除诽谤罪等言论型犯罪的成立。可是，按照“合理确信”规则将“真实”解释为“主观真实”时，就无法在此情形下出罪，这明显不合理。[1]因此，合理确信规则下的“主观真实”抗辩不能完全取代客观真实抗辩，客观真实和“主观真实”不是互斥关系，客观真实抗辩在先，“主观真实”抗辩是其补充。这种双层抗辩的结构安排可以避免上述不合理的情况，从而充分保障了言论自由的基本权利，有助于培养以刑罚压制言论的司法审慎。[2]

我国的刑法立法也基本上体现了真实与虚假区分原则。例如，诬告陷害罪的行为人主观上必须具有诬告的故意，不是有意诬陷，而是错告，或者检举失实的，不构成犯罪。编造与传播行为构成犯罪，行为人必须是出于故意，如果行为人以为是真实的信息而传播的，则不构成犯罪。对于那些一查就知道是虚假的恐怖信息，根本不会引起社会恐慌，扰乱社会秩序的，不构成犯罪。

（三）言论与行动区分原则

美国的行动原则主张区分言论与行动，明显而即刻的危险原则也强调纯粹的言论不构成危害国家安全和公共秩序的犯罪。言论很多时候并不会对社会造成现实的损害，从而区分言论和行动对于认定是合法的行为还是犯罪行为具有重要意义。在认定时需注意的是：在某些情况下，言论纯粹是思想的流露，不过是思想的外在形式，与言者所欲求的行动有着遥远的距离。而在另一些情况下，言论本身即是行动，发表言论即实现了言

〔1〕 参见林钰雄：“诽谤罪之实体要件与诉讼证明——兼评‘大法官释字第509号解释’”，载《台湾大学法学论丛》2003年第2期。

〔2〕 刘艳红：“网络时代言论自由的刑法边界”，载《中国社会科学》2016年第10期。

者所欲求的现实目的。在更多的情况下，言论是介于思想与行动之间的一种事物。问题的关键在于，言论距离实际的行动有多远。言论与实际行动之间的距离与一系列复杂的因素有关。有关言论之特点的因素可列举如下：（1）言论的内容是具体的还是抽象的。抽象地谈论一项公共政策的弊端，难以唤起现实的行动；而直接煽动的言论则与现实行动有着更密切的联系。（2）言论与行动之间的时间差。言论与现实行动的时间距离越远，言论的影响可能越小，因为这中间可能介入了其他影响因素；如果距离越近，则影响可能越大。（3）言论的场合也是一个判断因素。相同的言论发表在不同的场合对于现实行动具有不同的影响力。总之，只有当言论与行动之间的因果链是直接相扣的，言论是促成行动的必不可少的因素时，言论方可以为随后的行动负责。倘若言论所欲求的行动是有害于政府机构的工作秩序或所要维护的社会秩序的，则构成法律惩罚的对象，言者不能辞其咎。言者的主观状态也是必须考察的因素之一。如果有证据表明，言者积极、主动地追求其后行动的发生，言论与行动之间就可能存在着一种实质性的联系。但是，确实存在着“言者无意，听者有心”的情形，这时候，言论与行动之间仅有一种表面的联系。还有，听者的行动超出了言者所期望的范围，言论与它可预见的影响范围之外的行动是一种非常遥远的联系。

按照明显而即刻的危险原则和以上两项启示，我们得出结论：国家不应当干涉思想领域。在一般情况下，法律调整的对象应限于行动。这要求，言论对统治利益或整体利益所造成的危险存在于它所唤起的暴力行动之中。如果没有行动，就没有需要用法律加以限制的危险。如果没有这样的危险，即使虚假的谎言也不应当用强力加以压制。也就是说，言论唯有在已经给或极有可能给现存秩序造成严重危害的时候，才可以受到政府以统治利益或整体利益代表的身份施加的限制。因此，即使言论偏激甚至尖刻，但没有采取不当行动的意思表示，更没有实施任何破坏行为，不会对国家、社会造成任何现实的危险，就属于正当行使言论自由的范围，属于公民行使批评建议权的范畴，不应当被界定为言论犯罪。

三、言论刑法规制的误区

言论是一种行为类型，具有纳入刑法规制的必要性。我国刑法关于言论方面的立法倾向于严格管控，而刑事司法实践对言论的介入又表现得过于积极。主要存在以下三个问题：

（一）言论入罪的门槛过低

言论入罪的门槛过低主要体现在对危害国家利益煽动性言论的有关规定。我国刑法关于犯罪的规定模式是既定性又定量的。有的行为如抢劫等可以通过本身的性质体现其严重的社会危害性，有的行为本身的性质并没有达到严重的社会危害性，刑法就通过规定“数额较大”“情节严重”“情节恶劣”“损失严重”“造成严重后果”等定量因素来增加行为的社会危害性程度以达到犯罪的标准。我国《刑法》一共规定了五个煽动型的犯罪，即煽动分裂国家罪，煽动颠覆国家政权罪，煽动民族仇恨、民族歧视罪，煽动暴力抗拒法律实施罪，煽动军人逃离部队罪。其中，第103条第2款煽动分裂国家罪规定：“煽动分裂国家、破坏国家统一的，处五年以下有期徒刑、拘役、管制或者剥夺政治权利；首要分子或者罪行重大的，处五年以上有期徒刑。”第105条第2款煽动颠覆国家政权罪规定：“以造谣、诽谤或者其他方式煽动颠覆国家政权、推翻社会主义制度的，处五年以下有期徒刑、拘役、管制或者剥夺政治权利；首要分子或者罪行重大的，处五年以上有期徒刑。”可见，我国《刑法》中侵犯国家法益的煽动性言论大多是举动犯，且没有“情节严重”的规定。总体而言，我国《刑法》关于言论型犯罪的入罪门槛设置偏低，对言论型犯罪的设置较大幅度地向保护公法益倾斜，对侵犯公法益尤其是国家法益的言论型犯罪设置了较低的入罪门槛。如对危害国家安全的煽动型言论犯罪，在成罪的客观方面只有“煽动”的行为类型要求，而无其他条件限制，而在侵犯社会法益和个人法益的言论型犯罪中，客观方面除了行为类型要求外，一般还设置了“情节严重”或“情节恶劣”，有的还要求“造成严重后果”。〔1〕但是，某一行为是否纳入犯罪的规制范围，除了要考察行为是否存在法益侵害事实外，还需要考虑责任原则、比例原则以及最小犯罪化原则的要求。〔2〕客观地说，煽动分裂国家和煽动分裂颠覆国家政权这种行为的现实危害性并非十分严重，这种门槛过低的法律模式规定，体现了国家对安全价值的重视，对于言论自由并没有抱以更多的宽容态度。

（二）介入公共事务的言论随意过大

与其他法治国家截然相反，在我国批评公共事务或官员的言论容易受到严格管制，不少执法机构以严厉措施对待那些对公共政策、官员表现持批评意见的人们，近年广受关注的“彭水诗案”“王帅案”“高唐网案”“志丹短信案”“进京抓记者案”等，都反映了这种令人担忧的倾向。在网络提供了更多表达机会的环境下，这两个方面形成了鲜明的对照。这固然与我

〔1〕 阎二鹏：“形式解释视域下言论自由的刑法边界”，载《兰州学刊》2013年第7期。

〔2〕 See Jonathan Herring, *Criminal Law: Text, Case, and Materials* (5th Edition), Oxford Uniwersity Press, 2012, pp. 9~15.

们观念上崇尚政府权威、轻视个体价值的法律文化有关，但更重要的是与我国宪法文本并不能直接被司法适用有关，这可能导致司法者在司法过程中怠于区分言论在不同场合的含义。但根本的原因可能不是法律文化或宪法文本上的，而是对言论在不同法律关系中的性质、功能及其规范性含义存在某种根本性误解。

把言论自由作为宪法权利来理解的，只是言论当中具有公共性的部分，即那些与公共事务特别是政治事务相关的内容。它们应当作为宪法性的“权利”受到严格保护，而不能视之为可以随意权衡的“利益”。理由有三：首先，这类言论正是因为具有公共价值而被列入宪法文本；其次，由于在面临政府管制时显示的脆弱性，它们才需要宪法优先保护，以平衡政府与个人之间的力量；最后，现代成文宪法本身的至上性和刚性特征，使得这种优先保护变得必要且可能。〔1〕

（三）网络言论的入罪标准欠缺科学性

最高人民法院、最高人民检察院《关于办理利用信息网络实施诽谤等刑事案件适用法律若干问题的解释》第 2 条规定，利用信息网络诽谤他人，同一诽谤信息实际被点击、浏览次数达到 5000 次以上，或者被转发次数达到 500 次以上的，应当认定为诽谤“情节严重”；第 5 条规定，编造虚假信息，或者明知是编造的虚假信息，在信息网络上散布，或者组织、指使人员在信息网络上散布，起哄闹事，造成公共秩序严重混乱的，以寻衅滋事罪定罪处罚。在互联网背景下，司法解释制定的言论型犯罪的入罪标准有两个特点：一是将网络虚拟空间秩序解释为现实社会秩序；二是以点击、浏览、转发次数来评判法益侵

〔1〕 姜峰：“言论的两种类型及其边界”，载《清华法学》2016 年第 1 期。

害的程度。网络空间有害言论的被点击、浏览、转发次数，在无形之中演变成所有网络言论型犯罪的“情节严重”、“严重扰乱社会秩序”的考量标准。[1]这一可罚性基准显然是不合理的，受到很多学者的批评。理由主要有：（1）网络空间秩序不能等同于现实的公共场所秩序。有学者指出，《两高网络诽谤解释》第5条第2款将“网络”笼统地解释为“公共场所”，并将网络秩序解释为公共场所秩序，没有将刑法规范语词“公共场所”及其秩序之网络空间意义与现实空间意义区分开。寻衅滋事罪中的“公共场所”与“公共场所秩序”是明确的刑法规范用语，其文本原意只能限定为现实生活中的车站、码头、广场、交通要道等公共场所及其秩序，并不包括网络上以及其他媒体上表达和交流思想情感的秩序，司法上将不针对具体个人的网络造谣行为定性为寻衅滋事罪缺乏合法性与正当性。[2]刘艳红教授还指出：“即使抛开言论自由的宪法价值与网络科技的特性伦理不说，即使认为社会秩序包括网络空间秩序，在行为人传播诽谤信息而导致大量网民对被害人的负面评价出现在网上论坛、网上社区、微博微信等上的场合，也难以认为这种情况属于扰乱了网络空间秩序。”[3]（2）点击、浏览、转发次数并非行为的内容。与传统犯罪不同，司法解释将点击、浏览、转发次数作为可罚性的标准，这体现了网络犯罪异于传统犯罪的特点。但是行为人一旦播发了信息，点击、浏览、转发次数并非由其自身所能控制，显然将这些点击、浏览、转发次数作为犯

[1] 刘艳红：“网络时代言论自由的刑法边界”，载《中国社会科学》2016年第10期。

[2] 魏东：“关于网络造谣入罪问题的法理检讨”，载《山东警察学院学报》2014年第6期。

[3] 刘艳红：“网络时代言论自由的刑法边界”，载《中国社会科学》2016年第10期。

罪成立要素有失妥当。笔者完全赞同应当将具有严重危害性的网络言论纳入刑法的规制范围。但是，令人遗憾的是，司法机关并没有科学地确定网络言论的入罪标准，以至于引发了学界对司法解释合宪性的质疑。我国也有学者将这一司法解释解读为一种较为隐蔽的法律拟制，是将“网络空间秩序”等同于“公共场所秩序”，其实质是创设新的罪刑规范，因此难以说是符合正义观念的。[1]总之，司法解释将虚拟的网络空间与现实的公共场所等量齐观，并将网络空间秩序的混乱作为入罪标准是不科学的。

四、言论刑法规制的完善

言论自由事关公民的基本权利，刑法不能过度干预，以免伤及公民的言论自由。“作为一项宪法原则，言论自由仍然要对刑法的此种介入发挥应有的制衡作用，要遵循利益衡量原则，确保刑法此种情形下有非保护不可的法益，而且从公共政策看，获得的收益要远大于牺牲言论自由的损失。”[2]为了在保护公民言论自由的前提下有效惩治言论犯罪，我们需要对刑法制裁言论的思路进行适当调整。

（一）严格煽动型犯罪的入罪标准

国家安全是国家生存和发展最基本、最重要的前提。国家主权是刑法存在的现实基础，国家和刑法的关系就像“皮与毛”的关系。国家安全理所应当是刑法应当保卫的重要法益，对于严重危害国家安全的行为，刑法应当予以严惩。煽动型犯罪是滥用言论自由权的结果，具有严重的社会危害性，应当受到刑

---

〔1〕 陈劲阳：“徘徊在歧义与正义之间的刑法释义——网络寻衅滋事罪司法解释妥当性反思”，载《法制与社会发展》2016年第6期。

〔2〕 刘仁文：“刑法应慎重介入公民言论”，载《南方周末》2013年9月5日。

罚惩罚，外国刑法也有相关的刑法立法。但是，言论自由是政治文明的重要标志，只有充分保障国民的言论自由，才能形成民主的政治氛围，才能充分表达国民的利益诉求，才能得出问题的真正见解。因此，国家对于一些错误的言论，应该多点包容，多以批评教育的方式为主。对于煽动分裂国家罪、煽动颠覆国家政权罪的入罪标准应当从主、客观两个方面进行限制。首先，由于煽动分裂国家罪、煽动颠覆国家政权罪的言论很多时候都和公共事务有一定的关联，只有行为人的行为充分表现出了危害国家安全的目的，才能体现言论的危险性。只有这样，才能正确将言论犯罪与一般错误政治言论、消极言论区分出来。其次，应当以行为的次数、批评教育后仍不悔改或者造成严重后果等情节或结果来加以限制，以体现刑法的补充性。刑法补充性是指只有其他社会统治手段不充分，有发动刑罚的必要时，才可以动用刑法。刑法补充性的主旨就是对于日常性的、轻微的犯罪行为，刑法应当采取宽容的态度。国家和社会应当以极大的同情心来尊重他人的自由与权利，法律也应当以更大的宽容度来对待公民的自由与权利，允许人们在更大的范围内选择自己的行为。煽动型犯罪行为人犯罪目的毕竟需要通过被煽动人员的行为才能最终实现，因此，从刑法补充性的视角考量，我们可以区分不同类型的煽动行为，对煽动范围小、没有造成严重后果等情节显著轻微的煽动行为除罪化。

（二）刑法介入言论犯罪应当谨慎

根据《刑法》第 246 条的规定，侮辱罪和诽谤罪通常是自诉案件，然而本条有一个“但书”，即“但是严重危害社会秩序和国家利益的除外”。因此，诽谤罪事实上是个以自诉为原则、以公诉为例外的罪名。只有“严重危害社会秩序和国家利益的”诽谤行为，才能由公安机关介入调查，并只有在同时符合“捏造事实诽谤他人”及“情节严重”的情况下，才能由检察机关提起公诉。不过，哪些情形属于“严重危害社会秩序和国家利益”，刑法并未明确规定，也没有具体的司法解释，而一些官员恰恰利用这一不太清晰的规定，肆意动用公权力侵犯公民合法的言论自由。如，2008 年初“辽宁西丰县警察进京抓捕《法人》杂志记者案”、2009 年“山东曹县段磊刑事诽谤案”。依据“但书”提出公诉的“诽谤罪”无一例外都成了引起广泛质疑的案件。按照一些地方党政官员的逻辑，凡是对他不满的言论和行为就属于“严重危害社会秩序和国家利益”的情形，就需要动用国家公器惩罚和报复对方，这显然是严重曲解了刑法的本意，背离了刑法的目的。

近年来，“诽谤罪”已俨然成了一些地方官员压制不同意见的法律依据，然而地方官员的这一做法显然严重损害了公民的言论自由。究其实质，则是一些个人私欲极端膨胀的地方官员故意曲解《刑法》第 246 条“但书”的含义，意图利用公权力压制不利于自己的言论，满足自己的权力欲望。令人遗憾的是，在这些案件中司法机关没有守住自己的底线，没有自觉维护公民的言论自由，反而成为侵犯公民自由的帮凶。这种现象的存在严重侵害了公民的言论自由，严重损害司法公信力，不利于刑法获得公众认同。鉴于《刑法》第 246 条在执行过程中被经常性地滥用，我们建议全国人大常委会行使“立法解释权”，明确规定“严重危害社会秩序和国家利益”的具体情形。当然，要彻底解决这一问题，还是需要修改刑法，废除“但书”，将“诽谤罪”彻底还原为“自诉案件”。

（三）区分网络空间与现实空间

网络时代已经来临，网络时代背景下的犯罪呈现出人工智能化、影响范围广、犯罪隐蔽性强等诸多特点。特别值得注意的是，伴随着网络平台的逐步形成，网络空间和网络社会开始形成，这使得传统犯罪由“现实空间”一个发生平台增加为“现实空间”和“网络空间”两个平台，即“双层空间”。一个犯罪行为既可以是全部犯罪过程都发生于网络空间，也可以同时跨越网络空间和现实社会两个平台。也就是说，网络成了新的犯罪空间。〔1〕“两高”的司法解释反映了司法机关对于网络犯罪空间化这一新事物的积极尝试，但是“两高”的司法解释同时反映出我们的司法机关并没有做好相应的准备工作，至少没有全面研究犯罪在网络空间和现实空间的差异性。犯罪网络空间化是刑法必须面对的一个新问题，因此，我们一定要认真研究网络犯罪的技术演变背景、犯罪活动的具体类型和犯罪演变的最新动向，全面评价各种网络犯罪行为的社会危害性，找到合适的应对方法。

第三节　“违反国家规定”的宪法解释

刑法范畴是刑法价值的风向标，学者们对刑法范畴含义的探索就是一个追求刑法正义的过程。“违反国家规定”是我国刑法中的一个重要范畴，刑法分则中在描述某一犯罪的罪状时多处使用了这一范畴，并把它作为犯罪成立的前提性条件。〔2〕但是，对于这一范畴的含义，刑法理论界和实务界在理解上却存在着较大的分歧，这导致了相关罪名罪与非罪的标准不甚明确。

---

〔1〕 于志刚：“网络思维的演变与网络犯罪的制裁思路”，载《中外法学》2014年第4期。

〔2〕 刑法学界一般将含有“违反国家规定”字样的行政规范等犯罪成立的前置性规范称为补充性规范。在我国刑法分则中，还存在着“违反劳动管理法规”、“违反土地管理法规”等用语，这些空白罪状的前置性规范也属于补充性规范，但由于文章主旨的限制，没有涉及这部分用语的含义。

我们有必要从宪法的视角对这一范畴进行阐释，明确其内涵和外延，以促进刑法适用的统一性和公正性。

一、“违反国家规定”的立法概况及特点

随着国家社会管理职能的扩张，刑法在调控社会经济活动中发挥的作用越来越广泛，这导致了刑事立法中以违反国家管制为前提的法定犯日益增多。基于国家行政管理范围的广泛性，法定犯所涵摄的领域宽泛，且会随着社会的发展而不断改变。显然，以追求法的安定性为目标的刑法不可能将这些样态复杂、性质易变的危害行为全部规定在刑法之中。因此，在这些犯罪构成要件的设置上，立法者仅设定概括性条款，委由行政机关以相关行政法规对成立犯罪的前置性条件具体化，再由司法机关根据行政法规的规定补充完整构成要件，即空白刑法的立法方式，其特征就是在罪状的描述中有“违反国家规定”等字样。通过对刑法条文的梳理，可以发现，我国现行《刑法》分则中将“违反国家规定”作为空白罪状表述的共计 26 个罪名，涉及 22 条刑法条文，具体的条文和罪名包括：第 137 条工程重大安全事故罪；第 163 条第 2 款及第 184 条非国家工作人员受贿罪；第 185 条之一第 2 款违法运用资金罪；第 186 条违法发放贷款罪；第 190 条逃汇罪；第 222 条虚假广告罪；第 225 条非法经营罪；第 234 条之一第 3 款盗窃、侮辱尸体罪；第 285 条非法侵入计算机信息系统罪，非法获取计算机信息系统数据、非法控制计算机信息系统罪；第 286 条破坏计算机信息系统罪；第 288 条扰乱无线电通讯管理秩序罪；第 338 条污染环境罪；第 339 条非法处置进口的固体废物罪；第 344 条非法采伐、毁坏国家重点保护植物罪，非法收购、运输、加工、出售国家重点保护植物、国家重点保护植物制品罪；第 350 条走私制毒物品罪，非法买

卖制毒物品罪；第355条非法提供麻醉药品、精神药品罪；第385条第2款受贿罪；第389条第2款行贿罪；第391条第1款对单位行贿罪；第393条单位行贿罪；第396条私分国有资产罪，私分罚没财物罪；第405条第2款违法提供出口退税凭证罪等。2015年11月1日实施的《刑法修正案（九）》则在第253条之一出售、非法提供公民个人信息罪中使用了“违反国家有关规定”的表述，在第280条使用虚假身份证件、盗用身份证件罪中使用了“国家规定”的用语。在笔者看来，由于这些表述都强调了补充性规范必须是国家层面的规范性文件，从而它们所指向的规范性文件的范围应该是一致的，因此“违反国家规定”“违反国家有关规定”“国家规定”就具有了相同的意义和功能。从这个意义上讲，刑法分则中将“违反国家规定”作为空白罪状表述的条文应该有28个罪名，涉及24条刑法分则条文。

从刑法分则对以上具体犯罪的规定来看，其中含有“违反国家规定”字样的刑法条文具有以下特点：

（1）涉及犯罪的社会危害性具有较大变易性。根据犯罪伦理色彩的浓厚程度，犯罪可以划分为自然犯与法定犯。自然犯是指明显违反社会伦理道德的犯罪行为，这种行为因侵害了社会的善良风俗而为传统的伦理秩序所排斥；法定犯则是指为维护行政管理秩序的需要而被法律所禁止的行为，这种行为反伦理的色彩不是很强。我国刑法中涉及“违反国家规定”字样的条文都为法定犯，其犯罪的成立需要以违反一定的行政法规或经济法规为前提。对于违反伦理的自然犯而言，只要实施了刑法分则所预定的行为类型，就可以推定行为人的行为具有违法性。但是就法定犯而言，由于行政法规内容庞杂，普通国民并不知晓行政法上禁止或者许可的内容，此时立法者就在罪刑规范中规定了“违反国家规定”的字样以标识行为的违法性。对于此类犯罪而言，一方面这些犯罪首先触犯了其他行政法规，其行为内容在其他行政法规中已有规定而刑法条文又由于简洁性的缘故没有作出详尽的表述。于是，刑法就以空白罪状的立法技术规定参照其他法律法规来确定此类行为的违法性。对于这些法定犯而言，在司法认定的过程中，首先需要借助国家的相关规定来判断具体危害行为的违法性，然后在此基础上进一步确定其危害程度是否达到犯罪的追诉标准。即使相关行为具有严重的社会危害性，但如果在相关的“国家规定”中并无禁止性或命令性规定，就会出现行为虽然具有实质的违法性却不具备形式的违法性的情形，将此类行为出罪。由于法定犯以违反相关的行政法规和经济法规为前提，而行政法规和经济法规会随着社会的变迁和经济的发展不断变化，当行政法规和经济法规的内容导致某一行政经济管理活动的行为属性发生变化时，原有刑法中规定的法定犯的性质会随之发生改变。

（2）涵盖的范围广。随着国家职能从消极的秩序维持扩张到积极追求行政上的合目的性以实现社会福利，体系庞杂、内容丰富的行政管理法规就变得不可或缺，而行政犯复杂的犯罪构成已非简洁而有限的刑法规范所能够承载。为解决刑法立法容量的有限性与刑法调整关系的广泛性之间的矛盾，行政犯的犯罪构成已经不再完全由刑法单独规定，而是由补充性规范指示这些行为的违法性，然后再根据这些行为的社会危害性最终决定是否需要入罪，于是含有“违反国家规定”字样的空白罪状便应运而生。如前所述，由于国家各项行政规定已经延伸到了社会生活的每一个领域，自然而然地行政犯也涵摄了社会经济生活的方方面面。考察我国刑法中含有“违反国家规定”这一字样的罪刑规范，涉及了危害公共安全罪、破坏社会主义市场经济秩序罪、侵犯公民民主权利罪、妨害社会管理秩序罪、贪污贿赂罪和渎职罪等五类犯罪，可谓涉及的犯罪种类繁多。可见，基于国家行政管理范围的广泛，大多数刑法分则的各章类罪中都含有“违反国家规定”字样的条文。由于行政犯涵盖的范围广，涉及的罪名多，我们更加应该科学地把握其内涵和外延。

（3）具有较强的立法弹性。行政法作为国家行政机关实施行政管理职能的法律，具有易变性，需要经常性地废、改、立，以适应复杂多变的行政管理的需要。随着社会发展的需要和国家职能的转变，刑法中的“国家规定”所包含的内容也被赋予新的意义。这种笼统性的规定，为空白罪状的不确定性增加了确定性的因素，也为将新的犯罪行为纳入犯罪圈提供了空间，从而这种弹性的规定就可以为刑法的稳定性提供保障，减缓刑法的滞后性。“违法国家规定”成为许多犯罪的前提，可以使法律的成本得以大大降低，更大程度地解决了刑法容量的有限性与刑法调整关系广泛性之间的矛盾，主要表现在两个方面：一是这种规定可以降低立法的成本。通过空白罪状的运用，即刑法中的很多条文都使用“违反国家规定”的表述，此种方式最大程度将罪名与犯罪的构成要件之间联系得更加紧密。在运用过程中如果出现新的情况，新的情形需要纳入其中，可以通过司法解释或者立法解释予以调整。二是这种规定也可以消减司法成本。法官运用法规审理案件时，如果没有自由裁量的空间，一味地被机械的法条束缚，那么很难将那些具有严重社会危害性而刑法没有直接规定的行为纳入处罚范围，而刑法中空白罪状的设计便为司法提供了便利。〔1〕

〔1〕 蔡土林、袁舒城：“浅析我国刑法中‘违反国家规定’——兼评刑法第96条”，载《公民与法（法学版）》2015年第12期。

对于空白罪状这种罪刑规范，学者们有不同的立场，但大多数学者都是持肯定态度的。肖中华教授指出，面对当代社会日新月异的经济生活，刑法不可能将所有应予刑罚制裁的经济行政不法行为，毫无遗漏地加以具体规定。因为经济犯罪、行政犯罪的不法内涵并非一成不变，而是随着社会状况及价值观的嬗变时移势迁的，针对经济、行政犯罪这种法定犯，采用空白刑法规范模式，能够在保持刑法稳定性的前提下实现刑法的与时俱进。[1]应当说，肖中华教授的这一评价是中肯的，我国当前频繁的刑法立法活动表明，刑法的机能已经从自由保障机能为中心开始逐步转向以社会管控的刑法保护机能为目标，刑法的干预性、工具性特征更加突出。[2]空白罪状反应的是刑法对社会生活调控广度和深度的提升，是当前国家对日益复杂的社会生活调控过程的现实写照。空白刑罚借助构成要件的开放性来保障刑法的安定性，即空白罪状这种立法模式既能应对不断变化的社会实践，也避免了刑法与前置性法律之间的矛盾与冲突。

二、“违反国家规定”的宪法释义

宪法不仅是制定刑法的法律依据，而且是解释刑法的价值皈依。刑法解释必须遵循宪法的价值指引，才能不至于偏离保障人权的价值目标。因此，对于“违反国家规定”的理解也不能脱离宪法的价值指引。

（一）“违反国家规定”的理论聚讼

虽然我国刑法对“违反国家规定”进行了立法规定，但是

---

〔1〕 肖中华：“空白刑法规范的特性及其解释”，载《法学家》2010年第3期。

〔2〕 周光权：“转型时期刑法立法的思路和方法”，载《中国社会科学》2016年第3期。

关于“国家规定”的范围，学者们也存在不同的看法。有学者主张，刑法中的“国家规定”应当是指全国人大及其常委会和国务院制定的具有普遍约束力的行为规范。“国家规定”在刑法中属于严格的法律概念而不是政策性术语，因此对“国家规定”进行理解时应按照《刑法》第96条的解释严格控制参照的范围，地方法规、地方规章、民族自治地区的自治条例和单行条例以及操作纪律、习惯等非规范性形式都不可以作为补充性规范的存在形式。〔1〕另外有学者认为，从我国现行的刑事法律规定来看，“法律”“法规”“规定”“规章制度”“管理规定”等都可以成为空白罪状中确定具体犯罪构成要件的参照依据，即违反国家规定包括有关部门或单位制定的所有管理规章制度。〔2〕在笔者看来，由于刑法关涉公民的生命、自由和财产等重大利益，发动刑法应当慎之又慎。因此，对刑法必须进行严格解释，从而第一种见解是可取的。而那种认为违反国家规定包括有关部门或单位制定的所有管理规章制度的见解是难以成立的，具体理由如下：

第一，不符合严格解释刑法的要求。从文义解释上说，国家规定应当是国家机关作出的规定。国家权力分为立法权、行政权与司法权，全国人大、国务院与最高人民法院和最高人民检察院代表国家分别行使着这三项权力。因此，只有这些机构才能代表国家，只有这些机构制定的规定才是名副其实的国家规定。不在此列的任何机构，都不代表国家，其规定自然谈不上“国家规定”。于是，在我国真正意义上的国家规定只包括，

〔1〕 陈兵：“空白罪状适用的规范性解释——以前置性规范为中心”，载《西南政法大学学报》2014年第2期。

〔2〕 刘树德：《空白罪状——界定·追问·解读》，人民法院出版社2002年版，第31页。

全国人大作为立法机构颁行的法律与法律性文件，国务院颁行的行政法规与具有行政法规性质的文件以及最高人民法院与最高人民检察院颁行的司法解释。[1]而认为其他规定属于国家规定显然是名不副实，不适当扩大了国家规定的外延。如果将前置性规范的法律位阶认定标准放松，不仅导致法律的虚设，还会破坏法治秩序的统一。因此对“国家规定”应当加以限制，使其限定在法律的层面上，而将一些位阶低的法律文件纳入到入罪的刑法条件则会造成定罪的恣意性。

第二，可能导致刑法适用标准的不一致。对刑法规范理解的高度共识是刑法能够在司法实践中得以一致适用的前提。因此，如果不对补充性规范的范围加以限制，就会导致对罪刑规范的内容理解不一致。对于空白刑法而言，当行为人存在主观罪过时，只要行为人的行为违反了相关国家规定，且符合刑法条文规定的客观构成要件，就应当以犯罪论处。由于各个单位的情况千差万别，设立的目的并不一样，因此单位的内部规定难以做到一致，同时单位的内部规定还有可能与国家相关规定的精神相矛盾。如果认为单位的内部规定也可以是国家规定，就会导致刑法适用的依据不一致，破坏刑事司法的统一性，从而导致刑法适用的不公平。

（二）“违反国家规定”的宪法规诫

“出于立法技术上的考虑，无论是1979年《刑法》分则还是新刑法分则，均有一些犯罪（法定犯）系采用空白罪状的方式来表达。在这种情况下，要认定某一犯罪的构成要件要素，必须参照其他法律法规的规定。由于1979年《刑法》没有对‘违反××规定’的层级作出明确规定，司法实践中，难免认识

[1] 邱兴隆：“民间高利贷的泛刑法分析”，载《现代法学》2012年第1期。

不一，随意性较大。为了统一概念和司法标准，维护法律的严肃性和权威性，更好地贯彻罪刑法定原则的要求，在刑法修订时，立法机关特在新刑法中增加了'违反国家规定'的含义的规定。"[1]可以说，对于"违反国家规定"的理解，涉及罪刑法定原则的落实，更深层次的问题则关涉到宪法人权保障功能的实现。因此，我们需要从宪法的高度来把握"违反国家规定"的含义。

首先，"国家规定"的范围必须从严把握。空白罪状中构成要件的确立与补充性规范的内容直接相关，如果空白罪状中的补充性规范效力等级较低，容易导致行政权对立法权的侵越，这在一定程度上与以控制国家权力和保障公民权利为价值取向的法治国家原则相背离。根据《刑法》第96条的规定，"违反国家规定"是指违反全国人民代表大会及其常务委员会制定的法律和决定，国务院制定的行政法规、规定的行政措施、发布的决定和命令。全国人民代表大会及其常务委员会制定的法律和决定，实际上就是国家最高权力机关通过的宪法、法律、带有单行法律性质的决定和对现有法律进行的修改和补充，由于它们是立法行为的产物，故把它们作为"国家规定"没有疑义。国务院制定的行政法规、规定的行政措施、发布的决定和命令，是国务院作为中央最高行政机关，行使《宪法》第89条所赋予职权的结果，这些规范性文件在全国范围内发挥规范作用，产生法律效果，故将其作为"国家规定"也是名副其实。

尽管有学者从应然的角度认为，行政法规、行政措施、行政命令在我国法律体系中处于较低的位阶，而且因它们近似于政府的政策而具有更易变动的特点，稳定性较差，因此它们不

---

〔1〕［德］乌尔斯·金德霍伊泽尔：《刑法总论教科书》（第6版），蔡桂生译，北京大学出版社2015年版，第30页。

作为“国家规定”更能够体现罪刑法定原则的精神实质。但从实在法的角度来看，在刑法没有进行修改前，现行规定仍然有效。可见，刑法上“国家规定”首先表现为形式上的要素，即只有最高权力机关和最高行政机关制定的规范性文件，才是国家规定。反之，除此之外的其他任何机关，如国务院各部门、地方各级人大及其常务委员会、地方人民政府及其组成部门所制定的规范性文件，都不是“国家规定”。当然，国务院各部委制定的部门规章在全国范围内都具有法律效力，可以说是行政法等其他法域中的国家规定，然而它不是刑法意义上的“国家规定”。刑法之所以严格限定“国家规定”的内涵，是对现代刑法理念的追求和落实，其目的就是要克服地方保护主义、部门保护主义的藩篱，维护国家法制统一的宪法原则，以防止各法院理解不一致造成司法不公。

其次，违反国家规定的内容必须以明确规定为前提。明确性原则是罪刑法定原则的派生内容之一。“明确性要求每个受禁止的举止都必须尽可能精确和清晰地在法律中得到规定，这样就可以保护公民免受专断侵害。立法者必须尽量清楚地撰写犯罪的构成要件。”〔1〕罪刑法定原则不禁止在一定条件下将部分构成要件的认定委诸行政法规等相关“国家规定”，但是该“国家规定”的内容必须明确并无异议，否则适用不明确的国家规定亦可能背离罪刑法定原则。对此，刑法理论界和实务界已经达成共识，但是，司法实践中部分司法解释的规定和理论解释的结论常违背公众的预测可能性。例如，2013年9月9日最高人民法院、最高人民检察院发布的《关于办理利用信息网络实施诽谤等刑事案件适用法律若干问题的解释》规定，违反国家规

〔1〕　高铭暄：《中华人民共和国刑法的孕育诞生和发展完善》，北京大学出版社2012年版，第291页。

定，以营利为目的，通过信息网络有偿提供删除信息服务，或者明知是虚假信息，通过信息网络有偿提供发布信息等服务，扰乱市场秩序，情节严重的行为可以以非法经营罪论处，即将“网络水军”以非法经营罪论处。根据该司法解释，有偿删帖或有偿发布虚假信息的行为构成非法经营罪，应当以“违反国家规定”为前提，即违反了2000年9月国务院颁发的《互联网信息服务管理办法》第4条关于“国家对经营性互联网信息服务实行许可制度”的规定。从表面上看，有偿删帖或有偿发布虚假信息似乎符合违反“国家对经营性互联网信息服务实行许可制度”的规定。但事实上，这里的有偿删帖或有偿发布虚假信息绝大多数情形并不属于该规定实行许可的范围，司法机关创设了相关国家规定的内容，即这就是“典型的虽然有‘违反国家规定’之类的指引，而所指向的参照依据却并不存在的现象”，[1]其本质是司法权对立法权的侵越。这显然是违背刑事法治要求的。

三、“违反国家规定”的司法适用

明确了“违反国家规定”的具体含义，并不意味着在司法实践中就能明确与此相关的所有问题，司法实践中还存在着诸多现实问题亟待厘清。例如，有学者认为，所谓“国家规定”，广义上理解，不仅应当包括全国人大的法律规定、国务院行政法规、决定和命令以及依法具有立法权的地方人大发布施行的法规等，也应根据不同情况包括国务院有关机构或者主管部门的规定，特别是这些机构或者主管部门在根据法律、行政法规或者国务院命令、决定，对其职能范围内的管理事项所进行的

---

〔1〕 黄明儒、谭丹丹：“论空白刑法规范与补充规范的冲突与协调”，载《湘潭大学学报（哲学社会科学版）》2015年第4期。

规范和明确的规定。这些规定因其来源于法律或者法规授权，且是对该法律法规进行的细化，因此本质上就是“国家规定”。[1]笔者认为这一观点值得商榷。下面笔者就“国家规定”司法认定的一些疑难问题分别进行论述。

（一）国务院各部委制作的规定是否属于“国家规定”

在笔者看来，国务院各部委制作、经国务院批准、以各部委名义发布的规定，不应当视为《刑法》第96条规定的“违反国家规定”中的国家规定。原因在于：第一，根据宪法的规定，国务院制作的规定与各部委制作的规定名称不同（前者称为行政规章，后者称为部门规章），效力不同（前者的效力高于后者），既然《刑法》第96条没有明确各部委可以作为其制作主体，自然不能对其作扩大解释。尽管这些文件可以指导全国性事项，但是无论从其内容还是从制定程序来看，它们都是不折不扣的部门规章、决定或通知。显然将部门规章层级文件的内容作为入罪条件与刑事立法对于入罪条件的严格要求相去甚远，将这些文件纳入刑法中“国家规定”的范围也明显不符合立法机关制定现行刑法时确立罪刑法定原则的初衷。据此，国务院各部委、中国人民银行、审计署及其直属机构发布的部门规章、地方人大及其常委会制定的地方性法规、地方政府发布的地方政府规章，从层级上说，均不能作为认定行为人是否违法从而是否构成犯罪的依据。第二，行政部门具有专业性的优点，熟悉本部门的业务，但由于缺乏中立的和超然的立场，容易造成对人权的破坏。因此，剥夺有关犯罪和刑罚、对公民政治权利的剥夺等内容都属于法律保留的事项。在我国现阶段，由于部门利益立法问题比较突出，在进行立法时特别需要预防部门保

---

〔1〕 徐卫刚：“正确理解‘国家规定’”，载《外汇管理》2012年第6期。

护主义。如果将各部委的规定纳入国家规定的范畴，则会导致刑法立法民主性的弱化，也无法防止行政部门利用立法权侵犯普通国民的利益，这会给保障人权带来重大隐患。

（二）授权性立法是否属于国家规定

1985年4月1日，为了保障经济体制改革和对外开放工作的顺利进行，全国人大授权国务院根据需要可以制定暂行的规定或者条例。自获得这一立法授权以来的30多年里，国务院以及国务院的有关部门根据这一授权制定了大量的规范性文件，这些规范性文件对于保障我国经济秩序和社会秩序的健康运行发挥了重要作用。2000年颁布的《立法法》依然保留了授权立法这一立法形式，明确了对国务院和经济特区所在地的省、市的人民代表大会及其常务委员会的立法授权。那么经过全国人大授权立法制定出来的规范性文件是否属于“国家规定”的范畴呢？在笔者看来，要判断授权立法是否属于“国家规定”，关键在于这些规范制定的主体和内容。国务院通过全国人大授权制定的行政法规显然属于“国家规定”；全国人大授权经济特区所在地的省、市的人民代表大会及其常务委员会制定的规范性文件只能属于地方性法规。从制定主体而言，这些法规的制定主体是地方人大和政府；从制定内容来看，这些法规主要是根据本行政区域的具体情况和实际需要制定的，针对地方性事务作出的规定。因此，从形式和内容两方面考察，这些法规都不应当视为“国家规定”。

此外，在立法实践中，还存在国务院向各部委授权制定部门规章和在具体法律条文中设立一些授权的条款就某些特定事项作出一些授权性规定的情形。那么这些通过“二次授权”制定出来的规范性文件是否属于“国家规定”的范畴呢？对此，笔者持否定意见。理由是，首先，《立法法》上的授权立法，并不存在对部门规章制定主体的立法授权。部门规章是国务院各部门在自己的职权范围内根据《立法法》自行制定的，完全不需要根据法律或者行政法规来“授权”。即使是借用“授权”的用语，实质上认为，根据上述国家规定中的授权，下位阶的规章等规范性文件确立非法经营行为种类的条款属于“国家规定”，也是不妥的。因为刑法要求参照的是“国家规定”，也就是授权补充性规范对犯罪行为的违法性进行明确，而该补充性规范却再次授权给下位法予以确定，这在法律上并没有依据。为了避免授权立法的任意性，《立法法》第10、12条还明确规定：“授权决定应当明确授权的目的、事项、范围期限以及被授权机关应当严格按照授权目的和范围行使该项权力。被授权机关不得将该项权力转授给其他机关。”其次，授权立法很多时候会出现前述部门利益化的倾向。毋庸讳言，我国目前还存在着备受诟病的“公共利益部门化，部门利益法律化”的现象。立法实践中，相关部门借助法案起草，减损公民、法人和其他组织权利或增加其义务的内容，扩展了本部门的权力、减少了本部门职责的内容，这显然会使国民处于更加不利的地位。因此，部门立法并不一定反映了普通国民的利益诉求，以这些部门利益色彩明显的规定作为补充性规范非常可能使国民在刑法上受到不公正的处理。为了保证立法质量和立法公正，我们也需要减少授权性立法。

（三）国务院批转的下属部门规章是否属于“国家规定”

实践中存在着一类较特殊的规范性文件，即国务院批转的下属部门的规章。那么对于这些以“国办发”名义转发的部门规章，以及以“国发”名义发布的决定认定的部门规章，是否能认定为国务院“发布的决定”甚至“制定的行政法规”呢？有见解认为，国务院以批转形式发布所属部门制定的规范性文件属于“国家规定”，理由是国务院以批转形式发布所属部门的规范性文件，属于《刑法》第96条规定的“发布的决定和命令”，因此可以视为“国家规定”。[1]2011年4月8日最高人民法院发布的《关于准确理解和适用刑法中“国家规定”的有关问题的通知》（法发〔2011〕155号）也指出，以国务院办公厅名义制发的文件，符合以下条件的，亦应视为刑法中的“国家规定”：（1）有明确的法律依据或者同相关行政法规不相抵触；（2）经国务院常务会议讨论通过或者经国务院批准；（3）在国务院公报上公开发布。但是笔者认为，国务院以批转形式发布所属部门的规范性文件不属于“国家规定”，司法解释的意见并不符合罪刑法定原则的要求，也不符合刑事法治的精神。《立法法》第70条规定：“行政法规由总理签署国务院令公布。”这一规定明确确立行政法规的颁布形式，即所有的行政法规都必须以总理签署国务院令的形式公布，不再保留国务院批准、国务院部门发布行政法规这一形式。经国务院同意，国务院办公厅下发的具有普遍约束力的规范性文件，在《立法法》施行后亦不应视为行政法规。理由是，国务院办公厅是国务院的内设机构，虽然其具有协助国务院领导同志组织起草或审核以国务院、国务院办公厅名义发布公文的权限，但是国务院组织法中并没有授权其可以制定并发布行政法规。据此，国务院办公厅下发的具有普遍约束力的规范性文件无论是在《立法法》前下发的，还是在《立法法》后下发的，均不应视为行政法规。因此，国务院批转的下属部门的规章也不得认定为“国家规定”，正如全国人大内设机构法工委的答复不能认定为全国人大常委会的立法解释一样。当然，全国人大常委会可以出台立法解释规定，

---

〔1〕 武良军：“非法经营罪堵截条款异化之研究”，载《环球法律评论》2014年第5期。

通过国务院发布的决定承认的部门规章是《刑法》第 96 条规定的“国务院发布的决定”。国务院此类决定的出台要求是，批准程序上经国务院常务会议或者国务院全体会议讨论决定；发布程序上要以国务院的名义发布，也就是国务院总理签署发布

参考文献

一、著作类

1. 高铭暄：《中华人民共和国刑法的孕育诞生和发展完善》，北京大学出版社 2012 年版。
2. 高铭暄、马克昌主编：《刑法学》（第 7 版），北京大学出版社、高等教育出版社 2016 年版。
3. 高铭暄、马克昌主编：《刑法学》，中国法制出版社 1999 年版。
4. 马克昌主编：《近代西方刑法学说史》，中国人民公安大学出版社 2008 年版。
5. 马克昌主编：《刑罚通论》，武汉大学出版社 1999 年版。
6. 储槐植：《刑事一体化》，法律出版社 2004 年版。
7. 储槐植、江溯：《美国刑法》（第 4 版），北京大学出版社 2012 年版。
8. 赵秉志：《刑法立法研究》，中国人民大学出版社 2014 年版。
9. 赵秉志主编：《刑法基础理论探索》，法律出版社 2003 年版。
10. 陈兴良：《刑法哲学》，中国政法大学出版社 2002 版。
11. 陈兴良：《刑法的价值构造》，中国人民大学出版社 1998 年版。
12. 陈兴良、周光权：《刑法学的现代展开Ⅰ》（第 2 版），中国人民大学出版社 2015 年版。
13. 陈兴良、周光权：《刑法学的现代展开Ⅱ》，中国人民大学出版社 2015 年版。
14. 陈兴良主编：《刑法总论精释》（第 3 版）（上），人民法院出版社 2016

年版。
15. 陈兴良主编：《刑种通论》，中国人民大学出版社 2007 年版。
16. 张明楷：《刑法学》（第 5 版），法律出版社 2016 年版。
17. 张明楷：《刑法的基本立场》，中国法制出版社 2002 年版。
18. 张明楷：《罪刑法定与刑法解释》，北京大学出版社 2009 年版。
19. 张明楷：《刑法格言的展开》，法律出版社 1999 年版。
20. 张明楷：《刑法分则的解释原理》，中国人民大学出版社 2004 年版。
21. 张明楷：《责任刑与预防刑》，北京大学出版社 2015 年版。
22. 林亚刚：《犯罪过失研究》，武汉大学出版社 2000 年版。
23. 陈忠林：《刑法散得集》，法律出版社 2003 年版。
24. 梁根林：《刑事政策：立场与范畴》，法律出版社 2005 年版。
25. 刘仁文：《死刑的温度》，生活・读书・新知三联书店 2014 年版。
26. 邱兴隆：《刑罚理性评论——刑罚的正当性反思》，中国政法大学出版社 1999 年版。
27. 李洁：《论罪刑法定的实现》，清华大学出版社 2006 年版。
28. 刘艳红、周佑勇：《行政刑法的一般理论》，北京大学出版社 2008 年版。
29. 劳东燕：《风险社会中的刑法》，北京大学出版社 2015 年版。
30. 刘树德：《宪法维度的刑法新思考》，北京大学出版社 2005 年版。
31. 冯军：《刑法问题的规范理解》，北京大学出版社 2009 年版。
32. 王俊：《犯罪论的核心问题》，北京大学出版社 2012 年版。
33. 曾明生：《刑法目的论》，中国政法大学出版社 2009 年版。
34. 何勤华、夏菲主编：《西方刑法史》，北京大学出版社 2006 年版。
35. 许道敏：《民权刑法论》，中国法制出版社 2003 年版。
36. 刘树德：《空白罪状——界定・追问・解读》，人民法院出版社 2002 年版。
37. 何秉松：《刑法教科书》（上卷），中国法制出版社 2004 年版。
38. 熊选国：《刑法中行为论》，人民法院出版社 1992 年版。
39. 曲新久：《刑法学》，中国政法大学出版社 2004 年版。
40. 周少华：《刑法理性与规范技术——刑法功能的发生机理》，中国法制出版社 2007 年版。
41. 林维：《刑法解释的权力分析》，中国人民公安大学出版社 2011 年版。
42. 徐岱：《刑法解释学的基础理论建构》，法律出版社 2010 年版。
43. 何荣功：《自由秩序与自由刑法理论》，北京大学出版社 2013 年版。
44. 詹红星：《社会危害性理论研究》，法律出版社 2012 年版。
45. 马登民、徐安柱：《财产刑研究》，中国检察出版社 2004 年版。
46. 梁启超：《新民说》，商务印书馆 2016 年版。
47. 张志铭：《法律解释操作分析》，中国政法大学出版社 1999 年版。
48. 许良英、王来棣：《民主的历史》，法律出版社 2015 年版。
49. 季卫东：《法律程序的意义——对中法制建设的另一种思考》，中国法制出版社 2004 年版。
50. 陈金钊：《法律解释的哲理》，山东人民出版社 1999 年版。
51. 邓正来：《谁之全球化？何种法哲学？——开放性全球化观与中国法律哲学建构论纲》，商务印书馆 2009 年版。
52. 肖蔚云等：《宪法学概论》，北京大学出版社 2005 年版。
53. 蔡定剑：《论道宪法》，译林出版社 2011 年版。
54. 胡锦光主编：《宪法》，北京大学出版社 2013 年版。
55. 林来梵：《宪法学讲义》（第 2 版），法律出版社 2015 年版。
56. 陈雄：《宪法基本价值研究》，山东人民出版社 2007 年版。
57. 沈宗灵：《法理学》，高等教育出版社 1994 年版。
58. 王人博、程燎原：《法治论》，广西师范大学出版社 2014 年版。
59. 林山田：《刑法通论》（增订第 8 版）（上册），台大法学院图书部 2011 年版。
60. 林山田：《刑法各罪论》（上册），北京大学出版社 2012 年版。
61. 林东茂：《一个知识论上的刑法学思考》（增订第 3 版），中国人民大学出版社 2009 年版。
62. 韩忠谟：《刑法原理》，中国政法大学出版社 2002 年版。
63. 叶俊荣：《民主转型与宪法变迁》，元照出版有限公司 2003 年版。
64. 陈新民：《德国公法学基础理论》（增订新版·上卷），法律出版社 2010 年版。

65. 陈新民：《德国公法学基础理论》（增订新版·下卷），法律出版社2010年版。
66. 许育典：《文化宪法与文化国》，元照出版有限公司2006年版。
67. 柯耀程：《变动中的刑法思想》，中国政法大学出版社2003年版。
68. 陈子平：《刑法各论（上）》，元照出版公司2013年版。
69. 许玉秀：《当代刑法思潮》，中国民主法制出版社2005年版。
70. ［古希腊］亚里士多德：《政治学》，颜一、秦典华译，中国人民大学出版社2003年版。
71. ［德］克劳斯·罗克辛：《德国刑法学总论》（第1卷），法律出版社2005年版。
72. ［德］拉伦兹：《法学方法论》，陈爱娥译，商务印书馆2003年版。
73. ［德］汉斯·海因里希·耶赛克、托马斯·魏根特：《德国刑法教科书》，徐久生译，中国法制出版社2001年版。
74. ［德］齐佩利乌斯：《法学方法论》，金振豹译，法律出版社2009年版。
75. ［德］克里斯托夫·莫勒斯：《德国基本法：历史与内容》，赵真译，中国法制出版社2014年版。
76. ［德］阿图尔·考夫曼：《法律哲学》，刘幸义等译，法律出版社2004年版。
77. ［德］格奥尔格·耶利内克：《〈人权与公民权利宣言〉——现代宪法史论》，李锦辉译，商务印书馆2013年版。
78. ［德］哈贝马斯：《在事实与规范之间：关于法律和民主法治国的商谈理论》，童世骏译，生活·读书·新知三联书店2003版。
79. ［德］冈特·施特拉滕韦特：《刑法总论Ⅰ——犯罪总论》，杨萌译，法律出版社2004年版。
80. ［德］安塞尔姆·里特尔·冯·费尔巴哈：《德国刑法教科书》（第14版），徐久生译，中国方正出版社2010年版。
81. ［德］恩斯特·贝林：《构成要件理论》，王安异译，中国人民公安大学出版社2006年版。
82. ［德］乌尔里希·贝克：《世界风险社会》，吴英姿、孙淑敏译，南京大学出版社 2004 年版。
83. ［德］乌尔斯·金德霍伊泽尔：《刑法总论教科书》（第 6 版），蔡桂生译，北京大学出版社 2015 年版。
84. ［意］贝卡里亚：《犯罪与刑罚》，黄风译，中国大百科全书出版社 1993 年版。
85. ［意］切萨雷·贝卡利亚：《贝卡利亚刑事意见书 6 篇》，黄风译，北京大学出版社 2010 年版。
86. ［意］杜里奥·帕多瓦尼：《意大利刑法学原理》，陈忠林译，法律出版社 1998 年。
87. ［意］杜里奥·帕多瓦尼：《意大利刑法学原理》（注评版），陈忠林译，中国人民大学出版社 2004 年版。
88. ［意］菲利：《犯罪社会学》，郭建安译，中国人民公安大学出版社 1990 年版。
89. ［英］约翰·密尔：《论自由》，许宝骙译，商务印书馆 1959 年版。
90. ［英］约翰·菲尼斯：《自然法理论》，吴彦编译，商务印书馆 2016 年版。
91. ［英］威廉·葛德文：《政治正义论》（第 1 卷），何慕李译，商务印书馆 1980 年版。
92. ［英］威廉·葛德文：《政治正义论》（第 2、3 卷），何慕李译，商务印书馆 1997 年版。
93. ［英］哈耶克：《法律、立法与自由》（第 1 卷），邓正来译，中国大百科全书出版社 2000 年版。
94. ［英］丹宁：《法律的训诫》，刘庸安等译，法律出版社 1999 年版。
95. ［英］蒂莫西·A. O. 恩迪科特：《法律中的模糊性》，程朝阳译，北京大学出版社 2010 年版。
96. ［英］A. J. M. 米尔恩：《人的权利与人的多样性——人权哲学》，夏勇等译，中国大百科全书出版社 1995 年版。
97. ［英］洛克：《政府论》（下册），叶启芳、瞿菊农译，商务印书馆 2005 年版。
98. ［法］罗伯斯庇尔：《革命法制和审判》，赵涵舆译，商务印书馆 1965

年版。
99. ［法］狄骥：《公法的变迁》，郑戈译，中国法制出版社 2010 年版。
100. ［法］孟德斯鸠：《论法的精神》，张雁深译，商务印书馆 1982 年版。
101 ［法］雅克·博里康：《法国二元论体系的形成和演变：犯罪——刑事责任人》，朱琳译，中国民主法制出版社 2011 年版。
102. ［法］卡斯东·斯特法尼等：《法国刑法总论精义》，罗结珍译，中国政法大学出版社 1998 年版。
103. ［法］卢梭：《社会契约论》，何兆武译，商务印书馆 2003 年版。
104. ［美］P. 诺内特、P. 塞尔兹尼克：《转变中的法律与社会——迈向回应型法》，张志铭译，中国政法大学出版社 2004 年版。
105. ［美］斯蒂芬·布雷耶：《积极自由——美国宪法的民主解释论》，田雷译，中国政法大学出版社 2011 年版。
106. ［美］斯科特·戈登：《控制国家——西方宪法的历史》，应奇等译，江苏人民出版社 2001 年版。
107. ［美］安东尼·刘易斯：《批评官员的尺度——纽约时报诉警察局长沙利文案》，何帆译，北京大学出版社 2011 年版。
108. ［美］约翰·罗尔斯：《正义论》，何怀宏等译，中国社会科学出版社 1988 年版。
109. ［美］塔玛纳哈：《论法治——历史、政治和理论》，李桂林译，武汉大学出版社 2010 年版。
110. ［美］阿兰·S. 罗森鲍姆编：《宪法的哲学之维》，郑戈等译，生活·读书·新知三联书店 1997 年版。
111. ［日］西原春夫：《刑法的根基与哲学》，顾肖荣译，上海三联书店 1991 年版。
112. ［日］曾根威彦：《刑法学基础》，黎宏译，法律出版社 2005 年版。
113. ［日］川出敏裕、金光旭：《刑事政策》，钱叶六译，中国政法大学出版社 2016 年版。
114. ［日］山口厚：《刑法总论》（第 2 版），付立庆译，中国人民大学出版社 2011 年版。
115. ［日］松原芳博：《刑法总论重要问题》，王昭武译，中国政法大学出版社 2014 年版。
116. ［日］西田典之：《日本刑法总论》，刘明祥、王昭武译，中国人民大学出版社 2007 年版。
117. ［日］大塚仁：《刑法概说（总论）》（第 3 版），冯军译，中国人民大学出版社 2003 年版。
118. ［日］大塚仁：《刑法概说（各论）》，冯军译，中国人民大学出版社 2003 年版。
119. ［日］大谷实：《刑事政策学》，黎宏译，中国人民大学出版社 2009 年版。
120. ［日］大谷实：《刑法讲义各论》，黎宏译，中国人民大学出版社 2008 年版。
121. ［奥］曼弗雷德·诺瓦克：《国际人权制度导论》，柳华文译，北京大学出版社 2010 年版。
122. ［奥］汉斯·凯尔森：《法与国家的一般理论》，沈宗灵译，中国大百科全书出版社 1996 年版。
123. ［荷］亨利·范·马尔塞文、格尔·范·德·唐：《成文宪法的比较研究》，陈云生译，华夏出版社 1987 年版。
124. ［美］Wayne Overbeck, *Major Principles of Media Law*, Harcourt Brace College Publishers, 1997.
125. ［美］Herbert L. Packer, *The Limits of the Criminal Sanction*, Stanford University Press, 1968.
126. ［英］Jonathan Herring, *Criminal Law: Text, Case, and Materials* (5th *Edition*), Oxford Uniwersity Press, 2012.

二、论文类

1. 高铭暄：“新中国死刑立法的变迁与展望”，载《文史参考》2010 年第 20 期。
2. 赵秉志：“中国刑法最新修正宏观争议问题研讨”，载《学海》2017 年第 1 期。
3. 赵秉志：“论我国宪法指导下刑法理念的更新”，载《河北法学》2013

年第 4 期。

4. 赵秉志："当代死刑改革争议问题论要"，载《法律科学》2014 年第 1 期。
5. 赵秉志、王俊平："改革开放三十年我国刑法立法的成就与展望"，载《人民检察》2008 年第 21 期。
6. 赵秉志、商浩文："论死刑改革视野下的终身监禁制度"，载《华东政法大学学报》2017 年第 1 期。
7. 陈兴良："形式解释论的再宣示"，载《中国法学》2010 年第 4 期。
8. 陈兴良："案例指导制度的规范考察"，载《法学评论》2012 年第 3 期。
9. 陈兴良："罪刑法定主义的逻辑展开"，载《法制与社会发展》2013 年第 3 期。
10. 陈兴良："刑法的刑事政策化及其限度"，载《华东政法大学学报》2013 年第 4 期。
11. 陈兴良："减少死刑的立法路线图"，载《政治与法律》2015 年第 7 期。
12. 张明楷："死刑的废除不需要终身刑替代"，载《法学研究》2008 年第 2 期。
13. 张明楷："言论自由与刑事犯罪"，载《清华法学》2006 年第 1 期。
14. 张明楷："立法解释的疑问——以刑法立法解释为中心"，载《清华法学》2007 年第 1 期。
15. 张明楷："刑法目的论纲"，载《环球法律评论》2008 年第 1 期。
16. 卢建平："刑法宪法化简论"，载《云南大学学报（法学版）》2005 年第 4 期。
17. 曲新久："刑法目的论要"，载《环球法律评论》2008 年第 1 期。
18. 齐文远："刑法应对社会风险之有所为与有所不为"，载《法商研究》2011 年第 4 期。
19. 刘明祥："'风险刑法'的风险及其控制"，载《法商研究》2011 年第 4 期。
20. 梁根林："罪刑法定视野中的刑法合宪审查"，载《法律科学》2004 年第 1 期。

21. 李洁："论一般没收财产刑应予废止"，载《法制与社会发展》2002 年第 3 期。
22. 冯军："论刑法解释的边界和路径——以扩张解释与类推适用的区分为中心"，载《法学家》2012 年第 1 期。
23. 冯军："死刑、犯罪人和敌人"，载《中外法学》2005 年第 5 期。
24. 刘艳红："空白刑法规范的罪刑法定机能——以现代法治国家为背景的分析"，载《中国法学》2004 年第 4 期。
25. 刘艳红："论刑法司法解释的时间效力"，载《中国刑事法杂志》2007 年第 2 期。
26. 刘艳红："形式与实质刑法解释论的来源、功能与意义"，载《法律科学》2015 年第 5 期。
27. 刘艳红："网络时代言论自由的刑法边界"，载《中国社会科学》2016 年第 10 期。
28. 刘艳红："刑法立法解释若干问题新析"，载《华东政法大学学报》2007 年第 1 期。
29. 刘仁文："死刑的宪法维度"，载《国家检察官学院学报》2013 年第 4 期。
30. 刘仁文："刑法应慎重介入公民言论"，载《南方周末》2013 年 9 月 5 日。
31. 周光权："积极刑法立法观在中国的确立"，载《法学研究》2016 年第 4 期。
32. 周光权："刑法解释方法位阶性的质疑"，载《法学研究》2014 年第 5 期。
33. 周光权："转型时期刑法立法的思路和方法"，载《中国社会科学》2016 年第 3 期。
34. 于志刚："口袋罪的时代变迁、当前乱象与消减思路"，载《法学家》2013 年第 3 期。
35. 于志刚："网络思维的演变与网络犯罪的制裁思路"，载《中外法学》2014 年第 4 期。
36. 时延安："刑法规范的合宪性解释"，载《国家检察官学院学报》2015

年第 1 期。
37. 时延安："死刑立即执行替代措施的实践与反思"，载《法律科学》2017 年第 2 期。
38. 时延安："刑法立法模式的选择及对犯罪圈扩张的控制"，载《法学杂志》2013 年第 4 期。
39. 王世洲："关于中国死刑制度的反思"，载《北京大学学报（哲学社会科学版）》2005 年第 3 期。
40. 刘宪权："刑事立法应力戒情绪——以刑法修正案（九）为视角"，载《法学评论》2016 年第 1 期。
41. 黎宏："终身监禁刑的法律性质及适用"，载《法商研究》2016 年第 3 期。
42. 黄永维、袁登明："《刑法修正案（九）》中的终身监禁研究"，载《法律适用》2016 年第 3 期。
43. 邱兴隆："民间高利贷的泛刑法分析"，载《现代法学》2012 年第 1 期。
44. 肖中华："空白刑法规范的特性及其解释"，载《法学家》2010 年第 3 期。
45. 顾肖荣："论经济刑法中的几个基本问题"，载《法学》2008 年第 8 期。
46. 田宏杰："'风险社会'的刑法立场"，载《法商研究》2011 年第 4 期。
47. 何荣功："'预防性'反恐刑事立法思考"，载《中国法学》2016 年第 3 期。
48. 何荣功："社会治理'过度刑法化'法哲学批判"，载《中外法学》2015 年第 2 期。
49. 苏彩霞："实质的刑法解释论之确立与展开"，载《法学研究》2007 年第 2 期。
50. 苏彩霞："刑法解释方法的位阶与适用"，载《中国法学》2008 年第 5 期。
51. 左坚卫、王帅："论刑法解释的人权压制风险及其纾解"，载《法学杂志》2016 年第 3 期。

52. 舒洪水："法益在现代刑法中的困境与发展——以德日刑法的立法动态为视角"，载《政治与法律》2009 年第 7 期。
53. 劳东燕："罪刑法定的宪法诉求"，载《南京社会科学》2004 年第 5 期。
54. 劳东燕："犯罪故意理论的反思与重构"，载《政法论坛》2009 年第 1 期。
55. 劳东燕："刑法解释中的形式论与实质论之争"，载《法学研究》2013 年第 3 期。
56. 王振："坚守与超越：风险社会中的刑法理论之流变"，载《法学论坛》2010 年第 4 期。
57. 黄明儒、谭丹丹："论空白刑法规范与补充规范的冲突与协调"，载《湘潭大学学报（哲学社会科学版）》2015 年第 4 期。
58. 魏东："刑法总则的修改与检讨——《以刑法修正案（九）》为重点"，载《华东政法大学学报》2016 年第 2 期。
59. 魏东："关于网络造谣入罪问题的法理检讨"，载《山东警察学院学报》2014 年第 6 期。
60. 唐煜枫、王明辉："刑法中言论的行为性辨析——以言论自由的界限为视角"，载《法学评论》2006 年第 3 期。
61. 邓楚开、于世忠："宪法制约刑法的据理分析与价值建构"，载《求索》2012 年第 9 期。
62. 丁慧敏："刑法目的观转变简史——以德国、日本刑法的祛伦理化为视角"，载《环球法律评论》2011 年第 2 期。
63. 彭辅顺："刑法目的的若干思考"，载《法学论坛》2009 年第 1 期。
64. 钟瑞友、叶良芳："罪刑法定原则宪法化的意涵——以法国宪法规定为视角"，载《法治研究》2008 年第 4 期。
65. 张波："论刑法修正案——兼谈刑事立法之权划分"，载《中国刑事法杂志》2002 年第 4 期。
66. 陈伟："刑事立法的政策导向与技术制衡"，载《中国法学》2013 年第 3 期。
67. 钊作俊、刘蓓蕾："犯罪化与非犯罪化论纲"，载《中国刑事法杂志》

2005 年第 5 期。
68. 陈晓明：“风险社会之刑法应对”，载《法学研究》2009 年第 6 期。
69. 刘志伟：“《刑法修正案（九）》的犯罪化立法问题”，载《华东政法大学学报》2016 年第 2 期。
70. 刘志远：“刑法解释的限度——合理的扩大解释与类推解释的区分”，载《国家检察官学院学报》2002 年第 5 期。
71. 唐稷尧：“事实、价值与选择：关于我国刑法立法解释的思考”，载《中外法学》2009 年第 6 期。
72. 韩啸：“刑法解释的边界”，载《中国刑事法杂志》2012 年第 4 期。
73. 桑志祥、魏启敏：“论宪法视野下的空白罪状”，载《河南司法警官职业学院学报》2012 年第 2 期。
74. 张建军：“反思刑法明确性原则的机能”，载《政法论坛》2013 年第 1 期。
75. 张建军：“不确定刑法规范的违宪审查”，载《法治研究》2010 年第 4 期。
76. 邓文莉：“空白罪状并不妨碍刑法人权保障机能之实现”，载《中国人民公安大学学报》2007 年第 1 期。
77. 刘树德：“罪刑法定原则中空白罪状的追问”，载《法学研究》2001 年第 2 期。
78. 王志祥：“死刑替代措施：一个需要警惕的刑法概念”，载《中国法学》2015 年第 1 期。
79. 王志祥：“贪污、受贿犯罪终身监禁制度的立法商榷”，载《社会科学辑刊》2016 年第 3 期。
80. 李希慧、廖梅：“我国刑法立法解释性质问题探讨”，载《法学》2004 年第 8 期。
81. 孙万怀：“以危险方法危害公共安全罪何以成为口袋罪”，载《现代法学》2010 年第 5 期。
82. 孙万怀：“风险刑法的现实风险与控制”，载《法律科学》2013 年第 6 期。
83. 蒋娜：“国际刑法中罪刑法定原则的新进展——兼及对中国的启示”，

载《北京师范大学学报（社会科学版）》2012 年第 2 期。
84. 赵书鸿："风险社会的刑法保护"，载《人民检察》2008 年第 1 期。
85. 姜涛："谁之修正——对我国刑法修正案制定权的反思与重构"，载《中国刑事法杂志》2011 年第 5 期。
86. 毛校霞："风险社会下的责任主义"，载《广西政法管理干部学院学报》2009 年第 6 期。
87. 张开骏："刑法修正得失与修正模式完善——基于《刑法修正案（九）》的梳理"，载《东方法学》2016 年第 5 期。
88. 刘跃挺："论信赖原则的法社会学根基"，载《天府新论》2015 年第 4 期。
89. 董晓华、苗凤钧："宪法视野中的刑法司法解释"，载赵秉志：《刑法与宪法之协调发展》（上卷），中国人民公安大学出版社 2012 年版。
90. 涂龙科、秦新承："空白罪状补充规则的适用"，载《法学》2011 年第 10 期。
91. 韩雪："质疑与反思：不得减刑、假释的终身监禁刑的设置与死刑废除的关系探析"，载《福建警察学院学报》2016 年第 2 期。
92. 阎二鹏："形式解释视域下言论自由的刑法边界"，载《兰州学刊》2013 年第 7 期。
93. 陈劲阳："徘徊在歧义与正义之间的刑法释义——网络寻衅滋事罪司法解释妥当性反思"，载《法制与社会发展》2016 年第 6 期。
94. 陈兵："空白罪状适用的规范性解释——以前置性规范为中心"，载《西南政法大学学报》2014 年第 2 期。
95. 辛波："宪法发展与刑法理念的更新——国权刑法向民权刑法的嬗变"，载《山西警官高等专科学校学报》2012 年第 4 期。
96. 姜峰："言论的两种类型及其边界"，载《清华法学》2016 年第 1 期。
97. 韩大元："死刑立法的宪法界限"，载《国家检察官学院学报》2014 年第 5 期。
98. 李林："立法权与立法的民主化"，载高鸿钧主编：《清华法治论衡》（第 1 辑），清华大学出版社 2000 年版。
99. 胡锦光："论对法律的违宪审查"，载《北方法学》2007 年第 2 期。

100. 陈雄:“死刑制度与宪法民主”,载《苏州大学学报(哲学社会科学版)》2014 年第 5 期。
101. 陈征:“从宪法视角探讨死刑制度的存废”,载《华东政法大学学报》2016 年第 1 期。
102. 刘春花、范国强:“死刑违宪新论——以宪法上的平等权为视角”,载《江苏大学学报(社会科学版)》2014 年第 1 期。
103. 上官丕亮:“废除死刑的宪法学思考”,载《法商研究》2007 年第 3 期。
104. 刘飞宇:“对于刑法中剥夺政治权利的宪法学思考”,载《法学家》2005 年第 5 期。
105. 刘松山:“宪法文本中的公民‘政治权利’——兼论刑法中的‘剥夺政治权利’”,载《华东政法大学学报》2006 年第 2 期。
106. 江国华:“论‘四项基本权利’及其刑罚向度”,载《武汉大学学报(哲学社会科学版)》2013 年第 6 期。
107. 龙长海:“一般没收财产刑:俄罗斯经验与中国现实”,载《社会科学》2013 年第 2 期。
108. 万志鹏:“没收财产刑废止论——从历史考察到现实分析”,载《安徽大学学报(哲学社会科学版)》2008 年第 5 期。
109. 高长富:“没收财产刑改良论”,载《四川理工学院学报(社会科学版)》2007 年第 5 期。
110. 蔡土林、袁舒城:“浅析我国刑法中‘违反国家规定’——兼评刑法第 96 条”,载《公民与法(法学版)》2015 年第 12 期。
111. 季卫东:“中国的传统法律思维模式”,载《中国法律评论》2014 年第 1 期。
112. 高翼飞:“从扩张走向变异:非法经营罪如何摆脱‘口袋罪’的宿命”,载《政治与法律》2012 年第 3 期。
113. 王瑞君:“从压制型刑法到自治型刑法——兼论我国刑罚制度的完善及合理适用”,载《山东大学学报(哲学社会科学版)》2008 年第 1 期。
114. 赵赤:“《刑法修正案(九)》中的终身监禁制度探析”,载《净月学刊》2016 年第 3 期。
115. 徐卫刚："正确理解'国家规定'"，载《外汇管理》2012 年第 6 期。
116. 武良军："非法经营罪堵截条款异化之研究"，载《环球法律评论》2014 年第 5 期。
117. 王汉斌："关于中华人民共和国刑法修订草案的说明"，载《人大工作通讯》1997 年第 71 期。
118. 苏力："关于能动司法与大调解"，载《中国法学》2010 年第 1 期。
119. 许章润："多元社会利益的正当性与表达的合法化——关于'群体性事件'的一种宪政主义法权解决思路"，载《清华法学》2008 年第 4 期。
120. 张文显："全球化时代的中国法治"，载《吉林大学社会科学学报》2005 年第 2 期。
121. 孙力："我国公共利益部门化生成机理与过程分析"，载《经济社会体制比较》2006 年第 4 期。
122. 季卫东："程序比较论"，载《比较法研究》1993 年第 1 期。
123. 张春生："论我国的国家立法权"，载《唯实》2003 年第 7 期。
124. 郑成良："法律工具主义很危险"，载《共产党员》2010 年第 14 期。
125. 张万洪："论人权主流化"，载《法学评论》2016 年第 6 期。
126. 刘小平、杨金丹："中国法律信仰论的悖论及其超越"，载《法商研究》2014 年第 2 期。
127. 闫润鱼："以立宪政治保障个人自由——中国近代自由主义本质特征探析"，载《中国人民大学学报》2008 年第 2 期。
128. 江国华："立法权及其宪法规制"，载《当代法学》2007 年第 4 期。
129. 何志鹏："人权的来源与基础探究"，载《法制与社会发展》2006 年第 3 期。
130. 陈佑武："人权保障的几个原理问题"，载《江西社会科学》2006 年第 3 期。
131. 梅荣政、杨军："西方自由主义的流变、危害及实质"，载《红旗文稿》2014 年第 3 期。
132. 庞凌："法律原则的识别和适用"，载《法学》2004 年第 1 期。

133. 江国华、梅扬："论'口袋罪'的治理——以寻衅滋事罪为例"，载《桂海论丛》2014年第3期。
134. 赵运锋、赵亚梅："'口袋罪'的背景分析、价值探讨及应对机制"，载《河南警察学院学报》2015年第3期。
135. 刘秀："论刑法立法解释的不必要——以法律的不确定性为视角"，载《江西公安高等专科学校学报》2008年第6期。
136. 谢晖："解释法律与法律解释"，载《法学研究》2000年第5期。
137. 谢晖："诗性、修辞与法律价值预设"，载《现代法学》2012年第5期。
138. 陈金钊："对'法治反对解释'命题的诠释——答范进学教授的质疑"，载《法制与社会发展》2008年第1期。
139. 陈金钊："司法过程中的法律发现"，载《中国法学》2002年第1期。
140. 范进学："宪法价值共识与宪法实施"，载《法学论坛》2013年第1期。
141. 范进学："'法治反对解释'吗——与陈金钊教授商榷"，载《法制与社会发展》2008年第1期。
142. 范进学、张洁玉："论我国死刑的宪法正当性"，载《苏州大学学报（哲学社会科学版）》2014年第5期。
143. 张翔："刑法体系的合宪性控制——以'李斯特鸿沟'为视角"，载《法学研究》2016年第4期。
144. 陈丽琴："质疑立法解释——兼为法律解释正名"，载《法学论坛》2002年第3期。
145. 刘武俊："立法程序的民主性与公开性"，载《人民法院报》2001年5月29日。
146. 董和平："论宪法的价值及其评价"，载《当代法学》1999年第2期。
147. 王广辉："论宪法的核心价值"，载《西部法学评论》2008年第2期。
148. 吴永乾："美国诽谤法所称'真正恶意'法则之研究"，载《中正大学法学集刊》2004年第15期。
149. 林钰雄："诽谤罪之实体要件与诉讼证明——兼评'大法官释字第509号'解释"，载《台湾大学法学论丛》2003年第2期。

150. ［德］G. 雅各布斯："刑法保护什么：法益还是规范适用？"，王世洲译，载《比较法研究》2004 年第 1 期。
151. ［德］迪特儿·卡琳："宪法视野下的预防问题"，刘刚译，载刘刚编译：《风险规制：德国的理论与实践》，法律出版社 2012 年版。
152. ［日］关哲夫："法益概念与多元的保护法益论"，王充译，载《吉林大学社会科学学报》2003 年第 5 期。
153. ［德］乌尔斯·金德霍伊泽尔："法益保护与规范效力的保障——论刑法的目的"，陈璇译，载《中外法学》2015 年第 2 期。
154. ［德］乌尔斯·金德霍伊泽尔："安全刑法：风险社会的刑法危险"，刘国良编译，载《马克思主义与现实》2005 年第 3 期。
155. ［日］泷川幸辰："犯罪论序说（上）"，王泰译，载高铭暄、赵秉志主编：《刑法论丛》（第 3 卷），法律出版社 1999 年版。
156. ［韩］赵炳宣："实质性死刑废除困于希望与绝望之间——韩国死刑问题分析"，载赵秉志主编：《死刑改革的域外经验》，中国法制出版社 2011 年版。
157. ［加］理查德·M. 朱布里克带："加拿大的长期监禁"，林遐译，载《环球法律评论》1985 年第 6 期。
158. ［英］安东尼·奥乌什："实施管制：我们需要刑法吗?"，载［瑞典］汉斯·舍格伦、约兰·斯科格编：《经济犯罪的新视角》，陈晓芳、廖志敏译，北京大学出版社 2006 年版。
159. ［韩］金日秀："风险刑法、敌人刑法与爱的刑法"，郑军男译，载《吉林大学社会科学学报》2015 年第 1 期。
160. ［英］Timothy A. O. Endicott，"Legal Interpretation"，*Routledge Companion to Philosophy of Law*，A. Marmor（ed.），Routledge，2012；Oxford Legal Studies Research Paper，2011.

后 记

刑罚是国家和社会对付犯罪这一恶行而发动的“不得已的恶”，其目标是将犯罪控制在合理的范围之内。刑罚权的任性和刑罚的无度势必危及国民的自由，刑罚权的规制也就成为建设法治国家无法绕过的重要问题。刑法的边界一直是我不断思索的问题，我的博士论文《社会危害性理论研究》就是以犯罪圈的合理划定为主题的。博士毕业后，我仍然没有放弃对刑法的正当性这一问题的思考，本书则是我近年来在教学工作之余对这一问题不断思索的结果。本书的写作过程中，我的博士生指导老师林亚刚教授给予了高屋建瓴的指导，与师兄何荣功教授的交流对我启发甚大，挚友王进文博士则对文章的结构提出了一些富有成效的建设性意见。

博士毕业后虽然当年就获得了副高职称，但是，由于自己并没有立志成为“人杰鬼雄”的宏图大志，也缺乏“凿壁借光”的刻苦精神，经过了多年的懈怠，职称方面仍然还是停滞不前。虽然我向往着随缘自在的生活，但是听到同学拿到国家课题或者评上正高的消息后，内心仍然不免泛起阵阵涟漪，而每当父亲问起工作状况特别是职称进展的时候，自己总是尴尬异常，无言以对，和母亲通电话时，母亲总是叮嘱我注意身体，淡泊名利。父母的叮咛让我不由自主地想起唐代诗人孟郊“谁

言寸草心，报得三春晖”的诗句，切实感受到了如山的父爱和如水的母爱。妻子余勤无怨无悔地承担了主要的家务和照顾女儿詹瑜的任务，使我得以将自由散漫进行到底。岳父岳母也以广博的胸怀给予我了最大程度的理解和包容。亲人们的关爱让我感受到每天的生活都绚丽多彩，而我也惟有不断努力回报他们的恩泽！

韶关学院法学院张小平书记和韩登池院长等领导对我的生活和工作给予了最大程度的关怀，刑法教研室的同事也对我帮助颇多，特别是竹怀军教授待我如兄如父，不但分担了不少本应由我承担的教学工作，还无私将自己的科研经费支助本书的出版。

最后本书的出版要感谢中国政法大学的丁春晖编辑！春晖编辑精心细致的编辑工作使本书增色不少。当然，由于本人的水平有限，文章还存在诸多不足之处，恳请各位方家批评指正。

詹红星

2017年5月